D0876382

« RÉPONSES »
Collection créée par Joëlle de Gravelaine

JAMES HILLMAN

LE CODE CACHÉ
DE VOTRE DESTIN

Prendre en main son existence
en élevant sa conscience de soi

traduit de l'américain par Bella Arman

ROBERT LAFFONT

Titre original : THE SOUL'S CODE
© James Hillman, 1996
Traduction française : Éditions Robert Laffont, S.A., Paris, 1999

ISBN 2-221-08893-X
(édition originale : ISBN 0-679-44522-6 Random House, New York)

À mes quatre daimones :
Baby Joo, Cookie, Mutz, et Boizie

Épigraphes

« ... le génie tient en un mot, même s'il englobe la vie entière. »

Thomas MANN

« Si toute existence repose sur quelque chose [...], la mienne, c'est incontestable, repose sur un souvenir. Je suis étendue, mi-endormie, mi-éveillée, sur le lit de la chambre d'enfant de St. Ives. J'entends les vagues [...] se briser, une, deux, une, deux, derrière le rideau jaune. Le vent fait gonfler le rideau et j'entends le bruit du gland du cordon traîner sur le plancher. Le souvenir d'être étendue, à l'écoute [...], les sens en éveil, croyant à peine pouvoir être là [...]. »

Virginia WOOLF

« S'incarner dans un corps particulier, naître de ces parents-là, dans un tel lieu, tout ce qu'on appelle plus généralement les circonstances extérieures. Tous ces événements filés ensemble forment une unité voulue par les Parques (*Moirai*). »

PLOTIN

« Moira ? C'est la forme achevée de notre destinée, ses contours dessinés. C'est la tâche que les dieux nous allouent, la part de gloire qu'ils nous accordent ; les limites que nous ne devons pas franchir ; sans oublier le rendez-vous final. Moira, c'est tout cela. »

Mary RENAULT

« Lors donc que toutes les âmes eurent choisi leur vie, elles s'avancèrent vers Lachésis dans l'ordre qui leur avait été fixé par le sort. Celle-ci donna à chacune le génie qu'elle avait préféré, pour lui servir de gardien pendant l'existence et accomplir sa destinée. Le génie la conduisait d'abord à Klotho et, la faisant passer sous la main de cette dernière et sous le tourbillon du fuseau en mouvement, il ratifiait le destin qu'elle avait élu. Après avoir touché le fuseau, il la menait ensuite vers la trame d'Atropos, pour rendre irrévocable ce qui avait été filé par Klotho ; alors, sans se retourner, l'âme passait sous le trône de la Nécessité. »

PLATON

« En dernière analyse, c'est l'essence que nous incarnons qui donne son sens à la vie. L'existence serait gâchée sans son essence. »

C. G. JUNG

« Bien sûr, on peut toujours prétendre que nous ne sommes que le résultat [...] des gènes et de l'environnement. On peut même ajouter qu'il y a quelque chose de *plus*. Mais dès qu'on tente de visualiser le quelque chose en question, ou de le formuler clairement, la tâche se révèle impossible, car tout ce qui ne dépend pas des gènes ou de l'environnement n'appartient pas à la réalité physique telle qu'on la perçoit. On sort du discours scientifique... Ce qui ne veut pas dire que cela n'existe pas. »

Robert WRIGHT

« Le sens est invisible, mais l'invisible ne contredit pas le visible ; le visible a lui-même une structure interne invisible, et l'in-visible est la contrepartie secrète du visible. »

M. MERLEAU-PONTY

« Je ne trouve, ni dans l'environnement ni dans l'hérédité, l'instrument qui m'a façonné, ce rouleau anonyme qui a imprimé sur ma vie un filigrane dont le motif unique ne devient visible que lorsqu'on éclaire la feuille de l'existence à la lumière de l'art. »

Vladimir NABOKOV

« Les chercheurs n'ont pas réussi à trouver les principes profonds reliant les actes de la mère, du père, des frères et sœurs aux caractéristiques psychologiques de l'enfant. »

Jerome KAGAN

« Ce qu'on appelle l'expérience traumatisante n'est pas un malheur. C'est l'occasion que l'enfant a attendue patiemment. S'il ne s'était saisi de ce prétexte, il en aurait trouvé un autre, tout aussi insignifiant. Car il s'agit de se donner une direction, une raison d'être, qui permette à la vie de devenir une affaire sérieuse. »

W. H. AUDEN

« L'on perd son innocence à percer son propre mystère. »

Robertson DAVIES

« Les enfants sont si démunis qu'ils doivent s'en remettre à l'imagination plutôt qu'à l'expérience. »

Eleanor ROOSEVELT

« L'imagination n'a ni commencement ni fin mais prend un malin plaisir à renverser l'ordre des choses en suivant l'inspiration de ses propres saisons. »

William Carlos WILLIAMS

« Je crois que c'est Karl Marx, un jour, qui fit la suggestion d'étudier l'évolution à rebours, en gardant les yeux fixés sur les espèces évoluées pour y chercher les traces du passé. »

Jerome BRUNER

« Je n'évolue pas, je suis. »

Pablo PICASSO

« Avant même la cause, il y a le mouvement interne en quête de soi-même. »

PLOTIN

« Dans l'évolution d'un artiste, on trouve toujours les germes de la maturité dans les œuvres de jeunesse. Le noyau autour duquel l'intellect de l'artiste construit son œuvre, c'est lui-même [...] qui ne change pratiquement pas de la naissance à la mort.

La seule personne qui m'ait jamais vraiment influencé, c'est moi-même. »

Edward HOPPER

« Les adolescents éprouvent un sentiment de grandeur secrète et unique qui cherche à s'exprimer. La preuve en est la façon dont ils montrent le cœur quand ils cherchent à le faire comprendre. »

Joseph Chilton PEARCE

« J'aimerais que vous sachiez tout ce que je pense du génie et du cœur. »

John KEATS

« Ce que l'on fait avec jubilation, le feu au cœur, comme si l'on avait le diable au corps, est-ce cela qu'on appelle la vocation ? »

Joséphine BAKER

« La méthode qui convient aux petits travaux mais non aux grands a de toute évidence commencé par le mauvais bout [...]. Le lieu commun peut être compris comme une réduction de l'exceptionnel, mais l'exceptionnel ne peut être compris en amplifiant le lieu commun. Du point de vue de la logique et de la causalité l'exceptionnel est primordial parce qu'il introduit (aussi étrange que cela puisse paraître) la catégorie la plus vaste. »

Edgar WIND

1

En un mot : la théorie de l'akène
et le salut de la psychologie

Aucune théorie n'épuise la richesse de la vie humaine. Tout se passe comme si un jour ou l'autre quelque chose nous poussait sur une voie particulière. Il arrive que la mémoire garde la trace de ce « quelque chose » : un signe à un moment précis de l'enfance, un appel pressant venu de nulle part, une fascination, un événement étrange et inopiné tenant lieu de révélation : voilà ce que je dois faire, voilà ce qui m'attend. Voilà ce que je suis.

C'est de cet appel qu'il est question dans ce livre.

L'invite n'a pas été forcément spectaculaire ni évidente. Elle ne s'est peut-être manifestée que par d'infimes embardées qui vous ont fait dériver à votre insu vers un point particulier de la rive. Rétrospectivement, vous avez le sentiment que le destin était à l'œuvre.

C'est de ce sentiment du destin qu'il est question dans ce livre.

Ces manières de révélations et leur souvenir affectent autant le cours d'une vie que les traumatismes les plus effrayants ; mais il s'agit d'instants plus énigmatiques et l'on a tendance à les négliger. La théorie préfère traiter des traumatismes que nous sommes censés devoir surmonter. Il n'empêche. En dépit des blessures et vicissitudes de l'enfance, nous portons en nous dès le départ l'image d'une personnalité bien définie aux traits parfaitement constants.

C'est de la personnalité et de son pouvoir qu'il est question dans ce livre.

L'interprétation « traumatique » de la prime enfance a si bien envahi la théorie psychologique de la personnalité et ses développements divers, qu'elle a d'ores et déjà contaminé nos souvenirs comme le langage des récits autobiographiques. C'est moins l'enfance qui détermine le déroulement d'une vie que l'idée qu'on apprend à se faire de l'enfance. Nous souffrons moins des traumatismes de l'enfance que de la façon traumatisante dont la mémoire refaçonne l'enfance en une suite de catastrophes contingentes auxquelles nous faisons porter la responsabilité de nos travers et de nos carences. C'est du moins la thèse de ce livre.

Tentons de réparer les dégâts et de montrer qu'il y a, qu'il y avait autre chose dans la nature de chacun. Ce livre voudrait redonner vie aux tourbillons incongrus de l'existence, afin de réhabiliter la notion de destin. Tant il est vrai que la vocation personnelle, le sentiment qu'on ne vit pas sans raison, est précisément ce qui a déserté trop de destinées.

Je ne parle pas ici de raison de vivre ; ni du sens de la vie en général, ni ne me réfère à une quelconque philosophie ou foi religieuse – ce livre n'a pas la prétention de fournir des réponses à ces questions. Mais il répond à ce sentiment de chacun qu'il y a une cause à *mon* existence, qu'il me faut vivre au-delà du quotidien pour que le quotidien ait sa raison d'être, que d'une façon ou d'une autre le monde veut que je sois là, et que j'aie à répondre d'une essence, d'une image innée à laquelle ma vie doit se conformer.

Il est également question de cette image innée dans ce livre, comme dans la vie de chaque individu – et nous irons à la rencontre de nombreuses existences dans les pages qui suivent. La question de l'autobiographie hante la subjectivité occidentale et constitue le cœur de toute thérapie individuelle. Quiconque suit une thérapie, ou s'intéresse à la réflexion thérapeutique, même diluée dans les larmes des émissions télévisées, aspire à se construire une biographie satisfaisante : comment vais-je rassembler en une image cohérente les morceaux de ma vie ? Comment vais-je discerner l'intrigue essentielle de ma propre histoire ?

Pour découvrir cette image innée, il faut s'émanciper des poncifs psychologiques habituels, usés jusqu'à la corde. Ils n'en disent pas assez. Ils réduisent la vie au schéma des différentes étapes du développement : la petite enfance, les tourments de l'adolescence, la crise de la quarantaine et de la vieillesse, et finalement la mort. Vous faites votre chemin sur une carte dressée à l'avance et suivez un itinéraire qui vous dit par où vous êtes passé pour en arriver là, et vous vous conformez ainsi aux moyennes statistiques établies par les experts des compagnies d'assurances. Le cours de votre vie se raconte au futur antérieur. Qu'il vous vienne la fantaisie de vous aventurer au-dehors de l'autoroute bien balisée, et l'excentrique que vous êtes en sera réduit à se forger un curriculum vitae d'événements aléatoires : il m'est arrivé ceci, puis il m'est arrivé cela. Une histoire sans intrigue dont le personnage principal, vous, se révèle toujours plus ennuyeux à force d'errer dans le désert des « expériences » stériles.

À mon sens, on nous a volé notre véritable biographie – cette destinée inscrite dans l'akène*, la graine, la semence, le gland du chêne – et c'est pour la retrouver que nous avons recours à la thérapie. Néanmoins, l'on ne peut retrouver l'essence, l'image innée de chacun, sans disposer d'une théorie psychologique qui accorde une réalité psychologique essentielle à l'appel du destin. Faute de quoi l'identité individuelle se résume au profil du consommateur défini par les seuls hasards de la statistique sociologique, chez lequel les suggestions du *daimon* font figure de lubies névrotiques incrustées dans le tissu de ses ressentiments et de ses rancœurs. En réalité, le refoulement, la clef de la structure de la personnalité dans toutes les écoles thérapeutiques, n'est pas celui du passé. C'est le refoulement de l'akène et des torts dont nous nous sommes rendus coupables à son égard.

Notre façon de concevoir la vie la rend morne. La poésie et l'intuition romanesque n'y ont plus leur part. C'est pourquoi ce livre reprend à son compte les thèmes de la tradition romantique et se risque à concevoir la vie de chacun en termes de beauté, de mystère et de mythe. Dans la même veine romantique, nous ne

---

* James Hillman emploie métaphoriquement le terme anglais *acorn* (littéralement « le gland ») tout au long de son livre. En français, le terme botanique *akène* (ou *achaine*) – de *a-* privatif, et du grec *khainein,* s'ouvrir –, synonyme de « gland », désigne plus généralement un fruit sec formé d'une carpelle qui ne contient qu'une graine. Ce terme générique plus littéraire nous a semblé, en français, correspondre le mieux à l'esprit de l'ouvrage. (*N.d.T.*)

reculerons pas devant les grands mots, ceux de « vision », de « vocation », sans nous en tenir aux mesquineries du langage réductionniste. Pourquoi faudrait-il déprécier ce que nous ne comprenons pas ? Après tout, on décèle le mystère et le mythe, nous le verrons en détail au dernier chapitre, jusque dans les explications de la génétique.

Autant être clair dès le départ : le modèle d'explication actuellement dominant, qui assimile la vie humaine à une interaction entre la génétique et l'environnement, omet l'essentiel : le sentiment de l'individualité. Dès lors que j'accepte d'être le produit d'un subtil ballottage entre forces sociales et héréditaires, je me réduis moi-même à un simple résultat. Si mon existence se réduit à ce qui est inscrit dans mes chromosomes, à ce que mes parents ont fait ou non et aux affects de ma petite enfance, c'est qu'elle déroule l'histoire d'une victime. Je vis une intrigue écrite par un code génétique héréditaire, les traumatismes de l'existence, l'inconscience de mes parents et les aléas de la vie sociale.

Ce livre a pour ambition de démystifier cette mentalité de victime qui empêche les individus de guérir, et d'en finir avec les modèles théoriques qui l'ont forgée. Nous sommes victimes de la théorie avant même que celle-ci soit mise en pratique. L'image de victime de l'Américain moyen n'est jamais que le revers d'une médaille dont la face arbore une autre identité : celle du héros à la volonté de fer qui s'est fait lui-même, forgeant seul son propre destin. Pile, la victime, face, le héros. Sur le fond, nous sommes en fait victimes d'une psychologie universitaire et scientiste comme de la pratique thérapeutique, dont les paradigmes théoriques ne tiennent pas suffisamment compte, donc ignorent, le sens de la vocation, ce mystère essentiel au cœur de la vie de chacun.

En un mot, ce livre traite de la vocation, du destin, de la personnalité, de l'image innée. Autant de concepts qui forment la « théorie de l'akène », selon laquelle chaque personne porte en soi une unicité qui demande à être vécue et est déjà présente avant de pouvoir être vécue.

Ce « avant de pouvoir être vécue » met également en question un autre paradigme : le temps. Il faut bien que le temps, qui mène l'univers, fasse une pause. Nous devons faire abstraction du temps, si nous ne voulons pas que l'avant détermine toujours l'après, ni rester enchaînés aux causes passées sur lesquelles nous n'avons aucune prise. C'est pourquoi ce livre passe son temps à ne pas tenir compte du temps, afin de pouvoir lire la vie aussi bien à rebours qu'en regardant vers l'avenir.

Remonter la vie dans le passé permet de déceler dans nos premières obsessions les esquisses de nos conduites présentes. Et c'est parfois les toutes premières années que nous atteignons des sommets ! Remonter le temps signifie que ce n'est pas tant le développement de l'individu qui livre la clef de son existence, que la forme que prend ce développement en ce qu'elle révèle une facette de l'image originelle. Bien sûr, la vie progresse jour après jour puis régresse, et nous voyons effectivement nos facultés s'épanouir, puis se faner. Cela dit, l'essence de la destinée tient entièrement dans la présence simultanée d'aujourd'hui, d'hier et de demain. La personne n'est ni un processus ni un développement. Vous *êtes* cette image innée en épanouissement, si elle s'épanouit. Comme disait Picasso, « je ne deviens pas ; je suis ».

Car c'est la nature de l'image, de n'importe quelle image. Elle est là tout entière, immédiatement. Quand vous regardez un visage, une scène par la fenêtre ou un tableau accroché au mur, vous voyez la *gestalt* dans son ensemble. Toutes les parties se présentent en même temps. L'une n'est pas la cause de l'autre, ni ne la précède. Peu importe que le peintre ait mis des taches de rouge en dernier ou en premier, qu'il ait conçu les rayures grises en cours de route ou comme une structure de départ, ou même qu'elles n'aient été que des vestiges d'un tableau antérieur sur la même toile : ce que vous voyez est très exactement ce qu'on vous offre, tout à la fois. Il en va de même d'un visage ; le teint et les traits forment une seule expression, une image unique, immédiate. Même chose pour l'image inscrite dans l'akène. Vous êtes né avec une personnalité, qui vous est donnée ; un don des fées penchées sur votre berceau, comme disent les vieux contes.

Ce livre explore une nouvelle voie qui s'inspire d'une vieille idée. Chaque individu vient au monde avec une vocation. L'idée vient du mythe d'Er, que Platon relate à la fin de *La République*.

À l'âme de chacun d'entre nous est attribué un *daimon* unique avant la naissance, qui a choisi une image ou un modèle que nous incarnons sur terre. Cette âme-compagnon, le daimon, nous guide ici-bas ; mais à notre arrivée sur terre nous oublions ce qui s'est passé et croyons être vides et solitaires. Le daimon se souvient de notre image et de ce qui caractérise notre modèle, et c'est ainsi qu'il est le porteur de notre destinée.

Comme l'expliquait le plus grand des platoniciens ultérieurs, Plotin (205-270 après J.-C.), c'est bien nous qui choisissons notre enveloppe corporelle, nos parents, le lieu et les circonstances qui conviennent à notre âme et qui, comme dit le mythe, lui sont néces-saires. Autant dire que c'est l'âme qui choisit elle-même les cir-constances, y compris ce corps et ces parents que je peux maudire par ailleurs – choix que je ne comprends pas parce que je l'ai oublié.

Platon raconte le mythe afin que nous n'oubliions pas, et explique dans le tout dernier passage que nous serons d'autant plus heureux que nous saurons le préserver. En d'autres termes, le mythe a une fonction de rédemption psychologique, et la psycho-logie qui en découle peut inspirer une vie.

Le mythe suppose également le passage à l'acte. Pour com-mencer, rien de tel que d'examiner sa propre existence sous l'angle des idées impliquées par le mythe – idées de vocation, d'âme, de daimon, de destin, de nécessité, autant de notions que nous explo-rerons dans les pages qui suivent. Puis, toujours pour se conformer au mythe, il s'agit de prêter soigneusement attention à l'enfance afin d'y déceler les tout premiers indices du daimon en action, d'en comprendre les intentions et de ne pas y faire obstacle. Le reste des implications pratiques se décline rapidement : (a) recon-naître la vocation comme un fait primordial de l'existence humaine ; (b) conformer sa vie à cette vocation ; (c) avoir le bon sens de comprendre que les aléas de la vie, y compris les peines de cœur et les troubles naturels de la chair, appartiennent à l'es-sence de l'image, lui sont nécessaires et contribuent à l'incarner.

L'on peut repousser, esquiver une vocation, voire la manquer à plusieurs reprises. Elle peut aussi vous posséder entièrement. Quoi qu'il en soit, elle finira par apparaître. Elle revendiquera son dû. Le daimon n'abandonne pas.

Nous cherchons depuis des siècles un terme approprié cor-respondant à cet « appel ». Les Romains l'appelaient le *genius* ; les Grecs, le *daimon* ; et les chrétiens, l'ange gardien. Les romantiques, comme Keats, disaient que l'appel venait du cœur, et l'œil intuitif de Michel-Ange discernait une image dans le cœur de la personne qu'il sculptait. Les néoplatoniciens faisaient référence à un corps virtuel, l'*ochema*, qui vous servait de véhicule. C'était votre protecteur et soutien personnel [1]*. Pour certains c'est dame Chance ou la Fortune ; pour d'autres le génie ou le djinn, ou encore la mauvaise graine ou le mauvais génie. En Égypte, vous pouviez converser avec votre *ka*, ou votre *ba*. Chez les peuples que nous appelons Esquimaux et ceux qui pratiquent le chamanisme, c'est l'esprit propre à chacun, l'âme-liberté, l'âme-animal, l'âme-souffle.

Il y a plus d'un siècle, l'universitaire victorien E. B. Taylor (1832-1917), qui étudiait l'histoire des religions et des civilisations, rapportait la façon dont les « primitifs » (comme on appelait alors les peuples non industrialisés) concevaient ce que nous désignons par « âme » : « *une image humaine sans épaisseur et sans substance, par nature une sorte de vapeur, de pellicule ou d'ombre... dont on ressentait la présence invisible par la manifestation d'une force physique* [2] ». Un ethnologue plus récent, Ake Hultkranz, spécialiste des Amérindiens, explique que l'âme « *prend son origine dans une image* » et est « *conçue sous la forme d'une image* » [3]. Platon dans son mythe d'Er le Pamphylien, utilise une notion similaire, *paradeigma*, le modèle de base comprenant l'ensemble de chaque destinée. Pour être porteuse du sort et du destin de chacun, l'image qui accompagne l'existence comme son ombre ne fait pas la leçon et ne doit pas être confondue avec la conscience.

Le *genius* romain n'était pas un moraliste. Il « savait tout sur l'avenir de l'individu et contrôlait son destin », mais « cette déité ne portait aucun jugement moral sur l'individu ; elle n'était qu'un agent de la chance personnelle ou de la fortune. On pouvait demander sans vergogne à son genius de réaliser ses désirs honteux ou égoïstes [4] ». À Rome, en Afrique de l'Ouest, en Haïti, vous pouviez demander à votre daimon (quel que soit son nom) de porter tort à vos ennemis ou de leur jeter un sort, ou encore de vous aider dans vos maniganges ou vos tentatives de séduction. Nous traite-

---

* Les appels de notes renvoient aux notes placées en fin d'ouvrage.

rons de ce « mauvais » visage du daimon dans un chapitre ultérieur (« La mauvaise graine »).

L'histoire de cette notion d'âme-image est longue et compliquée ; elle apparaît dans de nombreuses cultures sous les noms les plus variés. Mais les manuels de psychologie et de psychiatrie contemporains n'en font pas mention. Dans notre société, l'étude de la psyché et sa pratique thérapeutique ignorent ce facteur que d'autres cultures considèrent comme le noyau de la personnalité et le dépositaire du destin individuel. Ce qui fait l'essence du psychisme ou de l'âme, le sujet fondamental de la psychologie, a déserté les livres qui lui sont consacrés.

J'utiliserai de nombreux termes presque interchangeables pour me référer à cette akène – image, personnalité, sort, génie, vocation, daimon, âme, destin, destinée –, préférant l'un ou l'autre en fonction du contexte. Ce mode de caractérisation délibérément laxiste s'inspire du style d'autres cultures, généralement plus anciennes, qui savent mieux appréhender cette force énigmatique de la vie que les définitions étroites et sans équivoque de la psychologie contemporaine. Nous ne devrions pas avoir peur des grands mots ; ils ne sont pas creux. Ils sont simplement devenus tabous et il faut les réhabiliter.

Ces différents substantifs ne nous disent pas en *quoi* consiste ce qu'ils désignent, mais sont la preuve que ce quelque chose *existe*. Ils en soulignent aussi le mystère. Nous ne savons pas exactement de quoi nous parlons, parce que la nature de ce quelque chose est de rester dans l'ombre, de ne se révéler que par indices, intuitions et chuchotements, par bouffées de désirs et par lubies dérangeantes que nous nous obstinons à qualifier de symptômes.

Exemple : c'est la Nuit des Amateurs à l'opéra de Harlem. Une fille de seize ans maigre et gauche monte sur scène en proie au trac. On la présente à la foule : « La candidate suivante est une jeune dame du nom d'Ella Fitzgerald... Voici Mlle Fitzgerald qui va danser pour vous... Un instant, un instant... Qu'est-ce qui se passe, ma jolie ?... Erreur, les amis. Mlle Fitzgerald a changé d'avis. Elle ne va pas danser, elle va chanter... »

Ella Fitzgerald fut gratifiée de trois rappels et remporta le premier prix. Et pourtant, « sa première idée avait été de danser [5] ».

Changea-t-elle d'avis par hasard ? Le gène de la chanson

s'était-il soudain manifesté ? Ou bien cet instant était-il un présage, conduisant Ella Fitzgerald vers son singulier destin ?

En dépit de sa répugnance à faire entrer dans son domaine de compétence l'étude du destin individuel, la psychologie est bien obligée d'admettre que chaque individu est doté d'une constitution propre, et de s'incliner devant l'insolence de cette réalité : chaque individu est unique. Mais sa façon de rendre compte des étincelles de cette unicité et de ses appels est particulièrement stérile. Sa méthode analytique divise l'énigme de l'individualité en facteurs et traits de personnalité, en types, complexes et tempéraments, et recherche vainement le secret de l'individu dans les substrats biologiques du cerveau et des gènes égoïstes. Les écoles psychologiques plus rigoureuses évacuent tout simplement la question de leurs laboratoires, et renvoient les « vocations » et autres manifestations paranormales aux bons soins de la parapsychologie, quand elles ne les exilent pas dans les terres lointaines de la magie, de la religion et de la folie. Et lorsque la psychologie s'aventure quelque peu à rendre compte de l'unicité de chacun, elle bat ses records d'audace – et de stérilité – en s'en remettant au hasard statistique.

Je me garderai bien, dans ce livre, de confier aux laboratoires le sens de l'individualité, l'essence même du « moi ». Pourquoi faudrait-il accepter que cette existence étrange et précieuse qui est la mienne soit le résultat d'un calcul de probabilités ? Ce qui ne signifie pas pour autant, notez bien, que j'incite quiconque à s'enterrer la tête dans les sables d'une foi quelconque. La question du destin individuel et de ce qui nous rappelle à lui ne consiste pas à devoir choisir entre une science sans foi et une foi sans science. L'individualité demeure une question qui relève de la compétence de la psychologie – une psychologie qui ne renie pas son préfixe, *psyché*, et sa prémisse, l'âme ; une psychologie dont l'esprit épouse la foi sans s'incliner devant une Église, et qui observe minutieusement les phénomènes sans s'en remettre à la science institutionnelle. La théorie de l'akène se glisse judicieusement à mi-distance entre ces deux vieux dogmes rivaux qui aboient l'un après l'autre depuis des lustres, mais que la pensée occidentale conserve tendrement comme animaux de compagnie.

Selon la théorie de l'akène, chacun d'entre nous vient au monde avec une image qui le définit. J'aurai l'occasion d'étayer ce propos. L'individualité réside en une cause formelle – pour utiliser le vieux langage philosophique remontant à Aristote. Pour s'exprimer comme Platon et Plotin, nous sommes chacun une incarnation de notre propre idée. Cette forme, cette idée, cette image, ne tolère guère de vagabondage. La théorie attribue également à cette image innée une propriété angélique ou démoniaque, comme s'il s'agissait d'une étincelle de conscience ; elle considère en outre que cette image prend notre intérêt à cœur puisqu'elle nous a choisis pour des raisons qui lui sont propres.

Que le daimon s'intéresse tant à nous est peut-être ce qui est le plus difficile à accepter dans cette théorie. Que le cœur ait ses raisons, certainement ; qu'il y ait un inconscient doté d'intentions propres ; que le destin ait sa part dans ce qui nous arrive – tout cela est acceptable, et même banal.

Mais pourquoi est-il si difficile d'imaginer qu'on prend soin de moi, que quelque chose s'intéresse à ce que je fais, que je suis peut-être protégé, que ce ne sont peut-être ni ma volonté ni mes actes qui me maintiennent en vie ? Pourquoi préférons-nous contracter une police d'assurance, plutôt que de nous en remettre aux protecteurs invisibles de l'existence ? Certes, il est facile de mourir. Une seconde d'inattention et les plans les mieux établis de l'ego le plus vigoureux s'éparpillent sur le trottoir. Or quelque chose m'empêche chaque jour de tomber dans les escaliers, de trébucher dans le caniveau, d'être attaqué par surprise. Comment peut-on rouler sur l'autoroute en écoutant de la musique, l'esprit ailleurs, et rester en vie ? En quoi consiste ce « système immunitaire » qui veille sur mes journées, monte la garde devant les aliments bourrés de virus, toxines et bactéries que j'absorbe ? Qui, entre autres, me débarrasse des microbes envahissant les sourcils, à la façon de ces petits oiseaux perchés sur le dos des rhinocéros qui les nettoient de leur vermine ? Tout ce qui nous protège, nous l'appelons instinct, autopréservation, sixième sens, conscience subliminale (autant de phénomènes invisibles mais bien présents). Il fut un temps, jadis, où ce qui me protégeait si bien s'appelait un ange gardien, et je savais, ô combien, lui accorder l'attention qui convenait.

En dépit de cette protection invisible, nous préférons penser que nous avons été propulsés nus dans l'univers, totalement vulnérables et solitaires. Il est plus facile d'accepter l'histoire du héros qui s'est forgé lui-même que celle d'un être élu dans un dessein précis par une providence qui peut lui venir en aide dans des situations de détresse. Il s'agit pourtant d'une réalité familière. Mais difficile d'en convenir sans passer pour un gourou, un témoin de Jéhovah ou un illuminé croyant au miracle de la résurrection. Alors, pourquoi ne pas faire entrer cette protection invisible, qu'on appelait jadis la providence, dans le domaine de la psychologie proprement dite ?

C'est chez les enfants qu'une psychologie de la providence trouve sa meilleure illustration. Et je ne parle pas seulement de ces histoires étonnantes et miraculeuses d'enfants retrouvés indemnes à la suite d'une chute du haut d'une falaise ou d'un ensevelissement sous les décombres d'un tremblement de terre. Je me réfère plutôt aux miracles ordinaires de la simple manifestation d'une personnalité. L'enfant montre tout d'un coup et sans raison qui il est et ce qu'il doit faire.

L'entourage peu réceptif a le plus souvent une fausse perception de ces impulsions de la destinée. Il ne voit dans les signes de la vocation que la multitude des symptômes propres aux enfants difficiles, autodestructeurs, casse-cou ou hyper-actifs, autant de termes que les adultes ont inventés pour masquer leur incompréhension. La théorie de l'akène apporte un souffle rafraîchissant sur l'observation des troubles de l'enfance. Elle y voit moins une affaire de causalité que de vocation, moins les influences passées que des révélations intuitives.

En matière de psychologie de l'enfant, je tiens à dénoncer nos habitudes de pensée (et l'hostilité qui se cache derrière les habitudes). Nous devons prendre en compte que l'expérience et le comportement de l'enfant témoignent de sa vocation particulière. Les enfants vivent deux vies à la fois, celle qui leur est donnée à la naissance, et celle qui leur vient de l'entourage. L'image entière de la destinée est inscrite au sein d'une akène minuscule, fruit d'un chêne immense sur de petites épaules. Ses exigences sont aussi audibles et impératives que les voix de l'extérieur. Ses appels se manifestent dans les colères et les caprices, la timidité et le repli sur soi, qui semblent opposer l'enfant au reste du monde mais ne sont peut-être qu'une façon de protéger le monde intérieur qu'il apporte avec lui.

Ce livre est un plaidoyer pour l'enfance. Il donne les bases théoriques permettant de comprendre la vie enfantine, bases qui trouvent elles-mêmes leur inspiration dans les mythes, la philosophie, les différentes cultures et l'imagination. Il cherche à donner un sens aux troubles de l'enfance avant de leur coller une étiquette et d'avoir recours à la thérapie.

Sans une théorie qui plaide la cause de l'enfant dès sa naissance, et une mythologie qui le prédestine avant même sa naissance, celui-ci arrive au monde comme un simple produit – imprévu ou planifié, mais sans aucune authenticité. Et les troubles de l'enfant qui arrive au monde sans raison particulière, sans intention et génie qui lui soient propres, n'ont pas plus d'authenticité.

La théorie de l'akène féconde une véritable psychologie de l'enfance. Elle prétend que l'enfant est doté d'une destinée et d'une identité particulières, ce qui signifie avant tout que les symptômes cliniques des troubles de l'enfant relèvent d'une certaine façon de cette identité et de cette destinée. Les psychopathologies ne sont pas secondaires ou contingentes. Elles sont aussi authentiques que l'enfant lui-même. Les données cliniques ont été attribuées à l'enfant et transmises avec lui. Elles font partie du legs. Ce qui signifie que tous les enfants possèdent à la naissance des dons qui se manifestent de façon particulière, souvent incongrue et douloureuse. Il est donc question de l'enfance dans ce livre, et d'un regard différent sur l'enfance. Un regard qui pénètre l'imagination enfantine et décèle dans les pathologies de l'enfant les indications du daimon et la volonté de chaque destin particulier.

VOCATIONS

Deux histoires d'enfants : d'abord celle concernant le grand philosophe anglais R. G. Collingwood (1889-1943). Ensuite, celle évoquant l'enfance du brillant torero espagnol Manolete (1917-1947). La première montre comment le daimon se manifeste brusquement dans une jeune vie ; la seconde témoigne des déguisements et des chemins détournés auxquels le daimon peut parfois avoir recours.

> *Mon père possédait beaucoup de livres et [...] un jour de l'année de mes huit ans, la curiosité me poussa à prendre un petit volume noir au dos duquel était inscrit* Théorie de l'Éthique chez Kant... *Je commençai ma lecture, mon petit être coincé entre la bibliothèque et la table. Je fus submergé par une vague d'émotions étranges. Ce fut d'abord une excitation intense. Je sentais que des choses de la plus haute importance étaient dites sur des questions essentielles : des choses que je devais comprendre à tout prix. Puis, je découvris à ma grande indignation que je ne pouvais les comprendre. C'était humiliant à dire, mais le sens de ce livre, écrit en anglais et grammaticalement correct, m'échappait totalement. Vint la plus étrange émotion de toutes. J'eus l'impression que le contenu de ce livre, que je ne pouvais comprendre, me concernait particulièrement : il s'agissait d'une question qui m'était personnelle ou plutôt qui me le serait dans l'avenir [...] sans que cela suscite en moi de désir particulier. Je n'aspirais pas, dans tous les sens du terme, à « maîtriser » la morale kantienne quand je serais assez vieux pour cela ; mais j'eus le sentiment qu'un voile s'était levé, comme si ma destinée m'était révélée.*
>
> *Puis j'eus progressivement le sentiment d'avoir une tâche à accomplir dont je ne pouvais préciser la nature, si ce n'est de me dire « il faut que je pense ». À quoi je devais penser, je ne le savais pas ; et quand je voulus obéir à cette injonction, je restai silencieux et l'esprit vide[6].*

Le philosophe qui devait produire des œuvres majeures en métaphysique, esthétique, religion et histoire, avait déjà la vocation et commençait à « philosopher » comme un petit garçon de huit ans peut le faire. C'était le père qui possédait les livres et y donnait accès, mais c'était le daimon qui avait choisi ce père, et la « curiosité » de ce daimon qui avait jeté son dévolu sur ce livre-là.

Personne n'aurait pu imaginer que le jeune Manolete pût devenir un jour torero. L'homme qui a bouleversé la tradition de la corrida et en a renouvelé l'esprit était un garçon timide et craintif.

> *Délicat et maladif, ayant failli mourir à deux ans à la suite d'une pneumonie, le petit Manuel ne s'intéressait qu'à la peinture et à la lecture. Ses sœurs et les autres enfants le taquinaient de le voir rester à la maison dans les jupes de sa mère. Dans sa ville natale il avait la réputation d' « un garçon frêle et mélancolique errant dans les rues après l'école perdu dans ses pensées. Il se joignait rarement aux autres gosses qui jouaient au football ou à la corrida ». Tout changea « aux alentours de onze ans. Il ne s'intéressa plus qu'aux taureaux »* [7].

Transformation radicale ! Lors de sa première corrida, Manolete venait à peine de quitter ses culottes courtes qu'il tint ferme sans un pas de côté. En fait, il fut blessé à l'aine, ce qu'il prit crânement en refusant qu'on le transporte chez sa mère, préférant rentrer avec les camarades avec lesquels il était venu.

Son héroïsme tombait du ciel, c'était clair. Le héros obéissait à sa vocation.

Avait-il eu depuis toujours une vague idée de cette vocation ? Bien sûr, le petit Manolete avait peur et s'accrochait aux jupes de sa mère (s'agissait-il d'une métaphore, ou bien le tablier et la jupe maternels étaient-ils déjà pour lui une sorte de cape ?). Bien sûr il se tenait à l'écart des jeux de corrida des autres enfants, préférant le havre de la cuisine. Comment ce petit garçon de neuf ans aurait-il pu assumer son destin ? N'étaient-ils pas tous inscrits dans son akène, ces taureaux noirs d'une demi-tonne aux cornes acérées fonçant sur lui dans un bruit de tonnerre, et cet Islero qui lui donnerait la mort à trente ans en lui déchirant l'aine et les entrailles, et ces funérailles grandioses comme l'Espagne n'en avait jamais vu ?

Collingwood et Manolete témoignent d'un fait essentiel : les frêles aptitudes d'un enfant ne sont pas à la hauteur des exigences de son daimon. Les enfants sont par nature en avance sur eux, même quand ils ont de mauvaises notes et sont à la traîne. La solution peut consister à prendre les devants, comme dans le cas célèbre de Mozart ou d'autres « enfants prodiges » bien dirigés.

Ou de se replier sur soi et de tenir son daimon à distance, comme le faisait Manolete dans la cuisine maternelle.

L'« indignation » qui submergea Collingwood tenait à ses insuffisances ; il n'était pas à la hauteur de Kant qui était pourtant « son affaire personnelle ». Une part de lui-même n'avait pas la culture lui permettant de comprendre le texte qu'il lisait ; l'autre n'était pas un enfant de huit ans, n'avait jamais été un enfant.

Deux exemples analogues mettent également en évidence le fossé qui existe entre les capacités de l'enfant et les exigences de son *genius*. D'abord celui de Barbara McClintock, une pionnière en matière de génétique ; ensuite, Yehudi Menuhin, le célèbre violoniste.

Barbara McClintock reçut le prix Nobel pour un type de recherche qui exige la solitude du laboratoire, ce dont elle tirait le plus grand plaisir. « À l'âge de cinq ans, raconte-t-elle, je demandai une trousse à outils. [Mon père] ne m'acheta pas des outils d'adulte, mais des outils à ma taille... Ce n'étaient pas ceux que je voulais. Je voulais des outils *véritables,* pas des outils d'enfant[8]. »

Menuhin aussi convoitait ce que ses mains ne pouvaient pas encore manier. Yehudi n'avait pas quatre ans qu'aux côtés de ses parents, au balcon du Curran Theatre, il écoutait souvent le maître de concert Louis Persinger (premier violon) jouer en solo. « J'avais demandé à mes parents, pendant l'une des ses prestations, si je pourrais avoir un violon pour mon quatrième anniversaire et si Louis Persinger pourrait m'apprendre à jouer. » Il semble qu'un ami de la famille crut exaucer son vœu en lui offrant un violon d'enfant aux cordes métalliques. « J'éclatai en sanglots, jetai le violon par terre et ne voulus plus en entendre parler[9]. »

Le génie n'est pas une affaire d'âge, de taille, de culture ou d'éducation. C'est pourquoi l'enfant déborde toujours de ses culottes courtes et a les yeux plus gros que le ventre. Il sera narcissique, exigera trop d'attentions, et on l'accusera de folie des grandeurs si, par exemple, il lui prend la fantaisie de revendiquer un instrument qu'il ne peut manier. À quoi attribuer cette mégalomanie, sinon à la vision grandiose accompagnant l'âme dans le monde ? Les romantiques comprenaient la grandeur des aspirations enfantines. Ne disaient-ils pas : « Les nuées de la gloire entourent notre venue » ?

Barbara était incapable de soulever un vrai marteau, Yehudi n'avait ni les bras assez longs ni les doigts assez agiles pour jouer d'un violon correspondant à la musique de son cœur. Mais il lui semblait juste d'obtenir ce qu'il voulait, car « je savais d'instinct que je jouerais un jour [10] ».

Considérons que le daimon du petit Yehudi refusait d'être traité comme un enfant, même si le garçon n'avait que quatre ans. C'est son daimon qui inspirait à Yehudi cette saine colère et lui faisait exiger un instrument véritable, car on ne joue pas du violon avec un jouet. Le daimon ne veut pas être traité comme un enfant, et n'a rien d'un enfant intériorisé. En fait, il supporte très mal d'être emprisonné dans le corps d'un enfant. La cohabitation d'une vision achevée et d'un être humain inachevé est difficile à vivre. *L'intolérance* rebelle dont faisait preuve Yehudi Menuhin est une caractéristique essentielle du comportement de l'akène.

L'enfance de Colette, l'écrivain français, témoigne également d'une fascination pour les outils de son art. Le destin de Menuhin se manifestait en bondissant comme un tigre. Celui de Colette faisait plutôt penser à un chat français faisant le guet sur le bord d'une fenêtre : elle s'épargnait le besoin d'écrire en observant les efforts de son père. À l'exemple de Manolete, elle avait plutôt tendance à battre en retraite, peut-être pour mieux se préserver.

Comme Colette l'explique elle-même, elle refusait d'écrire pour ne pas commencer trop tôt, comme si son daimon ne voulait pas qu'elle se lance avant d'être capable de bénéficier de ses dons, mais préférait la voir lire et encore lire, vivre et connaître, sentir, humer et ressentir. Elle éprouverait bien assez tôt la torture et la bénédiction d'écrire, mais devait d'abord s'imprégner de toute la sensualité qui caractériserait son œuvre. Je ne parle pas seulement ici de mémoire sensuelle, mais du caractère palpable et physique de l'art d'écrire. Car si elle se détournait des mots, elle affectionnait particulièrement les outils matériels de sa vocation (papier buvard, règle d'ébonite, crayons de couleur bien aiguisés, stylos à plume, cire à cacheter, flacon de colle liquide, colle à bouche, etc.)

Menuhin savait exactement ce qu'il voulait : jouer du violon ; Colette savait tout autant ce qu'elle ne voulait pas : écrire. À six ans, elle savait très bien lire, mais elle « refusait d'apprendre à écrire ».

Non, je ne voulais pas écrire. Quand on peut pénétrer dans le royaume enchanté de la lecture, pourquoi écrire ? [...] dans ma jeunesse, je n'ai jamais, jamais désiré écrire. Non, je ne me suis pas levée la nuit en cachette pour écrire des vers au crayon sur le couvercle d'un boîte à chaussures ! Non, je n'ai pas jeté au vent d'ouest et au clair de lune des paroles inspirées ! Non, je n'ai pas eu 19 ou 20 pour un devoir de style, entre douze et quinze ans ! Car je sentais, chaque jour mieux, je sentais que j'étais justement faite pour ne pas écrire. [...] J'étais bien la seule de mon espèce, la seule mise au monde pour ne pas écrire [11].

Récapitulons, à partir des exemples précédents, ce que nous avons pu observer de la façon dont la destinée affecte l'enfance. Chez Collingwood, une révélation ; chez Manolete et Colette, une inhibition qui les fait battre en retraite. Chez Barbara McClintock, comme chez Menuhin et Colette, un désir obsessionnel des outils de la création. Nous avons également mesuré ce qui sépare l'enfant du daimon. Surtout, nous avons vu que la vocation se manifeste par des voies étranges et toujours différemment d'une personne à l'autre. Il n'y a pas de modèle valable pour tous, mais un mode de manifestation particulier dans chaque cas.

Néanmoins, le lecteur doté de l'inévitable flair freudien aura détecté un facteur commun : le père – celui de Collingwood, de Barbara McClintock, de Menuhin ou de Colette –, comme si c'était le père qui pouvait donner une explication facile de la vocation de l'enfant. Cette illusion, cette « mystification parentale », dont nous parlerons longuement dans le chapitre du même nom, est difficile à éviter. La conviction que les parents influent sur l'enfance nous suit tout le long de la vie bien après que leur présence ne se manifeste plus que sur les photos de famille. En somme, une bonne partie du pouvoir des parents vient de l'*idée* que nous nous en faisons. Pourquoi tenons-nous tant à l'illusion parentale ? Parce qu'elle nous materne, nous rassure ? Avons-nous peur de laisser le daimon pénétrer dans notre existence, lui qui, pour nous avoir tiré par les pieds jadis, pourrait se manifester encore aujourd'hui et nous donner envie de nous réfugier dans la cuisine ? Il est plus facile de se replier sur les explications parentales que d'affronter les exigences de notre destinée.

Colette sut repousser à plus tard sa destinée, mais son acharnement à lui résister montre à quel point elle en avait conscience. Golda Meir, quant à elle, qui dirigea Israël durant la guerre de 1973, fut carrément propulsée en avant par sa destinée dès les années de lycée, à Milwaukee. Elle y organisa un groupe contestataire contre l'achat obligatoire des manuels scolaires, trop chers pour les enfants les plus pauvres que l'on frustrait ainsi d'un égal accès à l'éducation. Cette gosse de onze ans (!) loua une salle pour une réunion, collecta de l'argent, rassembla son groupe de filles, apprit à sa petite sœur un poème socialiste en yiddish qu'elle lui fit déclamer, puis s'adressa elle-même à l'assemblée. Le premier ministre travailliste n'était-il pas déjà à l'œuvre ?

Sa mère lui avait conseillé d'écrire son discours à l'avance, « mais j'ai préféré dire ce que je voulais dire, tout ce qui me venait à l'esprit [12] ».

L'avenir ne se profile pas toujours aussi clairement. Golda Meir, femme déterminée à vocation de dirigeante, se montra immédiatement telle qu'elle serait. Son daimon la mit sur la voie et l'y maintint. À peu près au même âge, Eleanor Roosevelt, une autre femme de tête à la forte personnalité, s'engageait dans l'univers qui serait le sien non par l'action mais en se repliant sur ses fantasmes.

Eleanor Roosevelt disait elle-même avoir eu une « enfance malheureuse », dont les premières années avaient été « grises ». Un terme bien poli et magnanime pour ce qu'elle avait enduré. « J'ai grandi avec la peur de devenir folle [13]. » Elle perdit sa mère, qui ne l'avait jamais aimée, un petit frère et son play-boy de père avant l'âge de neuf ans. « C'est une enfant bizarre, si vieux jeu que nous l'appelons toujours *mémé*. » À partir de cinq ans, peut-être même avant, sa réserve naturelle s'accentua. Elle devint maussade, entêtée, venimeuse, rancunière et bonne à rien (elle ne savait pas lire à sept ans, ne savait ni cuisiner ni coudre, comme il était alors d'usage dans son milieu). Elle mentait, volait, piquait des colères et affichait un comportement asocial. Elle « a haï des années » le tuteur chargé de la surveiller et de l'éduquer [14].

Pendant toute cette période « je me racontais une histoire au fil des jours, qui était la chose la plus réelle de mon existence [15] ». Eleanor s'y voyait vivre avec son père, dont elle dirigeait la grande maison quand elle ne l'accompagnait pas dans ses voyages. L'histoire suivit son cours des années après la mort du père.

Aujourd'hui, le « cas d'Eleanor R. » relèverait de la psychothérapie. Certes, on mettrait en cause le contexte familial. Mais l'on bourrerait probablement l'enfant de tout un arsenal de psychotropes, de quoi la conforter, avec toute l'autorité de la biologie, dans le sentiment qu'elle est bien une « sale gosse ». (La méchanceté doit se trouver dans mes cellules, comme un péché originel ou une maladie. Sinon pourquoi faudrait-il que je prenne des pilules pour guérir, comme si j'avais la fièvre et avais mal quelque part ?)

Aujourd'hui, on n'accorderait aucune valeur intrinsèque aux rêves éveillés si élaborés d'Eleanor. L'imagination de son daimon, sa vocation, n'y auraient aucune part. On n'y verrait qu'une fuite vers l'irréel frisant l'hallucination. Les médicaments réduiraient l'intensité et la fréquence de ses visions. La médecine psychiatrique traiterait un esprit malade et pourrait se vanter, selon un raisonnement circulaire, que ce qu'elle a éradiqué était effectivement une maladie.

Et si l'on consultait un autre thérapeute sur le cas d'Eleanor R., tout au plus soupçonnerait-il un rapport entre le long fantasme de son enfance, et la chronique sociale régulière qu'elle tint plus tard dans un journal, intitulée « Ma journée ». Tout au plus réduirait-il son genius, en l'occurrence ses aspirations démocratiques, sa compassion pour les pauvres, son amour de l'humanité, son optimisme et sa largeur de vues, à une simple compensation de l'isolement et de la grisaille des jours qui lui avaient inspiré ses rêves d'enfant.

Le père, encore une fois. Et encore une fois l'occasion de glisser vers l'interprétation freudienne : comment expliquer les mornes dépressions d'Eleanor et sa fuite dans un fantasme comblant tous ses vœux, si ce n'est par son complexe d'Électre (amour pour le père et désir de remplacer la mère) ? Seulement, ses fantasmes avaient peut-être un autre *contenu* : voyages magiques à travers les airs, pactes secrets, rendez-vous romanesques, sauvetages d'animaux, mariages royaux... Et c'est là que la théorie de l'akène propose une interprétation des rêves de la jeune Eleanor Roosevelt bien différente.

Leur contenu altruiste et entreprenant avait un but : la préparer à la vie édifiante qu'elle aurait plus tard. C'est sa vocation qui lui forgeait des fantasmes en fait plus *réalistes* que la réalité quotidienne, puisqu'ils lui montraient sa voie. L'imagination tenait lieu de mentor, en lui enseignant la vaste tâche qui consiste à veiller au bien-être d'une famille complexe, d'un mari invalide, à la bonne marche de l'État de New York en tant que femme de gouverneur, des États-Unis en tant que femme de président, et même des Nations unies. Le fantasme qui consistait à se faire l'assistante du « père » tenait lieu de préliminaires qui lui permettraient de répondre à l'appel et d'utiliser son immense capacité de dévouement au service des autres.

LA THÉORIE DE LA COMPENSATION

La théorie de la compensation – selon laquelle Eleanor Roosevelt aurait compensé son désespoir par des fantasmes mégalomanes – pèse lourdement dans l'interprétation psychologique de la biographie des individus. Pour faire simple, disons que cette théorie prétend que l'origine des talents et des hauts faits de l'âge adulte réside dans les carences de la jeunesse. Le principe de compensation poussera l'enfant malingre, triste et maladif, à devenir un meneur d'hommes remarquable par son énergie et sa résistance physique.

La biographie du généralissime Francisco Franco, qui sévit comme dictateur de l'Espagne de 1939 à 1973 (il mourut deux ans plus tard), entre aisément dans le cadre de la théorie de la compensation. Petit garçon, il était « affreusement timide », « de constitution fragile » et de « taille minuscule ». « Il entra à quinze ans à l'Académie d'infanterie de Tolède, armé de sa petite taille et de son visage poupin. L'un des instructeurs [...] le gratifia d'un mousqueton à canon court au lieu du lourd fusil réglementaire. » Franco se redressa et déclara : « Je suis capable de faire tout ce dont est capable l'homme le plus fort de la section [16]. » L'humiliation l'avait profondément marqué, car il mettait sa dignité au-dessus de tout. Outre l'effet de compensation dû à sa fragilité, il devait se mesurer à ses frères (« rivalité fraternelle »), de joyeux drilles extravertis et diserts, entassant les succès. Franco aurait donc surmonté les handicaps de son enfance par les victoires militaires, une main de fer et l'exercice de la tyrannie.

Il est facile d'aligner comme à la parade les hommes dont l'existence s'est distinguée par leurs exploits et leur bravoure alors qu'il avaient montré dans leur enfance des dispositions contraires. Erwin Johannes Eugen Rommel – le Renard du Désert : soldat héroïque, ayant reçu lors des deux guerres mondiales les plus hautes décorations pour conduite courageuse au feu, maréchal, vétéran, tacticien éminent, l'idole de ses hommes au cours des campagnes de Belgique, de France, de Roumanie, d'Italie et d'Afrique du Nord. Petit garçon, sa famille l'avait surnommé « l'ours blanc », pour sa pâleur, son penchant à la rêverie et sa lenteur d'élocution. À l'école primaire, où il restait à la traîne, on le considérait comme un élève paresseux, manquant d'attention et négligent[17].

Robert Peary parcourut les étendues désolées de l'Arctique avant de « découvrir » le pôle Nord. L'enfant unique qu'il avait été ne quittait pas sa mère, une veuve, ni la cour de la maison, « pour échapper aux garçons qui l'appelaient *le maigrichon* et se moquaient de sa pusillanimité ».

Quant à Vilhjamur Stefansson, autre explorateur polaire courageux, ses camarades de classe l'appelaient « le mou ». Il passait des heures à jouer en solitaire avec un petit bateau dans une baignoire.

Mohandas K. Gandhi fut un enfant court sur pattes, malingre, à la mauvaise santé, laid et craintif, qui avait peur des serpents, des fantômes et du noir[18].

La théorie de la compensation que ces personnages sont censés illustrer trouve son origine chez Alfred Adler, le troisième et le moins connu – il mourut prématurément – du grand triumvirat thérapeutique formé par Freud, Jung et lui-même. Ses études de personnages talentueux firent de l'idée de compensation une loi fondamentale de la nature humaine. Il en donnait pour preuve l'exemple des écoles des beaux-arts du début du siècle où l'on constatait que 70 % des étudiants manifestaient des anomalies de la vue, et le fait que de grands musiciens comme Mozart, Beethoven et Bruckner avaient souffert de troubles auditifs.

Selon la théorie adlérienne, la maladie, les handicaps de naissance, la pauvreté ou d'autres circonstances précoces défavorables constituent le stimulant indispensable à toute œuvre d'envergure. Chaque individu – même si c'est de façon moins spectaculaire que les personnages les plus éminents – compense ses faiblesses par des forces et transforme ses handicaps en aptitudes et maîtrise de soi. La structure de l'esprit humain incite à penser en termes de force/faiblesse, supérieur/inférieur, et à vouloir dominer la situation [19].

L'anecdote relative au dictateur espagnol illustre le côté le plus simpliste de la théorie de la compensation. Une interprétation plus subtile – et plus pernicieuse – l'apparente à la théorie freudienne de la sublimation. Selon Freud, les handicaps des jeunes années ne deviennent pas simplement des atouts, mais se transforment en réalisations artistiques et culturelles : on peut y détecter la trace des vicissitudes de la petite enfance qui les ont véritablement fécondées.

Il est facile d'avoir recours à cette grille de lecture. Prenez le peintre Jackson Pollock (1912-1956) qui « inventa » la calligraphie gestuelle de l'expressionnisme abstrait, l'*action painting*. Il peignait sur d'immenses toiles blanches étendues par terre qu'il arpentait en tous sens le pinceau à la main en y laissant dégouliner les couleurs, projetant ainsi des entrelacements, des tourbillons, des courbes et des flaques qui s'imbriquaient dans une vaste harmonie de rythmes et de couleurs. Il aurait dit un jour : « Quand je peins, je n'ai pas conscience de ce que je fais. »

Mais la sagacité du psychologue, évidemment, peut remonter aux origines des traces de Pollock sur la toile blanche en se référant à une infériorité insigne de son enfance. C'était le plus jeune des cinq enfants d'une ferme du Wyoming. Ses frères appelèrent le petit Jackson le *bébé* jusqu'à son adolescence. Il *détestait* cela.

> *Comme la plupart des garçons de ferme, les garçons Pollock évitaient de se servir des lieux d'aisance, préférant se soulager en exécutant des motifs éphémères sur l'étendue de terre poussiéreuse [ou de neige en hiver] la plus proche. Le jeune Jackson avait souvent vu ses frères rivaliser dans ces concours de jets... Trop jeune pour de telles joutes, il préférait aller pisser dans les W.C., une habitude qu'il garda même quand il fut assez grand pour réussir un aussi beau jet jaune que ses frères [20].*

Le peintre ne sait peut-être pas ce qu'il fait, mais le premier analyste venu en mal de sagacité biographique le sait ! Les fameux jets de peinture de la postérité ne sont jamais que les sublimations des jets d'urine dans la poussière, refoulés honteusement dans l'inconscient de l'artiste. L'analyste biographe dénie ce que l'artiste dit lui-même (et donc sait peut-être – à savoir qu'il ne connaît pas, peut-être même ne peut pas connaître, la source invisible de son œuvre), sans se rendre compte qu'il ignore ainsi le sens du terme qui fonde son interprétation : *l'inconscient*. Si vous connaissez par avance le contenu de l'inconscient et son mode d'action – sublimer la rivalité phallique et fraternelle par l'*action painting* – c'est que l'inconscient n'a rien à voir à l'affaire, et que Pollock n'est qu'une sorte de cobaye destiné à prouver la théorie, celle de l'interprétation psychobiographique.

Je revendique le droit de tourner en dérision une théorie qui avilit à ce point l'inspiration artistique. La thèse de la compensation tue l'esprit, en frustrant les personnalités hors du commun et leur œuvre du génie qui leur est propre. On préfère attribuer une origine prosaïque aux actes les plus remarquables, plutôt que de leur reconnaître une essence autrement significative. Car, comme toute vie extraordinaire en témoigne, ou presque, il y a là une vision, l'appel d'un idéal, d'une vocation, même si la réalité qu'elle recouvre reste vague et inaccessible à l'investigation.

Si la supériorité sous toutes ses formes n'est qu'un handicap surcompensé, et le talent rien d'autre que le noble déguisement d'une faiblesse, Franco n'était *effectivement* qu'un homme de petite taille voulant damer le pion à ses frères, et Pollock un gros « bébé ». L'un et l'autre ne sont *rien d'autre*... que la théorie elle-même, comme tout un chacun n'est *rien d'autre que*... Pas besoin de vocation ni de daimon pour cela. Chacun est seul sur la planète, sans ange gardien, ballotté entre l'hérédité de la chair et la malfaisance de la famille et des circonstances, ne pouvant espérer son salut que de la volonté de puissance d'un *ego* bien affirmé.

Après avoir réglé son compte à la théorie de la compensation, réexaminons les caractéristiques de l'enfance de Gandhi, Stefansson, Peary et Rommel du point de vue de la théorie de l'akène, comme nous l'avons fait pour le jeune et timide Manolete. Gandhi avait peur du noir et des présences invisibles parce que le daimon qui inspirait sa destinée anticipait les charges de la police, les tabassages, les longues incarcérations dans de sombres cellules, et savait que la mort serait sa fidèle compagne de voyage. L'assassinat de Gandhi faisait partie du scénario. Et Peary et Stefansson ? Ne s'entraînaient-ils pas à leur façon étrange et puérile à la solitude glacée du sommet du monde ? Quant au pâle « ours blanc » lymphatique et distrait qu'était Rommel petit garçon (qui plus tard dirait à son propre fils « même quand j'étais capitaine je savais que je commanderais une armée [21] ») – qui sait s'il ne se réfugiait pas sous un abri prémonitoire, afin d'échapper aux tirs d'artillerie d'El Alamein, aux pilonnages et bombardements des deux guerres mondiales auxquelles il participerait, aux balles qui devaient lui fracturer le crâne en Normandie et au suicide par empoisonnement auquel les SS devaient le contraindre pour sa participation présumée au complot contre Hitler ?

Jusqu'aux poses prétentieuses de Franco qui, rétrospectivement, font moins penser à une compensation adlérienne qu'à une manifestation de dignité de la part du daimon. « Je ne suis pas un petit garçon au visage poupin. Je suis le Caudillo de l'Espagne et on doit m'accorder le respect correspondant à ma vocation. » Quelle que soit la vocation en question – les caudillos ne sont pas les seuls à exiger qu'on les respecte (les assassins aussi, comme nous le verrons au chapitre sur *La mauvaise graine*) – le daimon revendique sa dignité. Ne manquez pas de respect au daimon. L'enfant y veille. C'est la raison pour laquelle le frêle enfant d'âge le plus *tendre* se rebelle contre tout ce qu'il ressent comme un mensonge ou une injustice, et réagit si sauvagement aux abus de pouvoir de l'adulte. Il faut savoir que la maltraitance des enfants ne relève pas seulement du domaine sexuel – dont la gravité tient moins à son caractère sexuel qu'au viol de la dignité de la personne, cette semence de la destinée individuelle.

LA THÉORIE DE LA MOTIVATION

Si la thèse de la compensation est incapable de rendre compte de la vocation, je dois reconnaître que la théorie de la motivation trouve des arguments plus solides dans les histoires évoquées précédemment. Le professeur Albert Rothenberg, qui enseigne la psychiatrie à Harvard, relève dans son étude sur la créativité un facteur commun essentiel aux personnages dont la vocation est flagrante. Il ne s'agit pas de l'intelligence, du tempérament, du type de personnalité, ni d'introversion, d'hérédité, d'environnement précoce, d'inspiration, d'obsession ou de troubles mentaux : tout cela peut ou non être présent, avoir un rôle important, mais c'est la motivation que l'on observe immanquablement, « *sans aucune exception*, chez *toutes* ces personnalités [22] ».

Cette « motivation » psychologique ne serait-elle pas l'impulsion du chêne dans l'akène – ou, mieux, la « chênitude » de l'akène ? Le chêne porte le gland, la graine, mais la graine n'est-elle pas grosse du chêne ?

La motivation peut se manifester d'étranges manières, soit indirectement comme dans les rêves éveillés d'Eleanor Roosevelt, ou violemment comme dans cette histoire de la petite enfance d'Elias Canetti – il avait cinq ans –, l'écrivain et essayiste bulgare lauréat du prix Nobel de littérature en 1981.

> *Mon père lisait journellement la* Neue Freie Presse *et c'était un grand moment quand il dépliait lentement son journal* [...] *Je cherchais à savoir ce que ce journal pouvait bien avoir de si attirant ; au début, je pensais que c'était son odeur ; quand j'étais seul et que personne ne me voyait, je grimpais sur la chaise et flairais avidement le journal.* [...] *[Plus tard il]* m'expliqua qu'il s'agissait des lettres, toutes les petites lettres, là, et il tapota dessus avec l'index. Je les apprendrais bientôt moi-même, ajouta-t-il, éveillant en moi une curiosité insatiable pour les lettres.* [...]
>
> *[Ma cousine Laurica]* apprenait à lire et écrire. Elle ouvrit solennellement le cahier devant mes yeux. Il contenait des lettres écrites à l'encre bleue qui me fascinèrent plus que tout ce que j'avais pu voir jusqu'alors. Mais quand je fis mine de toucher le cahier, elle devint brusquement sérieuse. Elle déclara que je n'avais pas le droit de le toucher* [...] *La seule chose que j'obtins d'elle à force de tendres prières fut de pouvoir désigner du doigt les lettres sans les toucher et de lui demander ce qu'elles signifiaient* [...]
>
> *Jour après jour elle me laissa mendier les cahiers, jour après jour elle me les refusa* [...]
>
> *Ce jour-là – personne dans la famille ne l'oublierait*

jamais –, j'étais allé comme toujours l'attendre au portail. « Fais-moi voir les lettres », mendiai-je dès qu'elle arriva. [...] Je tâchai de la rattraper, je la poursuivis partout, mendiant toujours, l'implorant de me montrer ses cahiers. [...] Je réussis à la repousser contre un mur très élevé, là elle ne pouvait plus m'échapper, elle était coincée et je m'écriai : « Donne-les-moi ! Donne-les-moi ! » Je voulais parler et des cahiers et des lettres, pour moi, c'était une seule et même chose. Elle tint les cahiers à bout de bras au-dessus de sa tête, elle était beaucoup plus grande que moi et réussit à les poser sur le mur. Je n'arrivais pas à cette hauteur, j'étais trop petit, [...]. Je la plantai soudain là et filai dans l'arrière-cour par le long chemin contournant la maison : j'allais chercher la hache de l'Arménien avec laquelle je voulais la tuer.

[...] Je soulevai la hache et, la tenant devant moi, je retournai par le long chemin dans la cour-jardin avec, sur mes lèvres, un chant meurtrier que je répétais inlassablement : « Agora vo matar a Laurica ! Agora vo matar a Laurica ! » – « Maintenant je vais tuer Laurica ! Maintenant je vais tuer Laurica[23] ! »

La vocation se manifeste de façon spectaculaire chez les personnages hors du commun. C'est peut-être cela qui nous fascine chez eux. Et leur envergure d'exception tient probablement à la clarté de leur vocation et à la loyauté dont ils font preuve à son égard. Ils témoignent de sa force et de la crédibilité de ses présages.

Il semble qu'ils n'aient pas le choix. Canetti devait se procurer les lettres s'il voulait devenir écrivain. Franco devait faire preuve d'autant de résistance physique que les autres cadets de l'école. Il fallait à Barbara McClintock et à Yehudi Menuhin des outils et des instruments véritables, afin de pouvoir se faire la main. Les gens exceptionnels témoignent le mieux de la vocation parce qu'ils sont en mesure de mettre au jour ce qui n'est pas à la portée des mortels ordinaires. Il semble que nous soyons moins motivés et plus sujets à la distraction. Mais c'est le même moteur universel qui conduit notre destin. Les personnages extraordinaires n'appartiennent pas à une autre espèce : leurs rouages sont simplement plus transparents.

Ce sont moins ces individus et leur personnalité qui nous intéressent, que l'agent de leur destin – sa façon de se manifester, ses exigences et ses effets secondaires. Ce sont les manifestations de la destinée que nous recherchons dans leur biographie.

Soyons clairs : nous n'avons pas le culte des personnages riches et célèbres, ni ne nous lançons dans une étude sur le génie et ses facultés créatrices, ou sur les raisons qui font que Mozart ou Van Gogh étaient ce qu'ils étaient. Tout un chacun possède son propre génie. Mais personne n'est lui-même un génie et ne peut y prétendre, car le génie, qu'on l'appelle daimon ou ange gardien, n'est jamais qu'un compagnon invisible et non humain, pas l'individu avec lequel il cohabite.

UN REGARD SUR L'ENFANCE

L'on assimile souvent la personne au daimon chez le jeune enfant qui semble totalement absorbé par son génie, une confusion compréhensible dans la mesure où l'enfant a si peu de pouvoirs et le daimon en détient tant. C'est ainsi qu'on fait de l'enfant un être exceptionnel, un prodige – ou un fauteur de troubles, voire une graine d'assassin qu'il s'agit de mettre en observation et dont il faut extirper la mauvaise semence.

Il y a également la tradition romantique qui veut qu'on assimile l'exceptionnel au pathologique et le génie à la folie, un point de vue donnant libre cours à toutes sortes d'inepties : plus on paraît fou, plus on est certain d'être génial. Notre démarche est à la fois plus raisonnable et plus stimulante. Nous mettons en relation les écarts étranges de l'existence ordinaire avec une image innée donnant son sens et sa cohérence aux pièces éparses du puzzle. Et nous relatons ici certains épisodes de la prime enfance de personnages célèbres non pour donner un témoignage édifiant de *leur* enfance, mais pour éclairer la vôtre et les enfants qui vous sont chers. Les particularités symptomatiques de chacun de ces portraits donnent une idée intuitive de ce qu'est la vocation. Et si nous considérions enfin l'enfance de ce point de vue ? Cela nous éviterait, au moins pour un temps, la démarche qui consiste à juger les enfants et à porter un diagnostic sur leur comportement.

Dans leur tout récent livre, *La Guerre aux enfants*, Peter et

Ginger Breggin font planer sur les enfants américains la menace d'une épidémie de troubles du comportement engendrée par les méthodes censées les guérir[24]. Les plaies familières de temps révolus réapparaissent sous le masque des programmes de soutien, de la prévention médicamenteuse et de la ségrégation. Tout y est : l'eugénisme, le racisme blanc, la stérilisation, les placements forcés, l'interdiction de la mendicité, la répression et la privation de nourriture. Comme aux temps des colonies, ceux qui infligent la souffrance aux coolies sont ceux qui leur distribuent les drogues qui les soulagent et les insensibilisent.

L'on sacrifie les enfants au culte de Moloch et de Cronos comme dans l'Antiquité hellénique. Ils sont les boucs émissaires des hantises scientistes de l'anormalité et des vieilles lunes spéculatives mises au goût du jour. Les pratiques de nos « institutions pour la santé mentale », où l'on distribue les psychotropes avec moins de remords que les préservatifs, auraient irrémédiablement abruti les personnages évoqués dans ce livre, avant qu'ils fussent en mesure d'accomplir leur destinée.

Les praticiens sont bien intentionnés et n'ont pas conscience de la nocivité des traitements qu'ils infligent. Mais que cela plaise ou non, c'est à l'imposture et à la perversité de la théorie qu'il faut s'en prendre. Tant que l'on jugera la complexité extraordinaire d'une existence à l'aune des normes du développement psychologique définies par la statistique, on fera une confusion entre les déviations et la déviance. La maladie, c'est de subordonner le diagnostic à la statistique. Et c'est pourtant l'intitulé authentique – *Diagnostic and Statistical Manual (DSM)** – du guide officiel et universellement reconnu de l'Association psychiatrique américaine en usage dans la profession, comme chez les pourvoyeurs de soins et les assureurs[25]. Cela donne un gros livre bien épais, mais ô combien léger, sur les différentes façons dont le daimon affecte la destinée des êtres humains et son étrange et triste mode d'apparition dans notre civilisation.

J'ai pris le parti, dans ce livre, de subordonner le pathologique à l'exceptionnel, en disant « extraordinaire » pour « anormal », tout en examinant l'ordinaire de nos vies à la lumière de l'exception.

---

* *Manuel de diagnostic et de statistique.* (N.d.T.)

Les psychologues devraient préférer l'histoire des êtres humains à celle des cas ; la biographie à la biologie ; plutôt que d'appliquer les codes épistémologiques occidentaux aux autres cultures, tribales et non industrielles, nous ferions mieux d'adapter leur anthropologie (leur mythologie humaniste) à la nôtre. J'aimerais renverser les modes de pensée de la psychologie et de la psychothérapie officielles en espérant ainsi purger cette discipline de quelques-uns de ses péchés.

L'ÉMINENT ET L'EXCEPTIONNEL

Les histoires qui ponctuent ce chapitre comme l'ensemble de ce livre, en illustrent le sujet essentiel : la prime enfance. La méthode en est avant tout l'anecdote. La passion, celle de l'extraordinaire.

Cette passion nécessite quelques explications. L'extraordinaire révèle l'ordinaire en en donnant une image plus vaste et plus dense. En tant que méthode pédagogique, l'étude de l'extraordinaire vient de loin : depuis les biographies de personnages célèbres de Varron, Plutarque et Suétone, en passant par les ouvrages postérieurs des Pères de l'Église[26], les vies des artistes de la Renaissance par Vasari, jusqu'aux *Representative Men* (« Les hommes illustres ») d'Emerson, de l'autre côté de l'Atlantique. Cette tradition se double constamment de leçons de morale tirées de l'histoire des personnages édifiants de la Bible comme Abraham, Ruth, Esther et David, et de la vie des saints. De la même façon la tradition théâtrale soumet à la réflexion existentielle des personnalités exceptionnelles comme Œdipe, Antigone, Phèdre, Hamlet, Lear et Faust... sans oublier Willy Loman.

Ce livre met sur le même rang lauréats du Nobel, hommes d'État, stars de la pop music, assassins et présentateurs de télévision et leur consacre autant de temps. Cela ne signifie pas que la célébrité soit synonyme de talent créateur. La notoriété reflète seulement la singularité et la force d'une vocation particulière. Ce livre se contente de détourner l'éclat de la renommée à son propre usage : les voies des grandes destinées montrent à leur façon que nous en avons tous une.

Nous nous servons de ces personnages comme on le fait dans toute culture : en révélant que leurs potentialités peuvent inspirer les vies ordinaires. Les hommes et femmes illustres enthousiasment : ils sont nos guides, nos maîtres, comme autant de statues dressant leur grandeur dans les couloirs de l'imagination. Ils sont la personnification du merveilleux et de l'affliction et nous aident à assumer ce qui nous arrive. Ils donnent à nos vies une dimension imaginaire. C'est ce que nous recherchons en achetant la biographie de célébrités. Nous en partageons les secrets, l'intimité, la gloire, les erreurs, les ragots. Non pour les ramener à notre niveau, mais pour nous élever au leur, nous familiariser avec leur existence afin de mieux supporter la nôtre. Ces illustrations du daimon réhabilitent l'extraordinaire et lui permettent d'échapper aux verdicts du diagnostic psychopathologique.

Ces personnifications des sommets de l'imagination entretiennent le feu de l'âme et en sont les mentors. Car nous avons besoin non seulement de héros et de culte du héros, mais de personnages tragiques, de jeunes premières et de bouffons, de vieilles sorcières et de princes séduisants. L'exagération théâtrale des traits de caractère appartient à la tradition romantique. Là où l'égalitarisme, le scepticisme universitaire et les verdicts de la psychanalyse ne voient qu'orgueil démesuré et mégalomanie, se déployait naguère le cortège grandiose des poètes, des amants et des personnages lunatiques de la tradition romantique. Les stars de la pop, Batman et les héros de pacotille ont occupé la place laissée vacante. Les vedettes du spectacle sont les derniers refuges de la culture.

Voilà pourquoi ce livre cherche à ramener la psychologie deux siècles en arrière, à l'époque où l'enthousiasme romantique mettait en miettes l'Âge de la Raison. J'aimerais que la psychologie fonde son inspiration sur l'imagination plutôt que sur la statistique et ses diagnostics. Je souhaiterais qu'on donne une dimension poétique aux histoires de cas afin que nous les lisions pour ce qu'elles sont : des formes modernes de fiction, pas des rapports scientifiques.

L'histoire d'un cas dévoile plus les insuffisances de la psychologie que les problèmes soulevés par le cas lui-même. Les récits cliniques trahissent le mode de raisonnement de la psychologie officielle – qui déteint sur nous tous – consistant à remonter de l'ordinaire à l'extraordinaire, autrement dit à prélever « l'extra » de l'ordinaire.

Je rappellerai ici une réflexion d'Edgar Wind, sans doute le plus grand spécialiste de l'imaginaire de la Renaissance :

> *La méthode qui convient aux petits travaux mais non aux grands a de toute évidence commencé par le mauvais bout... Le lieu commun peut être compris comme une réduction de l'exceptionnel, mais l'exceptionnel ne peut être compris en amplifiant le lieu commun. Du point de vue de la logique et de la causalité l'exceptionnel est primordial parce qu'il introduit... la catégorie la plus vaste*[27].

Si l'exceptionnel est la catégorie la plus riche de contenu, cela veut dire que nous comprendrons mieux les profondeurs de la nature humaine en étudiant la personnalité d'un seul individu extraordinaire, qu'une accumulation impressionnante de cas ordinaires. Une seule anecdote illumine tout le champ de vision. Manolete transi d'effroi dans la cuisine devant les taureaux de sa destinée ; Canetti s'emparant d'une hache pour courir au secours des mots. De telles scènes s'apparentent plus à des révélations emblématiques qu'à la manifestation d'un trouble comportemental de l'enfant.

Chaque épisode biographique illustre et résume la thèse principale de ce livre : il nous faut jeter un regard neuf sur la dimension de l'existence. J'entends bien battre en brèche les clichés de la pensée biographique qui font dépendre le présent du passé et de la flèche du temps.

Depuis que Hérodote et Thucydide ont inventé l'histoire et que la Bible a relaté qui a engendré qui, tout se raconte, en Occident, de façon chronologique. Les Hébreux et les Hellènes sont d'accord là-dessus : c'est le temps qui compte. Le progrès en dépend, l'évolution l'exige, la mesure, sans laquelle il n'y aurait pas de science physique, ne peut s'en passer. Les notions mêmes de « nouveauté » ou de « perfectionnement » qui suscitent la convoitise du consommateur sont des inventions du temps. La pensée occidentale ne sait pas arrêter sa montre. La vie intérieure est une horloge biologique, le cœur un balancier. Elle ne les conçoit pas autrement. Le gadget électronique emprisonnant nos poignets est le symbole matériel des chaînes temporelles de l'esprit occidental. Le mot anglais *watch* (montre) est parent de *awake* (éveiller) et de *aware* (prendre conscience). Nous croyons vraiment que tout se meut dans le temps, ce fleuve qui charrie avec lui l'univers, les espèces et les existences individuelles. Tout ce que nous regardons, nous le voyons dans le temps. Nous avons même l'impression de voir le temps lui-même.

Il nous faut tomber amoureux pour changer notre façon de voir les choses. Tout prend alors une autre allure. Comme l'amour, un changement de point de vue peut être salvateur – pas au sens religieux pour gagner le paradis, mais en un sens plus pragmatique. Comme au mont-de-piété, vous recevez quelque chose en échange de ce qui vous avait au premier abord semblé sans valeur. Vous réévaluez les symptômes détestables de la journée et reconnaissez leur utilité.

Notre culture donne une connotation péjorative au mot symptôme. Le terme lui-même signifie une simple combinaison (*sym*) de phénomènes fortuits, ni bons ni mauvais, qui ensemble forment un motif, une image. Ils ne ressortissent pas plus au jugement de valeur et à la morale, qu'au domaine médical. Comme tout phénomène contingent, le symptôme s'apparente moins à la maladie qu'à la destinée.

À partir du moment où l'on ne considère plus les symptômes de l'enfant comme quelque chose de bon ou de mauvais – même s'ils révèlent une souffrance –, on n'en fait plus une obsession. L'on peut se libérer de l'adage médical désastreux « Aux mêmes maux, les mêmes remèdes », qui consiste à faire du mal à l'enfant sous prétexte de se débarrasser d'un symptôme malfaisant. Car si le symptôme n'a rien de « mauvais, il n'y a plus de raison d'avoir recours à de mauvaises méthodes pour l'éliminer ».

Des thérapeutes à la subtilité superstitieuse se demandent souvent où va un symptôme quand il s'en va. Est-il vraiment parti ? Reviendra-t-il sous une autre forme ? Et maintenant qu'il est parti, que pouvait-il réellement vouloir dire ? Autant de questions trahissant le sentiment qu'il y a « autre chose » dans le symptôme que sa dimension asociale, dysfonctionnelle et handicapante.

Autant d'interrogations ouvrant les yeux sur l'intention cachée du symptôme, permettant de le considérer avec moins d'anxiété, non comme un défaut mais comme un simple phénomène (qui au sens propre signifie quelque chose qui se manifeste, brille, s'éclaire, s'illumine, se montre pour être vu). Le symptôme demande à être regardé, pas seulement étudié.

Je vise dans ce livre une restructuration de la perception. Je voudrais que nous voyions l'enfant que nous avons été, l'adulte que nous sommes ainsi que l'enfant qui a besoin de nous, sous un éclairage qui inverse les valeurs et transforme la malédiction sinon en bénédiction, du moins en un symptôme de vocation.

LA BEAUTÉ

La psychologie a beaucoup à se faire pardonner. Mais son péché mortel est d'ignorer la beauté. Somme toute, il y a quelque chose de très beau dans la vie. Mais ce n'est pas en lisant des traités de psychologie que vous vous en rendrez compte. Encore une fois, la psychologie passe à côté de son sujet d'étude. La dimension esthétique de l'existence ne trouve pas plus de place dans la psychologie sociale et la psychologie expérimentale que dans la pratique thérapeutique. La tâche de ces disciplines est de mener l'enquête et d'expliquer. Qu'un phénomène esthétique surgisse dans le cas qui les intéresse (sans même parler des vocations directement artistiques d'un Jackson Pollock, d'une Colette ou d'un Manolete), et elles prétendront en rendre compte en se refusant par avance à toute sensibilité esthétique.

Chaque pirouette du destin a sans doute une signification particulière, mais elle a aussi sa beauté. Contentez-vous d'observer la scène : Menuhin se détourne du violon aux cordes de métal ; Stefansson s'isole avec son bateau dans la baignoire ; le jeune Gandhi dégingandé, aux oreilles décollées, se débat contre ses frayeurs. Les scènes de la vie n'ont que faire de la dynamique familiale ou de la génétique. L'existence se donne en spectacle avant qu'on puisse la raconter. Elle exige d'abord qu'on la regarde. On pourra toujours donner un sens, disséquer et analyser chaque tableau, mais la meilleure des interprétations ne vaut pas le plaisir de celui qui sait d'abord apprécier la scène. Le plaisir a déserté les vies que nous plaçons sur la table de dissection. Nous leur avons ôté la beauté dont nos exégèses n'ont que faire.

Le péché « mortel » de la psychologie, c'est de tuer la vie, c'est de distiller un ennui mortel dans ses manuels et ses discours, d'étaler son ronronnement satisfait, sa prétention, ses nouvelles lubies d'une banalité consternante, ses exhortations lénifiantes, son décorum, son snobisme, ses congrès d'experts, la quiétude de ses cabinets de consultation, toutes ces eaux stagnantes où l'âme va s'abreuver dans un dernier espoir de sauver une culture de pain de mie informe et sans saveur.

Ce n'est pas impunément qu'on ignore la beauté. La déesse se venge et réapparaît sous la forme du harcèlement sexuel dans les universités, les « recherches » expérimentales sur la sexualité en laboratoire, les rendez-vous galants dans les cabinets de consultation. En ayant renoncé à la beauté, la psychologie devient la victime de son étroitesse d'esprit et ne se passionne plus que pour la course aux publications et aux postes. Sans beauté, peu de plaisir et encore moins d'humour. Les motivations les plus hautes se réduisent à des accès de mégalomanie ou d'égocentrisme, et l'aventure de la pensée à ce qui peut faire l'objet de protocoles expérimentaux. L'on décèle bien des traces d'idéalisme et de dévouement chez ceux qui embrassent la carrière de psychothérapeute. Mais si vous avez une vocation humanitaire, mettez-vous à l'école de Mère Teresa plutôt que d'attendre d'une psychologie dénuée d'âme et de sens de la beauté et du plaisir qu'elle vous aide à soulager la souffrance d'autrui. Et il n'existe pas de vademecum pour sortir la psychologie de sa misère !

Nous éviterons dans ce livre le jargon psychologique contemporain et ses émanations délétères. Ou alors nous mettrons certains termes entre guillemets afin qu'ils ne contaminent pas le reste de la phrase. Performance, croissance, créativité, seuils, continuum, niveau de réponse, intégration, identité, développement, validation, limites, mesures palliatives, conditionnement opératoire, variance, subjectivité, adaptation, résultats vérifiables, résultats aux tests, émergence, aspirations, autant de substantifs à mettre en quarantaine. Vous trouverez peu d'expressions désignant une pathologie et aucun acronyme. Il s'agit d'un livre de psychologie qui ignore le mot « problème ». Il y est peu question d'« ego », de « conscience » et pas du tout d'« expérience » ! J'ai voulu également éviter que le plus pernicieux des termes psychologiques, le « moi », ne se glisse dans mes paragraphes. Le mot est vorace. Il a tant d'acceptions qu'il avalerait sans laisser de traces les mots plus évocateurs de « génie », « ange gardien », « daimon » et « destinée ». Je me flatte enfin d'avoir atteint l'un de mes objectifs : plaider pour la passion de la psychologie sans concéder à la guerre des sexes. Peu importe qu'on soit homme, femme, ou un peu les deux, dans une civilisation qui survit sur ses propres déchets. Nous risquons de tous partir en fumée. Autant dire que la psychologie a d'autres urgences sur lesquelles exercer sa passion.

J'espère, dans ce livre, réconcilier la psychologie et l'esthétique. Je suis un fervent partisan d'une telle réhabilitation, en sachant toutefois qu'elle ne peut réussir qu'à condition d'être capable du même effort à l'échelle individuelle, et de redonner sa dimension esthétique à l'existence et à l'image qu'on s'en fait.

La recherche de l'akène transforme le regard qu'on a de soi-même et des autres, permet de trouver une certaine beauté à ce que nous voyons et de l'aimer. Cela ne pourra que nous réconcilier avec les étrangetés de la nature humaine et les impératifs de sa vocation. Le rêve qui anime ce livre consiste à savoir rendre à la vocation l'amour qu'elle nous porte en vivant à la hauteur de ses exigences et en lui restant fidèle jusqu'à la mort.

Voyons-nous nous-mêmes comme le vecteur d'une vocation, considérons notre destinée comme une manifestation du daimon et abordons notre existence avec la sensibilité imaginative que nous réservons d'ordinaire aux œuvres romanesques. Nous pourrons peut-être alors faire une pause dans la quête inquiète et frénétique des causes extérieures. C'en sera fini de la question lancinante du « pourquoi » et du « comment », son diabolique frère jumeau, qui nous fait tourner en rond comme un chien après sa queue en nous posant la vaine question : comment changer ? La recherche du bonheur n'est jamais que la quête d'une réponse à une mauvaise question. Les différentes écoles psychologiques sont porteuses d'angoisse à un point qu'on imagine mal. Elles sèment le trouble autant chez les parents, les enfants, les praticiens, les chercheurs qu'au sein de la discipline elle-même qui voit son domaine s'accroître constamment de nouvelles « zones à problèmes ». La frénésie d'études, de recherches, d'analyses, fait feu de tout bois : la vieillesse, les affaires, le sport, le sommeil, jusqu'aux méthodes de la recherche elle-même. L'investigation permanente n'est pourtant pas la seule forme de savoir, l'introspection pas la seule forme de conscience. Il suffit d'être capable d'apprécier en artiste les images de l'existence s'égrenant depuis la prime enfance, et de s'immerger dans cette contemplation, pour refréner les investigations intempestives et faire tomber la fièvre de l'explication à tout prix. La beauté, par la définition même qu'en donne Thomas d'Aquin dans sa *Summa Theologica,* arrête le mouvement. La beauté est en elle-même le remède au malaise psychologique.

La discipline qui revendique le cœur humain comme son domaine réservé doit en reconnaître les besoins esthétiques. La psychologie doit retrouver son chemin vers la beauté sous peine de disparaître. Curieusement, même les études sur les grands artistes semblent considérer le besoin de beauté comme un facteur secondaire, quand elles veulent bien en faire mention. Comment l'auteur qui ignore à quel point la beauté donne une puissante impulsion à l'existence (l'akène n'aspire-t-elle pas à être un chêne magnifique ?) pourrait-il combler le lecteur qui recherche dans les biographies les clefs de sa propre vie ? Le récit ne respecte la vie de son personnage qu'à condition de transmettre lui-même ce sens de la beauté.

Aux mêmes maux, les mêmes remèdes : une théorie de l'existence doit avoir des fondements esthétiques si elle prétend expliquer la beauté inhérente à la vie. Les romantiques avaient saisi cette vérité essentielle. Leur penchant exagéré pour les gloires obscures signifiait leur volonté de donner droit de cité aux démons invisibles de l'existence.

L'un des derniers poètes romantiques, Wallace Stevens, du Connecticut, nous éclaire sur la question :

> *... les nuages nous ont précédés*
> *Il y avait un noyau de boue avant que nous respirions.*
> *Il y avait un mythe avant que le mythe commence,*
> *Un mythe achevé, clair et vénérable* [28].

Le conte que nous avons repris de Platon, où l'âme choisit un daimon pour veiller sur sa destinée particulière, est un mythe de cette nature – vénérable, clair, achevé ; il existe avant même que naisse l'autre mythe que chacun nomme son existence.

Revenons en arrière et permettez-moi de résumer ce que nous avons attribué jusqu'ici prudemment à la théorie de l'akène. Selon celle-ci, chaque existence s'inspire d'une image unique, qui en est l'essence et lui montre sa vocation. En tant que force du destin, cette image agit à la manière d'un daimon personnel, un mentor qui vous guide et vous rappelle à votre vocation.

Les « rappels à l'ordre » du daimon se manifestent de bien des façons. Le daimon motive. Il protège. Il fait preuve d'inventivité et s'obstine avec une fidélité inébranlable. Il résiste aux compromis apparemment les plus raisonnables pour dicter à son hôte des comportements d'autant plus déviants et bizarres qu'on le néglige ou qu'on lui résiste. Il réconforte et peut vous offrir son refuge, mais n'a rien de candide. Il peut rendre malade. Il ne tient pas compte du temps et trouve toutes sortes de failles, de lézardes et d'échappatoires dans le flot de la vie – et ce sont les subterfuges qu'il préfère. Il a des affinités avec le mythe, puisqu'il est lui-même un être mythique et pense sur le mode du mythe.

Le daimon a une prescience – mais pas des événements précis (du suicide de Rommel ou de Pollock, de l'accession au statut de femme de président de « Mémé » Eleanor, du prix Nobel de Canetti), dans la mesure où il ne peut manipuler les événements afin de les faire correspondre à l'image et à la vocation. Sa prescience n'est donc pas parfaite, mais se limite à donner une signification à la vie dans laquelle il s'est incarné. Il est immortel, en ce sens que les explications humaines ne peuvent ni le chasser ni l'anéantir.

Il entretient des rapports étroits avec le sentiment d'unicité et de noblesse, les mouvements du cœur, son impatience, ses insatisfactions, ses ardeurs. Il a besoin de sa part de beauté. Il veut être vu, remarqué, reconnu, en particulier par la personne sur laquelle il veille. Il est lent à jeter l'ancre et prompt à s'envoler. Il ne peut se dépouiller de sa vocation céleste, se sentant lui-même exilé et en harmonie avec le cosmos. La métaphore est sa langue naturelle, une poésie de l'esprit qui permet aux personnes et aux choses de communiquer.

Nous développerons cette théorie de l'akène et découvrirons d'autres effets du daimon au cours des différents chapitres de ce livre.

2

L'enracinement

L'assimilation du progrès spirituel à l'ascension des degrés d'une échelle a une longue généalogie. Les Hébreux, les Grecs et les chrétiens ont tous accordé une valeur particulière aux positions dominantes, et la boussole spirituelle et morale occidentale a tendance à indiquer le haut quand il s'agit du bien, le bas quand il s'agit du mal. C'est au siècle dernier que le concept d'*élévation*, d'*ascension* a définitivement emprisonné celui de *croissance*. Nous avons fait de la théorie de Darwin, *The Descent of Man* (« L'Origine de l'homme »), une théorie sur l'évolution, l'ascension humaine. Chaque immigrant s'est élevé dans la hiérarchie sociale en même temps que l'invention de l'ascenseur permettait aux immeubles de gagner en étages, donc en prestige. Le traitement industriel du minerai – charbon, fer, cuivre, pétrole – en a augmenté la valeur comme la situation financière des propriétaires de mines, en faisant simplement passer les matières premières du dessous au-dessus, du sous-sol à l'air libre. Désormais, le récit biographique ne peut plus se passer d'assimiler le développement de l'individu à une croissance *par en haut*. C'en est devenu un cliché. L'adulte, c'est le « grand ». Manière bien unilatérale de parler de la maturité, même sur le mode héroïque. Après tout, les plants de tomates comme les séquoias voient leurs racines pousser vers le bas dans le même temps qu'ils s'élèvent vers la lumière. Or les métaphores de la vie humaine ne retiennent que la partie supérieure du développement organique.

Le modèle ascensionnel n'aurait-il pas oublié quelque chose

d'essentiel ? Notre façon de venir au monde, par exemple. Normalement, nous y arrivons la tête la première, comme des plongeurs dans la mer de l'humanité. Au demeurant, l'enfant n'a-t-il pas sur le crâne une partie molle par où son âme, selon la tradition du symbolisme corporel, laisserait passer l'influence de ses origines ? La lente soudure de la fontanelle et la consolidation du crâne signifieraient ainsi la coupure avec les forces invisibles de l'au-delà et l'arrivée définitive au monde. Cette descente sur terre prend un certain temps. Nous atterrissons, nous enracinons, puis il nous faut toute une vie pour nous relever.

Et il n'est pas facile de prendre racine. Il suffit de voir au quotidien comment les petits enfants se débattent avec le monde concret, la façon dont ils s'agrippent sans lâcher prise, d'observer leurs frayeurs, leur difficulté à s'adapter, la perplexité que suscitent chez eux les détails de l'environnement. Au Japon, l'idée qu'on se fait de l'éducation des petits enfants exige une présence constante. On doit veiller au plus près sur cet être venu de si loin, et l'introduire précautionneusement au sein de la communauté des humains.

Les astrologies occidentale et asiatique font débuter les systèmes symboliques comme le cycle du zodiaque par la tête. Le dernier signe du zodiaque est le plus raffiné, le plus subtil, celui du poisson (en Occident), celui du cochon (en Orient). La partie du corps qui symbolise ce dernier signe est le pied. Les pieds sont les derniers arrivés, semble-t-il. Ils sont aussi les premiers à partir, si nous en croyons, par exemple, la lente agonie de Socrate. La ciguë qu'on lui enjoignit de boire commença par lui engourdir et lui glacer les membres inférieurs, comme si on le faisait sortir du monde en le tirant par les pieds. Avoir solidement les pieds sur terre – c'est le but final auquel on accède bien après que la tête a commencé de fonctionner. Rien d'étonnant à ce que les fidèles, au Sri Lanka, révèrent les empreintes de pied du Bouddha. Elles montrent qu'il a été réellement de ce monde. Il avait réellement pris racine.

En fait, Bouddha a commencé à s'enraciner tôt dans la vie, dès qu'il abandonna les jardins protégés de son palais pour descendre dans la rue. Là, les malades, les morts, les pauvres et les vieillards contraignirent son âme à se pencher sur la condition humaine.

L'histoire bien connue de Socrate et de Bouddha, comme les signes de l'astrologie, donne une autre orientation au mot croissance et une autre valeur à « vers le bas ». Dans son acception habituelle, aller « vers le bas », c'est déchoir. L'âme doit se faire violence, en proie aux doutes et aux arrière-pensées, voire à la névrose, quand il est temps pour elle de gravir les premiers échelons d'une carrière. Des étudiants prometteurs découvrent soudain que leur « ordinateur intérieur » est en panne. Ils prennent du retard, veulent « décrocher », quand les furies de l'alcool, de la drogue ou de la déprime ne les anéantissent pas. Tant que notre culture ne reconnaîtra pas la légitimité de l'enracinement, on aura du mal à donner un sens aux phases de désespoir par lesquelles l'âme doit passer en s'avançant dans la vie.

C'est l'arbre qui symbolise habituellement la notion humaine de croissance. Je mets l'arbre la tête en bas. Mon arbre a ses racines dans les cieux et descend par degrés vers les affaires humaines. C'est l'Arbre de la Kabbale de la tradition mystique judéo-chrétienne.

Selon le Zohar, le livre principal de la Kabbale, il est clair que la descente est rude ; l'âme répugne à se mêler aux désordres de ce monde.

> *Au moment où le Très Saint, qu'il soit béni, était sur le point de créer le monde, il décida de façonner toutes les âmes qui seraient attribuées en temps voulu aux enfants des hommes, et chaque âme prit exactement la forme du corps qu'elle était destinée à habiter... Maintenant va, descends ici, descends là, dans ce corps-ci, dans ce corps-là.*
>
> *Cependant, bien souvent l'âme répondait : Seigneur du monde, je suis heureuse d'habiter ce royaume, et n'ai aucun désir de partir pour un autre où je tomberai en servitude et serai souillée.*
>
> *Le Très Saint, qu'il soit béni, répondit : ta destinée, depuis le jour de ta création, est d'aller dans ce monde.*
>
> *Alors l'âme, comprenant qu'elle ne pouvait désobéir, descendait à contrecœur et pénétrait dans le monde* [1].

L'arbre de la Kabbale, tel qu'il fut élaboré pour la première fois en Espagne au cours du XIIIᵉ siècle, présente les branches dont dépend la vie de l'âme selon des ramifications descendantes de plus en plus nettes et visibles. Plus l'âme descend, plus nous avons de difficulté à en saisir la signification, selon l'interprétation psychologique récente de Charles Ponce, spécialiste de la Kabbale. D'après lui, les symboles des régions supérieures sont moins hermétiques que ceux du monde terrestre ; « les jambes restent un mystère[2] ». On devine aisément les implications morales de cette image renversée : l'engagement de celui qui se mêle aux affaires du monde est un signe de l'arrivée sur terre de l'esprit. La vertu consiste à faire preuve d'humilité, à être charitable, à enseigner, c'est-à-dire à s'abaisser et non à s'élever.

L'arbre de la Kabbale reprend les deux plus vieux mythes de notre civilisation, tirés de la Bible et de Platon. La Bible rapporte qu'il fallut six jours à Dieu pour créer l'univers. Le premier jour, comme vous le savez, Dieu s'attaqua à la noble tâche consistant à définir le cadre abstrait et les structures fondamentales du monde, en séparant par exemple l'ombre de la lumière. Ce n'est qu'à la fin de ce processus, durant les cinquième et sixième jours, qu'il en vint à la création de la multitude des animaux et de l'être humain. La création progresse de haut en bas, du transcendant jusqu'au grouillement de l'immanence ici-bas.

Chez Platon cette descente est racontée dans le Mythe d'Er le Pamphylien évoqué au chapitre précédent, dont voici un résumé à partir du dernier chapitre de *La République*.

Après une vie antérieure les âmes errent dans un monde mythique où un nouveau sort leur est attribué. Ce sort est aussi appelé la part du destin (*moira*), ce qui correspond plus ou moins à l'être qui incarne chaque âme en particulier. Selon le mythe, par exemple, l'âme d'Ajax, l'irascible et courageux guerrier, choisit la vie d'un lion, alors que celle d'Atalante, la jeune femme qui excellait à la course et promettait d'épouser celui qui la vaincrait, celle d'un athlète, quand une autre âme préfère la condition d'une femme industrieuse. L'âme d'Ulysse, dépouillée de son ambition par le souvenir de ses fatigues passées, « tourna longuement à la recherche de la condition tranquille d'un homme privé ; avec peine elle en trouva une qui gisait dans un coin, dédaignée par les autres ».

« Lors donc que toutes les âmes eurent choisi leur vie, elles s'avancèrent vers Lachésis* [de *lachos,* le sort particulier ou la part de destin de chacun]. Celle-ci donna à chacune le génie [daimon] qu'elle avait préféré, pour lui servir de gardien pendant l'existence et accomplir sa destinée. » Le génie conduit l'âme à la deuxième des trois filles du destin, Klotho (*klotho* : filer en dévidant la quenouille), et la fait passer sous la main de cette dernière et sous le tourbillon du fuseau. Après avoir touché le fuseau, le génie (daimon) la mène ensuite vers la trame d'Atropos (*atropos* : qui ne peut être changé, inflexible) pour rendre irrévocable ce qui avait été filé par Klotho.

Alors, sans se retourner, l'âme passe sous « le trône de la Nécessité », parfois traduit « par le giron de la Nécessité »[3] ; et quand toutes sont de l'autre côté, elles se rendent dans la plaine du Léthé.

Ce qu'est précisément le « sort », la « condition » *(kleros)* n'est pas très clair dans le texte. Le mot *kleros* a trois sens qui mènent de l'un à l'autre : a) une parcelle de terrain, comme nous dirions aujourd'hui terrain vague, place de parking, terrain disponible... qui mène au sens b) la « place » qui est la nôtre dans l'ordre général des choses, et au sens c) l'héritage, ou ce qui vous revient de droit en tant qu'héritier[4].

Je pense qu'il faut comprendre les « sorts » dont parle le mythe comme des images. Puisque chaque sort est particulier et contient un destin tout entier, l'âme doit percevoir intuitivement d'emblée l'image de toute une vie. Elle doit choisir l'image qui l'attire : « c'est celle que je veux et c'est mon héritage de droit ». Mon âme choisit l'image de ma vie.

Le texte de Platon désigne cette image par le terme *paradeigma* ou « modèle », comme on le traduit généralement[5]. Ainsi le « sort » est-il l'image dont vous héritez, la part d'âme qui vous revient dans l'ordre du monde et votre place sur la terre, le tout rassemblé en un modèle, un motif choisi par votre âme avant que vous arriviez – ou, pour mieux dire, que votre âme choisit constam-

---

* L'une des trois *Moires* – identifiées aux Parques des Romains. La *moira,* part de la vie de chacun, a évolué en une Moira universelle. Plus tard celle-ci fut supplantée par trois Moires, les fileuses qui disposent le fil de la vie de chaque humain. *Klotho* tient la quenouille et file la destinée au moment de la naissance. *Lachésis* tourne le fuseau et enroule le fil de l'existence, *Atropos* coupe le fil et détermine la mort. (N.d.T.)

ment, car le temps n'entre pas dans les équations du mythe. (Le « Mythe », disait Salluste, le philosophe romain du paganisme, « n'arrive jamais mais est toujours là ».) Et comme la psychologie antique situait habituellement l'âme dans le cœur ou sa région, c'est votre cœur qui détient l'image de votre destinée et vous pousse vers celle-ci.

Il faut une vie entière pour que l'image se révèle. On peut la percevoir d'un seul coup, mais il faut du temps pour la comprendre. Ainsi l'âme a-t-elle une image de son destin qui, au regard du temps, n'est que l'« avenir ». L'avenir serait-il une façon de désigner le destin, et notre inquiétude de l'avenir un caprice du destin ?

Avant d'entrer dans leur vie humaine, les âmes se rendent dans la plaine du Léthé (le fleuve de l'oubli), de sorte qu'à leur arrivée ici-bas leur choix d'une condition et leur descente du giron de la Nécessité sont effacés. Nous naissons en ayant fait table rase, comme des tablettes de cire vierges. J'ai oublié toute l'histoire, même si l'image de la vie qui m'attend existe bien, même si le daimon qui m'accompagne s'en souvient.

Le plus grand de tous les disciples de Platon, Plotin, résume le mythe en quelques lignes : « La naissance, l'arrivée dans ce corps particulier, avec ces parents-là, en un tel lieu, et tout ce que nous appelons les circonstances extérieures... forment une unité, comme si le fuseau avait enroulé le même fil[6]. » Un daimon, autrement dit la Nécessité, guide chaque âme vers ce corps et ce lieu, ces parents et ces circonstances-là – et personne n'en a la moindre idée parce que tout fut effacé dans la vallée de l'oubli.

Selon une autre légende juive, l'oubli du choix de l'âme avant la naissance a laissé sa marque sur la lèvre supérieure de chacun[7]. La petite dépression sous le nez est le point où l'ange a posé l'index qui scella les lèvres. Cette fossette est la seule trace de la vie préexistante de l'âme et du daimon. C'est pourquoi vous posez votre doigt dessus quand vous faites un effort de réflexion ou tentez de vous rappeler quelque chose.

Le mythe a nourri de plaisantes spéculations de ce type pendant des siècles. Pourquoi la destinée est-elle fille de la Nécessité ? Pourquoi Dieu a-t-il préféré prêter attention aux monstres marins et aux grouillements de la gent animale une journée entière avant de s'occuper de l'humanité ? Sommes-nous les derniers donc les meilleurs ? Ou les moindres pour avoir failli être oubliés ?

Les mythes cosmogoniques nous affectent une place bien précise dans l'univers et nous y impliquent personnellement. La cosmologie scientifique actuelle – avec son big bang, ses trous noirs, son antimatière et son espace courbe en expansion vers nulle part – ne peut que susciter désarroi et incompréhension. Une suite de contingences, rien de vraiment nécessaire. La cosmologie ne dit rien de l'âme, donc rien à l'âme, sur les raisons de son existence, son origine, sa destination, ses tâches. La cosmologie scientifique a troqué les forces invisibles de l'au-delà de la cosmogonie mythique contre une abstraction : l'invisibilité littérale des ondes et des galaxies lointaines. On ne peut plus appréhender ni percevoir l'au-delà, puisque tout se mesure à l'aune du temps et que nos propres existences ne valent que quelques nanosecondes dans la vaste panoplie du mythe scientifique. Quel sens donner alors à la vie ?

L'on ne peut comprendre ni percevoir, tout au plus calculer, ces « invisibles » de l'univers physique, situés à des années lumière et par définition indéterminés. Notons qu'une philosophie ancienne considérait l'indéterminé *(apeiron)* comme l'essence du mal[8]. Ce n'est pas dans les sciences physiques qu'on trouvera la meilleure explication des origines ultimes et du sens de l'existence. Une cosmologie aux prémisses stériles ne se contente pas de fournir de piètres explications, elle compromet également tout amour de la vie. Le mythe scientifique de la création de l'univers, selon un enchaînement d'événements hasardeux dans un espace inconcevable, confine l'âme occidentale aux contrées irrespirables de la stratosphère. On comprend que nous nous tournions vers d'autres mythes, celui d'Er le Pamphylien de Platon, du livre de la Genèse ou de l'arbre de la Kabbale. Les trois donnent une explication similaire de l'existence : le mythe est sa raison d'être et descend sur terre pour s'incarner dans chacune des âmes individuelles. On comprend aussi pourquoi Platon disait, à propos de sa « fable », qu'elle nous protège dans la mesure où nous y croyons.

PREMIER ARCHÉTYPE : JUDY GARLAND

La descente sur terre peut être coûteuse et douloureuse. Le prix de la vocation, ce sont souvent les circonstances mêmes de l'enracinement de l'akène – le corps, la famille, et l'entourage immédiat de l'élu : mari, femme, enfants et amis, collaborateurs et mentors. Les exigences exorbitantes de la vocation mettent souvent à mal le conformisme et le bien-être d'une vie sans histoires.

Bien sûr, il n'y a pas que les personnages éminents qui ont une vocation. Qui n'a pas la tentation d'en faire trop et d'aller trop loin, quelle que soit sa profession ? Qui n'a pas eu envie d'en faire plus pour le réveillon de Noël, ou de s'entraîner au piano une demi-heure de plus ? La drogue du perfectionnisme n'est jamais que la tentation de l'ange. La voix de la prudence ne délivre qu'une part du message du daimon. L'autre fait aspirer à l'idéal. Alors on s'en prend au stress de la vie moderne, aux problèmes d'argent, à la tyrannie d'un ego démesuré, à la course constante contre la montre, afin de ramener à des dimensions humaines la norme idéale des exigences de l'ange infatigable. Il arrive à tout le monde de ressentir la pression de la vocation. Mais c'est dans les excentricités de la vie des célébrités que celle-ci se manifeste et s'affirme le mieux.

La richesse et la reconnaissance ne suffisent jamais ; les stars se sentent toujours décalées, insatisfaites, mal dans leur peau, hantées par les non-dits d'une tragédie familiale ou d'une trahison amoureuse, victimes d'un mal caché ou de leurs horaires insensés. Il faut s'en prendre à l'ange, à la difficulté de l'inhumain de s'incarner dans l'humain. La drogue qui maintient la star dans un monde à part, les tentatives de suicide, la mort prématurée peuvent résulter de cette incompatibilité entre la vocation et la vie. Comment obéir à ses appels surhumains dans le monde mesuré des conventions humaines ?

Afin d'illustrer les difficultés de cet ancrage, voici les parcours bien différents de deux des plus grands talents du show business. Commençons par Judy Garland, alias Frances Gumm, de Grand Rapids, dans le Minnesota ; elle fit son entrée dans notre monde le 10 juin 1922 au sein d'une famille d'artistes qui la mit sur orbite pratiquement dès qu'elle put se tenir debout. La vocation de Judy Garland s'annonça à deux ans et demi. Elle rejoignit un jour ses deux aînées sur les planches sous le nom de Baby Gumm. Puis elle chanta en solo *Jingle Bells* (« Quand tintent les cloches ») sous les acclamations enthousiastes du public qui la rappela tant et plus, et pour qui elle chanta et fit tinter ses cloches de plus en plus fort. Son père dut l'arracher de la scène. Succès immédiat. Tout de suite des admirateurs.

Baby Gumm avait déjà assisté à un spectacle des Blue Sisters, trois fillettes de cinq à douze ans. « Quand la plus jeune des Blue Sisters commença à chanter seule, la famille Gumm pressentit l'enthousiasme que cela allait provoquer chez Frances. En effet. Elle resta clouée sur place. À la fin, elle se tourna vers Papa et dit d'une façon que je n'oublierai jamais : *Est-ce que je peux en faire autant, Papa ?* » Selon Virginia, la sœur de Judy, « elle savait déjà *exactement,* dans sa petite tête de deux ans, ce qu'elle voulait ».

Judy Garland croyait que sa vocation « était héréditaire. Personne ne m'a jamais appris comment me comporter sur scène... je faisais simplement *ce qui me venait naturellement* ». Se souvenant de la première fois où elle chanta en public *Jingle Bells*, elle comparait la montée en scène à « l'absorption de dix-neuf cents cachets d'amphétamines ». La Judy Garland de Hollywood Bowl et Carnegie Hall se manifestait déjà chez la Baby Gumm de deux ans.

Sa propre explication d'une disposition « héréditaire » signifiait pour elle moins une transmission génétique qu'un talent inné, donné « naturellement » comme l'étaient son daimon et sa vocation (nous y reviendrons au chapitre 6). Mille pères voulant faire de leur enfant un prodige ne peuvent pas plus fabriquer un Mozart que la mère la plus inspirée une Judy Garland. Je préfère attribuer le surprenant magnétisme d'une Frances Gumm, de Grand Rapids, deux ans et demi, à l'éveil en scène de l'akène de Judy Garland, une akène qui avant d'entreprendre son voyage sur terre avait jeté son dévolu sur une famille d'artistes.

Lequel voyage terrestre préleva sa rançon sur Frances Gumm. Sa mise en orbite parmi les « étoiles » fut aussi son chemin de croix. Tous les grands noms du show-business qui chantèrent, dansèrent et tournèrent des films avec elle, lui ont rendu un merveilleux hommage. Richard Burton, Leonard Bernstein, Carol Channing, Jason Robards, Julie Andrews, Spencer Tracy, Anthony Perkins, Mike Nichols, Merv Griffin, et bien d'autres faisaient partie du public qui assista à sa prestation de deux heures et demie à Carnegie Hall, en 1961. La vente de ses disques surpassa celle d'Elvis Presley, et un double album fort coûteux resta au « hit-parade pendant soixante-treize semaines », un record. On ne parlait d'elle qu'au superlatif. « La plus grande artiste de tous les temps » (Fred Astaire) ; « la femme la plus talentueuse que j'ai connue » (Bing Crosby) ; « la meilleure des artistes complètes que nous ayons eues en Amérique » (Gene Kelly). Elia Kazan place au panthéon des grands artistes Caruso et la Callas, Raimu et Garbo, et ajoute : « Judy Garland à la fin de sa vie. » « Toute ma vie, dit Judy Garland à propos d'elle-même, j'ai été excessive dans tout ce que j'ai entrepris. »

Mais en dessous il y avait la fosse aux serpents : les ambulances pour l'hôpital, les lavages d'estomac, les menaces de suicide, la gorge tranchée par un morceau de verre, le trac, les scènes en public, les poignées de pilules avalées d'un coup, l'alcool, les aventures, les cachets confisqués par le fisc, la rue, les matins blêmes, le désespoir, la peur qui paralyse. La vieillesse, la misère physique, les embrouilles et la mort l'attendaient sur la pente descendante de l'existence.

À l'époque de la détresse sociale et de l'idéologie démocratique des années 1930 et 1940 – la Grande Dépression, le New Deal, l'effort de guerre –, la vie de Judy Garland se confondait avec Hollywood. Elle en fit partie, mais y prit-elle racine ? Elle contribua à la machine de guerre américaine en distillant l'antidépresseur préféré de l'Amérique sans lequel son peuple ne peut engager une guerre, travailler ou simplement jouir de la vie : le mythe de l'innocence, la fuite devant les réalités. Aussi n'avait-elle pas à sortir de son personnage ni à trahir sa vocation quand elle allait recueillir des fonds pour la guerre en se produisant dans les bases militaires. On voyait sa photo épinglée sur les lits et les cloisons des chambrées, rangée dans les portefeuilles des morts, évoquant « la fille qu'on retrouve à la maison ». Son mythe la sublimait mais ne l'aidait guère à s'établir. Les photos montraient bien la petite ville natale de Frances Gumm et le lycée qu'elle fréquentait, mais Judy Garland ne trouverait pas sa Yellow Brick Road*. Elle passait sa vie à enregistrer des disques, tourner des

---

* La route qui conduisait à Oz, la cité magique du *Magicien d'Oz*. Garland y jouait le rôle de Dorothy. (*N.d.T.*)

films comme *Meet Me in St Louis*, à négocier des contrats et à sombrer dans la déprime.

Deux films lui donnèrent l'occasion de s'ancrer dans la réalité, si toutefois elle en eût été capable : *The Clock* (1945) et *Judgement at Nuremberg* (1961). Dans *The Clock* elle tenait le rôle d'une simple ouvrière mariée à un soldat. Dans *Nuremberg* elle incarnait le petit rôle poignant d'une mère de famille à la dérive qui se prend d'amitié pour un Juif. Ces deux films permirent à Judy Garland de descendre de son piédestal d'enfant prodige et de star à succès et de sortir du personnage de Dorothy et Little Nelly Kelly. Mais de telles occasions se présentaient rarement et elle les évitait. Son akène ne fréquentait que les hautes sphères de l'improbable. Même dans ses dernières apparitions, quand elle entrait en scène bouffie ou exsangue, tenant des propos incohérents ou morte de trac, c'était toujours la mélodie singulière du *Magicien d'Oz* qui la transcendait et mettait le public en transe.

Le critique Clifton Fadiman a bien discerné l'image innée lovée dans le cœur de Judy Garland, son essence « excessive », ce genius asexué, sans âge, immatériel et immortel :

> *Nous ne nous lassions pas de l'ovationner et de prolonger les rappels, non parce qu'elle avait été bonne, mais pour son magnétisme, son charisme, comme si notre salut en dépendait.*
>
> *Il suffisait d'écouter sa voix... de la regarder dans ses guenilles de scène... pour oublier – test décisif – qui elle était, qui nous étions nous-mêmes. Comme tous les vrais clowns (Judy Garland était non seulement une chanteuse magnifique mais un merveilleux clown), elle n'était ni homme ni femme, ni jeune ni vieille, ni belle ni laide. Elle n'était pas séduisante, seulement magique. Elle exprimait les sentiments simples et ordinaires avec une telle pureté qu'on sentait leur immatérialité flotter dans l'obscurité du théâtre comme s'ils s'étaient détachés de leur personnage[9].*

On a l'habitude de rendre Hollywood responsable du gâchis tragique de la vie de Judy Garland, d'incriminer les imprésarios, le trompe-l'œil des studios. Cela ne suffit pas à expliquer pourquoi une star aussi douée, qui « avait tout pour elle », a pu « sombrer aussi bas ».

Je verrais plutôt dans chacun de ces naufrages une tentative d'atterrissage malencontreuse. Un peu comme si le monde auquel elle ne s'était jamais frottée voulait l'attirer dans ses bas-fonds par les pièges ordinaires : le sexe et l'argent, la drogue et l'amour, les imprésarios et les contrats, le mariage et l'adultère. Plus bas, toujours plus bas, jusqu'à la faire témoigner dans un procès criminel, pour finir par la scène de sa mort sur un siège de toilettes la nuit du 21 au 22 juin, le solstice d'été, le plus beau jour de l'année et sa plus courte nuit.

La plupart des gens ordinaires rêvent toute leur vie de devenir une star ou du moins d'en toucher une ne serait-ce qu'une seule fois. C'était l'inverse pour Judy Garland. Elle voulait être comme tout le monde, vivre avec un homme, réussir son mariage, avoir des enfants (elle en eut trois, mais remarquait mélancoliquement à plus de quarante ans : « Je suppose que je suis trop vieille pour en avoir un autre »), avoir des amis et pas seulement des fans. Cependant, ce n'étaient pas ces aspirations à la normalité qui l'inspiraient. C'était l'appel d'une vocation implacable qui battait en brèche ces mêmes aspirations.

Le dilemme moderne habituel, travail ou foyer, famille ou carrière, atteint dans le cas de Judy Garland une ampleur démesurée, cruciale, et empêche son âme de prendre pied dans la vie. Il y avait un abîme entre ses infernales souffrances terrestres et le miracle céleste de la scène. Cela la rendait inapte aux exigences prosaïques de la vie quotidienne. La star qu'elle était n'est jamais vraiment venue au monde. Hollywood a magnifié sa vocation, l'obligea à conformer totalement sa vie aux impératifs venus d'un autre monde, se faisant en quelque sorte l'imprésario collectif de l'akène. Et que la vie aille à l'avenant. Seulement, Frances Gumm ne savait pas tenir une maison, vivre avec quelqu'un, élever des enfants, préparer un repas ni faire quoi que ce fût de ses dix doigts. Elle ne savait même pas s'habiller convenablement. James Mason, son partenaire dans *A Star Is Born* (« Une étoile est née »), dit à son enterrement : « Elle qui a tant donné et sans compter... avait besoin qu'on le lui rende ; elle avait besoin d'amour et de dévouement bien au-delà de ce qu'aucun de nous pouvait donner. » Des besoins surhumains dans un monde d'humains : une gageure.

Garland traduisait à sa façon le dilemme de son destin : « tout cela parce que, peut-être, je chante une mélodie qui semble appartenir au monde. Seulement, elle m'appartient, parce qu'elle vient de l'intérieur de moi ».

Nous en revenons au principe de base : l'image innée inscrite dans le cœur de chacun requiert qu'on se saisisse de toutes les occasions qui se présentent pour « *s'attacher* », s'ancrer dans la vie – amis fidèles, contrats stables, santé, horaires réguliers, repères géographiques. Et comme la « mélodie semble appartenir au monde » mais n'est jamais qu'un don de l'invisible, le monde n'est jamais assez présent pour qu'elle y prenne racine. Pourquoi les stars « tombent-elles si bas » – et finissent-elles en alcooliques au visage refait, en nymphomanes, en paranoïaques mystiques ? N'est-ce pas là une tentative désespérée de prendre contact avec le sol ? Tout symptôme névrotique est un compromis, disait Freud. Les symptômes visent juste, mais s'y prennent mal. La hauteur a besoin de profondeur. Les célébrités veulent descendre à tout prix, s'il le faut par le suicide, des contrats ruineux, le gâchis de leur vie affective. Il n'y a pas d'atterrissage en douceur. « La voie moyenne ne fut jamais la sienne », déclara Liza Minnelli, la fille de Judy Garland, aux funérailles de sa mère [10].

LA SOLITUDE ET L'EXIL

La vie de Judy Garland témoigne de la solitude au sein des acclamations de la foule. Comment expliquer la solitude propre à toute existence ? Les stars dans leurs immenses maisons hollywoodiennes et les vieillards dans leurs maisons de retraite n'en ont pas le monopole. La solitude est également un attribut de l'enfance. La solitude d'un cœur d'enfant peut s'aggraver de la peur du noir, des punitions parentales ou du rejet des camarades. Cela dit, elle semble avoir sa source dans l'unicité de chaque daimon, un type de solitude inexprimable dans le vocabulaire enfantin, et guère mieux formulé par le nôtre.

Les périodes d'abattement nous plongent dans un océan de solitude. Celle-ci s'empare de nous après un accouchement, un divorce, la mort d'un compagnon ou d'une compagne. L'âme se retire, pour pleurer en solitaire. Ce sentiment de solitude peut même montrer le nez lors de la célébration joyeuse d'un anniversaire ou d'un exploit. S'agit-il d'une simple gueule de bois – le coup de cafard après une euphorie inhabituelle ? Rien ne semble pouvoir conjurer la chute d'humeur. Le réseau humain qui nous permet de nous enraciner dans le monde – famille, amis, voisins, amants, habitudes, aboutissement d'années de labeur – semble soudain inutile et incongru. Nous nous sentons nous-mêmes étrangement dépersonnalisés, les amarres rompues, très loin de tout. L'esprit de la solitude s'est emparé de nous.

Nous essayons de nous protéger de ces accès de déréliction. La philosophie donne des explications, les médicaments les conjurent. Les explications philosophiques incriminent le déracinement social dû à la vie urbaine, la déshumanisation du travail. C'est le système économique industriel qui engendre la solitude, qui nous transforme en simples chiffres, qui nous fait consommer, pas coopérer. La solitude est le symptôme de la souffrance sociale dont nous sommes victimes. C'est le mode de vie qui est en cause. Nous ne devrions pas être solitaires. Changez le système – intégrez une communauté, une collectivité. Travaillez en équipe. Ou alors faites-vous des relations : « liez-vous, liez-vous avant tout ». Voyez des gens, adhérez à la thérapie de groupe, militez, impliquez-vous. Décrochez le téléphone. Ou alors demandez à votre médecin de vous prescrire du Prozac.

La morale théologique, quant à elle, est encore plus radicale que les spéculations sociophilosophiques et leurs remèdes. Elle voit dans la solitude le signe de la Chute. C'est le péché originel qui a chassé l'humanité du paradis terrestre et l'a séparée de Dieu. Nous nous sentons seuls et perdus dans la vallée, parce que nous sommes la brebis égarée qui a quitté le chemin de la grâce et de la rédemption, de la foi, donc de l'espérance. Notre conscience n'entend plus l'appel du berger ni les aboiements du chien qui tentent de nous remettre sur le droit chemin. Alors nous nous isolons à dessein, afin de pouvoir encore entendre le murmure de la petite voix noyée dans la foule déchaînée. Pis : la solitude témoigne de la damnation de chacun pour le péché de chair. C'est ainsi que Judy Garland s'est retrouvée à la rue, démunie, ruinée et solitaire. C'était la rançon du péché.

La morale religieuse orientale voit dans la souffrance de la solitude la sanction en cette vie des actes commis par le karma lors de ses incarnations précédentes, ou une préparation aux réincarnations futures. La théologie, orientale comme occidentale, transforme subtilement le sentiment de solitude en péché de solitude, exacerbant ainsi la souffrance. Sois souriante et reste stoïque. Ou alors repens-toi.

L'existentialisme donne une autre interprétation de la solitude en en faisant la base de l'existence humaine. Pour Heidegger ou Camus, par exemple, l'être humain a été « jeté ». Nous avons tout simplement été jetés dans l'être qui se trouve là *(Dasein)*. Le mot allemand *Wurf* désigne aussi bien le lancer de dés, un jet ou une projection, que la mise bas d'une portée de chiots ou de porcelets. La vie est ce que vous en faites, votre projet. Rien ni personne ne choisira à votre place, ce qui bien sûr vous laisse un sentiment d'angoisse et de terreur existentielles. Tout dépend de soi, du seul individu, dans la mesure où aucune garantie cosmique ne donne de sens à la vie. Il n'y a ni Dieu ni Godot* à attendre. Vous construisez votre existence en ayant la profonde certitude que le monde est dénué de sens. L'héroïsme qui consiste à transformer la solitude en une force personnelle n'était pas à la portée d'une Judy Garland. Elle était trop dépendante, trop faible, trop craintive pour conjuguer « solitaire » avec « solidaire », la devise d'une des nouvelles de Camus du recueil si bien nommé *L'Exil et le Royaume*. C'est le nihilisme existentiel qui se manifeste dans la désespérance de Judy Garland. C'en serait du moins l'interprétation existentialiste.

Ces différentes façons de concevoir la solitude – qu'elles ressortissent à la pensée sociologique, thérapeutique, religieuse ou existentialiste – émettent deux postulats que je ne puis admettre. D'abord, que la solitude est synonyme d'isolement, au sens propre du terme, et que l'être humain peut donc y remédier par son attitude en se repentant de ses péchés, en suivant une psychothérapie ou en forgeant lui-même courageusement son propre projet de vie. Ensuite, que la solitude est foncièrement désagréable.

Mais si le sentiment de solitude nous est inné, c'est qu'il fait partie de la vie. La solitude va et vient indépendamment de nos

---

* En anglais, jeu de mots sur *God* et *Godot* : « *There is neither God nor Godot to wait for* ». (*N.d.T.*)

actes. Elle n'a rien à voir avec l'isolement proprement dit, car aussi bien peut-elle nous surprendre en compagnie d'amis ou d'amants ou face au public le plus enthousiaste. Dès lors qu'on la considère comme faisant partie de la sphère des idéaux, du monde des essences, la solitude devient nécessaire, fondamentale : elle n'est plus le stigmate du péché ou de l'effroi. Elle n'est plus le signe du mal. Nous pouvons en assumer l'étrange autonomie et la libérer de la notion d'isolement. La vérité de la solitude reprend ses droits, et nous cessons de la percevoir de façon douloureuse.

Pour peu qu'on la considère de près – ou mieux, qu'on la *ressente* de près –, la solitude révèle plusieurs composantes : la nostalgie, la tristesse, le mutisme et l'aspiration à un autre ici et maintenant. Autant d'éléments qui se manifestent à condition qu'on s'y attarde, pas en cherchant à se guérir de la solitude elle-même. À vouloir échapper au désespoir, on s'enfonce un peu plus dans la désespérance.

Cette nostalgie, cette langueur, ce recueillement et ces désirs indéfinissables sont toute l'alchimie des chansons de Judy Garland, avec son timbre et son phrasé, son expressivité, ses gestes, ses yeux et son visage. Pas étonnant qu'elle ait suscité une émotion à nulle autre pareille. C'est la même alchimie de sentiments qui fait tout le prix de la poésie lyrique et religieuse de la plupart des peuples. C'est ce qui permet à l'âme de se souvenir de ses origines. Comme E.T. dans le film de Spielberg, l'âme nostalgique, triste et taciturne ne rêve que de retourner chez elle. La solitude manifeste les émotions de l'exil ; l'âme n'a pas été capable de pleinement s'adapter à son pays d'accueil et rêve de faire demi-tour. En quelles contrées ? Nous ne le savons pas, car les mythes de la cosmogonie disent que tout a été effacé de notre mémoire. Il ne reste plus à l'âme que la tristesse et la solitude pour témoigner du monde oublié de ses origines. Ses souvenirs se réduisent à une nostalgie, à une envie d'envie. À une aspiration qui transcende le désir individuel.

Rétrospectivement, nous commençons à comprendre la ferveur que Judy Garland inspirait, même quand elle avait du mal à trouver ses mots et à chanter juste. Le public raffolait de sa chanson *Somewhere, over the rainbow,* (« Quelque part, au-dessus de l'arc en ciel ») et en attendait la conclusion nostalgique, *Why can't I ?* (« Pourquoi ne le puis-je ? »). Nous comprenons également comment ses fans, y compris chez les professionnels, lui restèrent fidèles, en dépit des scènes et des crises d'hystérie ou de la pétulance erratique d'une Frances Gumm à la dérive, alcoolique et droguée. Elle rendait chacun de ses auditeurs conscient de ses aspirations intimes : de sa nostalgie d'exilé, de ses regrets pour ce qui n'est pas de ce monde.

Nous pouvons de la même façon lire dans les dernières pages de sa vie la condition même de l'exilé, du barde de grand chemin, du vagabond ou du pèlerin, de l'égaré de la diaspora, du poète-mendiant soufi ou du moine zen entre deux vins. Notre daimon n'est pas chez lui sur la planète ; il vit une condition qui n'est pas la sienne ; l'incarnation terrestre de l'âme est par définition ô combien fragile ; et, somme toute, lequel d'entre nous quitte-t-il ce monde sans rien avoir à se reprocher ? Oublions seulement la sociologie et la psychanalyse, et Judy Garland nous apparaîtra pour ce qu'elle était vraiment : l'un de ces individus rares et précieux qui ne peuvent jamais prendre racine. Sa vocation n'était pas simplement de chanter et de danser sous les feux de la rampe, d'être l'enfant magique qui savait mimer la présence de l'au-delà sous les traits d'un clown maquillé de blanc. Elle était à elle seule le symbole de l'exil et de sa nostalgie.

DEUXIÈME ARCHÉTYPE :
JOSÉPHINE BAKER

Une autre femme tout aussi miraculeuse descendit l'Arbre de la Kabbale de façon bien différente. Celle-ci était née à l'Hôpital de la Charité de Saint Louis, en 1906, également en juin. Elle dut faire oublier sa misérable venue au monde et parcourir une trajectoire de star, avant de pouvoir entreprendre un remarquablement enracinement. Frances Gumm répondait du genius de « Judy Garland » ; Freda J. McDonald (ou Tumpy, comme on l'appelait enfant) de celui de « Joséphine Baker ».

C'était elle aussi une femme fascinante et extravagante. Joséphine Baker fit une entrée explosive dans le monde en ne se montrant vêtue que de quelques plumes sur la scène du Théâtre des Champs-Élysées (les champs du paradis !) à Paris en octobre 1925.

Ses trémoussements « firent bander tout Paris ». Elle avait dix-neuf ans.

Elle s'était mariée pour la première fois à treize ans. Son premier mari, un ouvrier fondeur, gagnait bien sa vie, mais Joséphine « dépensait en robes tout ce qu'il rapportait à la maison ». Comme les succès des débuts parisiens apportèrent de l'argent, les « robes » firent des petits : elle voyageait désormais avec des chiens, un singe et un carrosse tiré par une autruche. Elle ne savait pas conduire mais adorait les voitures. Elle acquit, entre autres, une Bugatti rarissime pour une petite fortune. En janvier 1928, elle quitta Paris pour Vienne avec son imprésario, en emmenant outre les amants, les membres de la famille et sa cour de parasites, « une secrétaire, un chauffeur, une femme de chambre, une dactylo, deux chiens, 196 paires de chaussures avec robes et fourrures assorties, 64 kilos de poudre de riz et 30 000 photos pour les admirateurs ».

Le corps dans lequel son âme était descendue était une chose. Le milieu de son enfance une autre. Peu de nourriture, des punaises ; la petite dormait à même le sol avec le chien dont elle partageait la nourriture et les puces dans la maison où on l'avait placée comme servante. La femme pour qui elle travaillait la battait et la laissait le cul à l'air parce que les vêtements coûtaient trop cher. Encore enfant, on la plaça ailleurs, chez un vieillard à cheveux blancs avec qui elle devait dormir. C'était déjà un exploit d'avoir survécu jusque-là. Les archives du département de la santé de Saint Louis montrent que trois enfants sur cinq mouraient avant l'âge de trois ans.

Mais tout cela ne l'empêchait pas de danser. Elle s'était aménagé une cave avec une petite scène et des bancs en bois. Elle giflait les enfants pour qu'ils se tiennent tranquilles et la regardent danser. Dès qu'elle avait la moindre minute, elle allait voir les spectacles donnés dans les clubs ou les salles de la localité, et traînait ensuite avec les artistes.

Elle vint une fois à un enterrement avec un serpent. Le cercueil était ouvert. Le serpent s'échappa et sema la panique ; le cercueil se renversa, le cadavre roula à terre, et les gens furieux écrasèrent le serpent. Tumpy – ou était-ce déjà Joséphine, la protectrice des animaux – se mit à hurler : « Vous avez tué mon ami ! » Les enfants sont souvent sensibles à l'âme animale. Rappelons-nous toutefois que le serpent est peut-être le symbole le plus ancien et le plus universel de l'esprit protecteur, de l'ange gardien, du « genius » lui-même. Qui sait si Tumpy ne s'était pas déjà liée d'amitié avec son akène ?

Pour finir, voici un épisode particulièrement extravagant de la vie de Joséphine :

> À *Stockholm, elle joua devant le roi. « Mais si vous m'aviez demandé à quoi il ressemble, je n'aurais pas pu vous le dire. Quand je danse, je danse, je ne regarde personne, fût-il roi »...*
>
> *Le prince héritier Gustav-Adolf, un jeune homme de vingt-huit ans, était également présent [...] Le prince invita Joséphine au palais et la conduisit par une porte dérobée dans une chambre agrémentée d'un lit à baldaquin aux précieuses fourrures. Elle s'y étendit, dévêtue. Le prince appela un serviteur qui apporta un plateau d'argent recouvert de bijoux. Le prince disposa un à un diamants, émeraudes et rubis sur le corps de Joséphine. L'anecdote fait désormais partie du folklore du pays.*

La vie de star de Joséphine Baker présente maintes similitudes avec celle de Judy Garland : une immense popularité, puis l'éclipse du public ; un talent prodigieux ; le besoin de « tomber amoureuse » ; la confrontation avec la gent masculine, amants (un jeune homme se tira une balle devant elle et mourut à ses pieds), partenaires, exploiteurs ; l'argent qui file entre les doigts ; le tourbillon du show-business et ses effets dévastateurs sur la vie personnelle et la santé ; une enfance de nulle part puis une ascension vertigineuse ; l'absence complète d'éducation traditionnelle ; les complexes physiques (Judy Garland se trouvait mal faite et trop grosse, Joséphine Baker s'inquiétait de ses cheveux) ; et le sexe.

Joséphine Baker avait besoin de faire l'amour avant d'entrer en scène : dans la loge, debout dans les coulisses, avec ses partenaires de danse, homme ou femme ; avec les grosses huiles qui payaient pour ça ; les célébrités ; avec qui elle voulait, où elle voulait, quand elle voulait. Elle s'étendit une fois sur le plancher de son salon pour séduire un des artistes de la troupe qui la dédaignait : « Regarde mon corps, le monde entier en est amoureux, pourquoi fais-tu la fine bouche ? »

L'écrivain Georges Simenon, inventeur de l'inspecteur Maigret et l'un des innombrables amants de Joséphine Baker comme elle fut l'une des *mil et tre* de ce don juan, a décrit le secret de son corps : une *croupe* sensationnelle. « En français, la *croupe,* c'est l'arrière-train du cheval, les fesses et les hanches. La croupe de Joséphine, explique Simenon, est la plus érotique du monde... Pourquoi ? Mon Dieu, c'est évident, elle a une *croupe* qui a le sens de l'humour. »

Les biographes de Judy Garland relèvent chez elle le même érotisme forcené. Les deux femmes avaient le même pouvoir de fascination, de sublimation, la même aptitude à émouvoir l'âme de chacun. Tout se passait comme si elles avaient le don de dévoiler leur daimon, savaient le faire voir et entendre. Le daimon de Garland, c'était *Over the Rainbow,* celui de Baker *La Danse sauvage.*

Le parallèle s'arrête là. Joséphine Baker prit racine. Pas parce qu'elle s'offrait au tout-venant, pas à cause de son enfance sordide ni du déclin de sa carrière. Ne parlons même pas de l'explication raciste qui voudrait qu'en tant que Noire, elle ne pouvait que déchoir. Non. Son nouvel enracinement ne la fit ni tomber ni sombrer. Baker sortit grandie de sa descente sur terre.

Elle entra progressivement dans le monde politique et social. D'abord, il y eut la guerre, en 1939 ; elle avait trente-deux ans. Elle voulait faire le maximum pour la France, son pays d'adoption. Cela signifiait risquer sa vie pour les réseaux de résistance clandestins en transportant dans des partitions de musique des renseignements qu'elle faisait passer au Portugal via la frontière française et espagnole. En tant que Noire, elle fut interdite de scène et risqua la déportation et même l'exécution. Au Maroc, où elle fut royalement reçue par des parents de la famille régnante, elle évita à des juifs d'être pris dans des rafles ; elle porta un temps l'étoile jaune sur son manteau. Elles étaient bien loin, les plumes roses. Durant l'hiver rigoureux qui suivit la libération de Paris, elle récupéra des centaines de kilos de viande, des sacs de légumes et du charbon pour venir en aide aux pauvres. Elle reçut la légion d'honneur et la croix de guerre pour ses mérites et fut félicitée par de Gaulle.

Elle franchit le pas suivant en revenant aux États-Unis, à Saint Louis, où elle renoua avec ses origines. Elle fut l'une des premières à participer au mouvement pour les droits civiques ; elle insista pour que des Noirs soient embauchés comme accessoiristes et machinistes ; elle participa à la marche antiraciste de Washington de 1963 ; elle rendit visite aux prisonniers noirs dans les prisons du New Jersey. Martin Luther King Junior et Ralph Bunche lui rendirent hommage pour son action pour l'intégration raciale. Elle partit également visiter le Cuba de Fidel Castro, et le FBI fit un rapport sur elle de près de mille pages !

Le dernier geste de Joséphine Baker fut de parrainer l'adoption de onze enfants de différentes origines ethniques et nationales, en veillant à ce qu'ils soient bien logés, nourris et scolarisés et à ce qu'on ne les sépare pas. Elle fit des tournées spéciales pour financer l'entretien de la propriété qui leur servait de foyer et qui avait englouti ses derniers sous. Elle reçut une fois des secours de Grace Kelly et de Brigitte Bardot, mais finalement fut saisie et jetée à la rue. Ruinée, sans domicile, vieillissante, elle donna un dernier récital à Paris sous les ovations du public, quelques jours avant sa mort à l'hôpital de la Salpêtrière, le 12 avril 1975. Cette mort à la Salpêtrière renouait avec sa naissance à l'hôpital de la Charité de Saint Louis, l'hôpital parisien ayant été construit à l'intention des exclues, des prostituées, des syphilitiques, des indigentes et des criminelles.

Grandeur et décadence. L'un des archétypes les plus vénérables de l'existence, à la dimension cosmique. Mais l'intéressant, c'est *la manière* dont on tombe, le style de la chute. L'effondrement de Judy Garland fut triste et héroïque. Elle tenta de revenir, de toutes ses forces ; elle essaya maintes fois de renouer avec la gloire pour au bout du compte mourir dans des conditions lamentables dans son appartement londonien. Le public qui ovationna une demi-heure durant Joséphine Baker à Paris, la dernière semaine de sa vie, rendait tout à la fois hommage à son daimon charnel (« les gens ne voulaient plus quitter le théâtre ») et à son long et patient enracinement dans ce monde de misère sociale, à son engagement contre le fascisme, le racisme, l'abandon des enfants, l'injustice [11].

Selon le mythe platonicien ouvrant ce chapitre, l'âme descend sur terre de quatre façons : elle se choisit un corps, des parents, un lieu et des circonstances. Autant de directives permettant de faire aboutir complètement l'incarnation de l'image innée que chacun porte à la naissance. Commençons par le corps : s'enraciner, mûrir, c'est accepter la vieillesse et l'effondrement physique qui l'accompagne (Baker disait à qui voulait l'entendre qu'elle avait soixante-quatre ans alors qu'elle était encore dans sa cinquantaine ; elle portait de vieux vêtements et renonça à la perruque qui masquait sa calvitie). En second lieu, il s'agit d'accepter l'arbre familial dont on est issu, y compris ses branches les moins avouables. En troisième lieu, vivre en un lieu qui convient à l'âme en en respectant les attaches, les coutumes et les obligations. Enfin, rendre hommage aux circonstances en montrant son sincère attachement au monde.

3

La mystification parentale

La civilisation contemporaine cultive une idée fixe : le destin de l'enfant dépendrait des parents, du comportement de la mère et du père. Nous hériterions non seulement de leurs chromosomes, mais également de leurs névroses et comportements. Leurs deux psychés – avec leurs frustrations, leurs refoulements, leurs regrets, leur imaginaire et leurs rêves – s'accoupleraient pour nous façonner l'âme. Un déterminisme auquel nul n'échappe, dont nul ne pourrait se libérer. On ne peut s'empêcher d'imaginer l'âme individuelle comme une pousse de l'arbre familial. Nous sortirions de leur psychisme comme nous sortons de leurs entrailles. Une simple excroissance psychologique.

Si l'évolution de la législation, de la démographie et de la biochimie a quelque peu remis en question la rigidité des définitions du rôle parental, les moralistes et les psychothérapeutes ont au contraire durci l'idée qu'ils s'en font. On se réfère aux « valeurs familiales », la devise universelle, on s'en prend à « la carence maternelle », à « l'absence du père » et autres clichés. La « psychothérapie du système familial » impose ses recettes aux problèmes sociaux et son dogme à la psychiatrie et sa thérapeutique.

Ce qui n'empêche pas un petit elfe de nous murmurer autre chose à l'oreille : « Tu es différent ; tu ne ressembles à aucun des membres de ta famille ; tu n'en fais pas vraiment partie. » Chacun cache dans son cœur un mécréant, pour qui la famille n'est qu'un fantasme, une mystification.

L'explication biologique elle-même présente des carences mystérieuses. La contraception se pratique et s'explique aujourd'hui plus facilement que la conception elle-même. Que se passe-t-il dans ce gros ovule, rond et encore vierge, qui s'ouvre pour un seul minuscule spermatozoïde parmi des millions d'autres ? À moins qu'il ne faille poser la question aux spermatozoïdes ? L'un de vous serait-il plus décidé, plus courageux ou plus séduisant ? Ou bien est-ce pure question de hasard et de « chance » – mais qu'est-ce que la chance, au fond ? Nous savons ce qu'est l'ADN et le produit de la rencontre du spermatozoïde et de l'ovule. Quant au mystère auquel Darwin a consacré sa vie, le mystère de la sélection, il demeure entier.

La théorie de l'akène conduit à un début d'éclaircissement. C'est votre daimon, dit-elle, qui choisit et l'œuf, et le spermatozoïde, comme il jette son dévolu sur leurs propriétaires, ceux qu'on appelle les « parents ». C'est la nécessité de votre existence qui a rendu leur union indispensable – et non le contraire. Cela n'aide-t-il pas du moins à élucider le mystère des mariages impossibles, toutes ces incompatibilités et ces mésalliances parentales, sans parler des aventures éphémères et des séparations intempestives si fréquentes, en particulier dans les récits biographiques concernant les personnages illustres ? Le couple s'est constitué non pour lui-même, mais pour engendrer un destin individuel unique, que l'akène a incarné dans un enfant.

Prenons par exemple l'histoire de Thomas Wolfe, le grand romancier des Smoky Mountains, écrivain romantique très prolixe, né le 3 octobre 1900. Les parents de Wolfe, dit son biographe Andrew Turnbull, formaient « un couple incroyablement mal assorti. On peut difficilement imaginer deux tempéraments plus dissemblables[1] ». Le père était « prodigue, sensuel et expansif » ; la mère « froide, parcimonieuse et réservée ».

Comment ont-ils pu se mettre en ménage ? Seize ans avant l'arrivée de Thomas Wolfe sur terre, sa mère, Julia Westall, une institutrice de campagne alors âgée de vingt-quatre ans, était entrée dans la boutique de W. O. Wolfe, un marbrier fabriquant des pierres tombales, qui était passé par le divorce puis le veuvage. Julia faisait du porte-à-porte pour vendre des livres (un travail au noir pour se procurer quelques sous supplémentaires).

Il jeta un coup d'œil sur le livre qu'elle vendait et sous-crivit, puis lui demanda si elle lisait des romans.

« Oh, je lis un peu de tout, répondit-elle. Mais c'est la Bible que je devrais lire davantage. »

W. O. déclara qu'il possédait quelques bons romans d'amour, et l'après-midi... lui fit parvenir St Elmo d'Augusta Jane Evans. Quelques jours plus tard, alors que Julia faisait une tournée pour un autre livre... W. O. insista pour qu'elle reste déjeuner, puis lui montra au salon les clichés de la guerre de Sécession qu'il avait pris au stéréoscope... il lui saisit la main, dit qu'il l'avait remarquée depuis fort long-temps quand elle passait devant la boutique, et la demanda en mariage.

Julia... protesta qu'ils se connaissaient à peine. W. O. se fit pressant, si bien qu'elle finit par dire qu'elle allait ouvrir au hasard le livre qu'elle vendait et se conformerait à ce qui serait écrit dans le paragraphe du milieu de la page de droite. « Un petit coup de folie », se rappelait-elle bien plus tard. Mais elle tomba sur la description d'un mariage où l'on pou-vait lire « jusqu'à ce que la mort nous sépare ». « Ah, nous y voilà ! s'écria W. O. C'est cela même ! Voilà ce qui nous attend ! » Le mariage eut lieu en janvier, trois mois à peine après sa demande intempestive.

On peut trouver nombre d'explications à ce coup de tête : l'attraction des contraires ; l'attrait de la jeunesse chez un homme mûr ; l'intérêt (elle avait besoin d'une assise économique ; il avait besoin d'une femme au foyer) ; une pulsion sadomasochiste ; l'envie de revivre un scénario parental ; la pression sociale sur les célibataires... Mais tout cela est-il convaincant ?

Et si c'était « le livre », qui les avait réunis ? Elle était venue lui proposer un livre ; il avait donné la réplique en lui envoyant un livre ; ils s'étaient décidés en ouvrant un livre, et leur union livresque mit au monde... Thomas Wolfe, un individu qui écri-vait des livres ! Celui-ci avait deux ans, que ses parents « se fai-saient un plaisir de le faire "lire à haute voix" devant les invités ». Julia croyait qu'elle avait mystérieusement contribué à son talent littéraire en « passant ses après-midi à lire au lit » pendant sa gros-sesse.

Wolfe eut six frères et sœurs dont les akènes respectives avaient choisi les mêmes parents pour satisfaire d'autres dispositions. Encore une fois, c'est essentiellement chez les individus exceptionnels que l'on distingue le plus nettement l'action de l'akène.

Le destin jeta son dévolu sur une maison d'Asheville, en Caroline du Nord, où il poussa deux personnes à s'unir et à fonder un foyer, pour que le futur Thomas Wolfe pût y réaliser son œuvre. Comment l'aurait-il accomplie, s'il n'avait « connu » ses parents avant qu'eux-mêmes aient l'idée de son existence ? Un ange avait ouvert la page qui concevait le produit de leur union avant qu'eux-mêmes aient conçu l'enfant.

LA MÈRE

Julia Wolfe croyait avoir eu une influence déterminante sur son fils Tom. Loin de moi de nier l'empreinte de la personnalité de la mère sur l'enfant qu'elle a porté. L'influence est si manifeste, que cela ne mérite pas qu'on s'y attarde. Passons directement à la suite du débat. Comme disait le mathématicien G. H. Hardy, « un homme sérieux ne doit pas perdre son temps à exprimer des lieux communs ». Laissons donc la mère derrière nous, comme elle l'est toujours de toute façon, à sa place centrale de grande idole silencieuse dont l'ombre plane fidèlement sur les récits biographiques de ce livre.

Histoire de donner une idée des pouvoirs de cette idole... et du culte que nous lui vouons, je ne résiste pas au plaisir de raconter, après tant d'autres, l'histoire suivante :

Deux vrais jumeaux avaient été adoptés à la naissance et élevés dans des pays différents par leur famille d'accueil respective. Ils allaient sur leurs trente ans. Tous deux avaient l'obsession de la propreté. Leurs vêtements étaient impeccables, ils étaient toujours à l'heure, se brossaient régulièrement les mains à vif. Le premier auquel on demanda l'origine de sa manie répondit très naturellement :

« Ma mère. Chez elle, c'était impeccable. Elle tenait à ce que le moindre objet soit remis à sa place, que les pendules

– nous en avions des douzaines – sonnent toutes à l'unisson à midi pile. Pour elle, c'était important, voyez-vous. Je tiens cela d'elle. Comment pourrait-il en être autrement ? »

Son jumeau, qui avait la même passion perfectionniste de l'eau et du savon, en donnait l'explication suivante : « C'est très simple : c'est en réaction à ma mère, une vraie souillon[2]. »

Comment mettre en rapport les trois éléments de cette histoire – la manie du perfectionnisme, ses explications et le mythe maternel ? Ceux qui ne jurent que par la génétique y verront une magnifique preuve du rôle prédominant de l'hérédité. Ceux qui mettent l'accent sur le rôle de l'environnement précoce avanceront de façon tout aussi convaincante que l'obsession des deux hommes est une pulsion réactionnelle au comportement de la mère, même si c'est dans deux directions opposées. Dans les deux cas, la mère aura eu une importance cruciale.

Pour moi cette histoire illustre la façon dont un mythe se substitue à l'explication théorique. Car n'oublions pas que les jumeaux, en plus de leur obsession du perfectionnisme, partagent la même thèse : c'est « la Mère » qui est derrière tout cela. Le mythe maternel, dans notre culture, s'est élevé au statut de la théorie, en a acquis la force explicative, et nous sommes devenus une nation d'adorateurs de la Mère.

Mythe pour mythe, pourquoi ne pas s'en remettre, comme le fait ce livre, au mythe platonicien ? Pourquoi faire la fine bouche devant la théorie de l'akène, quand on avale sans sourciller le mythe maternel ? La réticence vient, je crois, de ce que le mythe du daimon se présente trop franchement. Il ne se déguise pas en un fait empirique. Il proclame ouvertement sa nature mythique. En outre, il nous enjoint d'assumer notre individualité irréductible sans le secours de l'oreiller et du matelas maternels et de leur image réconfortante.

C'est au moment où se désagrège le modèle de la famille nucléaire – telle mère, tel enfant – que le mythe résiste et s'accroche au sein maternel. Nous croyons encore en la Mère, même si tout change autour de nous avec les crèches, la famille éclatée, le père au foyer, les enfants abandonnés en charge de leurs petits frères et sœurs, les adolescentes mères de plusieurs enfants, les femmes de quarante-cinq ans enceintes de leur premier bébé. Car tout évolue : la démographie, les conditions économiques, la définition légale de la maternité et de la paternité, la conception, l'adoption, les médicaments, les diagnostics, les guides pédiatriques.

Seul le mythe de l'influence maternelle demeure. Car derrière chaque mère il y a la Mère universelle, garante du dogme parental. Elle apparaît sous les traits de votre propre mère, bonne ou mauvaise. Étouffante ou généreuse ; sévère, possessive ou totalement dévouée ; maniaque, hystérique, morose ou loyale et indulgente – elle aussi a son propre daimon, quelle que soit sa personnalité. Car son destin n'est pas le vôtre.

Cela n'empêche pas les récits biographiques de pratiquer le culte de la mère. Merveilleuse ou malfaisante, la mère y est décrite comme l'agent de ces destinées illustres. Cole Porter, qui portait le nom de sa mère Kate Cole Porter, incarnait également « le rêve de la vie de celle-ci – devenir musicienne [3] ». Elle fit en sorte qu'il sache jouer à huit ans, qu'il suive des cours de musique à dix ans, quitte pour ce faire à devoir parcourir régulièrement cinquante kilomètres en train. La mère de Frank Lloyd Wright savait que son fils deviendrait architecte et, disent les biographes, l'orienta dans cette voie en accrochant les photos de différents édifices aux murs de la chambre du bébé. C'était pour égayer sa mère souffrant de dépression que James Barrie se mit à écrire des contes qui devaient donner des fantaisies littéraires comme Peter Pan.

Pablo Casals était l'un des onze enfants d'une famille pauvre d'un village catalan. Sa mère l'emmena à Barcelone, à près de soixante-dix kilomètres de là, pour qu'il poursuive ses études musicales ; « et jusqu'à ce que Pablo ait vingt-deux ans la famille resta dispersée et sans le sou, la mère ayant pour seul souci de voir enfin réalisé et reconnu le talent de son fils [4] ».

Celle qui deviendrait la mère d'Edward Teller, le physicien qui mit au point l'arme nucléaire, se promenait un jour avec une amie dans un parc de Budapest pendant sa grossesse. L'amie lui demanda pourquoi elle ralentissait le pas et étudiait le paysage. La future mère répliqua : « j'ai le pressentiment cette fois que ce sera un garçon et je suis sûre qu'il sera célèbre ; je cherche le meilleur endroit pour lui élever une statue [5] ». Les psychologues diraient volontiers que la mère de Teller l'a poussé sur la voie de la célébrité. Mais pourquoi ne pas imaginer qu'Ilona Teller avait eu l'intuition du daimon qui vivait en son sein ?

Le professeur philosophe Krishnamurti perdit sa mère alors qu'il était petit garçon, mais, dit-il, « je l'ai vue fréquemment après sa mort, je me rappelle avoir suivi une fois l'ombre de ma mère qui montait l'escalier... Je voyais la forme vague de sa robe et une partie de son visage. Cela m'arrivait souvent quand je sortais de la maison[6] ».

Les visions de Krishnamurti montrent que le souvenir de la mère, son être réel, coïncide avec l'esprit de la mère, son daimon, qui lui-même participe souvent du daimon de l'enfant, même quand celui-ci est devenu adulte et célèbre. Rares sont les mères qui, conscientes de ce que l'enfant promet, veillent à son épanouissement sans entraver sa voie propre.

C'est la mère de Van Cliburn, le grand pianiste, qui lui apprit la musique. Celle-ci faisait clairement la distinction entre son rôle d'enseignante et son rôle maternel :

> *Quand je pris conscience des dons peu communs de Van, nous eûmes des rapports de professeur à élève pendant le travail, plutôt que de mère à enfant [...]*
>
> *Dès le début je mis le jeune Van en garde contre la « tentation d'épater la galerie » [...] lui rappelant que son talent était un don divin auquel il devait rendre grâce, sans s'en attribuer un crédit immérité.*

Cliburn confirme : « Dès que j'ai eu trois ans, elle m'a donné des leçons de piano chaque jour de ma vie. Absolument chaque jour. Nous nous mettions au piano et elle disait : "Maintenant oublie que je suis ta mère. Je suis ton professeur de piano et nous devons travailler sérieusement". »

Le pouvoir maternel est indiscutable, surtout quand la mère sait reconnaître et protéger – et même, dans des cas comme celui de Cliburn, instruire – le daimon de l'enfant.

C'est toutefois le daimon qui précède la mère, peut-être même la choisit à l'avance – c'est du moins ce que dit la théorie de l'akène. Car le petit Van était déjà musicien à deux ans ; il avait appris, en entendant simplement les leçons données dans une autre pièce, un « petit rythme compliqué » qui exigeait « de croiser la main gauche et la main droite » avec « des pauses et des syncopes délicates » [7]. Et, selon la théorie de l'akène, son daimon choisit la mère qu'il fallait, celle qui saurait comment se comporter avec un *wunderkind* (enfant prodige). Le jeune Cliburn de Kilgore, dans l'État du Texas, aurait-il pu se rendre à Moscou et remporter le Concours international Tchaïkovski de piano à l'émerveillement du jury, s'il avait été le fils disons de votre mère et élevé chez vous ?

Mais le talent lui-même vient-il de la mère ? Celle-ci façonne-t-elle l'enfant qu'elle porte, met-elle au monde son esprit en même temps que le corps qui l'incarne ? Si nous ne faisons pas la différence entre le daimon de la mère et celui de son enfant, il faut admettre qu'elle est également responsable des monstres qu'elle enfante, et que c'est son daimon, ou plutôt son démon, qui habite alors l'enfant qu'elle met au monde. L'attachement de Hitler, Mao, Nasser à leur mère était profond. C'est la mère de Kwame Nkrumah, le leader ghanéen, qui le persuada de quitter son village pour aller recevoir une éducation occidentale. On peut disputer de la question de savoir si c'est la mère de tel leader qui l'aide à prendre conscience de son charisme ou si ledit leader a besoin de croire au mythe maternel qu'il accrédite en honorant sa propre mère. Toujours est-il que le mythe de la mère semble avoir la cote chez les tyrans.

Woodrow Wilson, Harry Truman, Dwight D. Eisenhower, Lyndon Johnson, Richard M. Nixon, eux aussi, choyaient leur mère et furent choyés par elle. Rappelez-vous l'hommage larmoyant que Nixon, en pleine disgrâce, brisé et désemparé, rendit à sa mère en quittant la Maison Blanche.

Ma propre mère, à qui Sara Delano Roosevelt, la mère de Franklin D., demandait lors d'une entrevue combien d'enfants elle avait eus, répondit : « Quatre. » Ce à quoi la vieille Mme Roosevelt répliqua : « Je n'en ai eu qu'un, mais il a très bien réussi. » Il est vrai que Sara Delano Roosevelt avait veillé à cette réussite, prenant sans doute conscience très tôt du génie de son fils, l'encourageant tant qu'elle vécut à franchir tous les obstacles qui se présentaient.

Et puis, il y a les mères qui sont aveugles à la vocation de leur enfant et à ses dons naturels. Et il y a également les individus d'exception qui se sont férocement opposés à leur mère, en ont détesté les idées, les habitudes et les valeurs. Autant d'exemples qui n'ont pas l'air d'entamer le mythe parental. L'illusion perdure, que la mère ait fait preuve d'un dévouement sans faille ou d'une indifférence égoïste et d'une désinvolture narcissique. Les récits biographiques, et autobiographiques, tordent les faits qui n'accréditent pas le mythe maternel. Tant il est vrai que nous sommes tous victimes de la mystification parentale, au même titre que ces jumeaux qui mettaient leur manie de la propreté au compte de leurs mères respectives.

George Lukács, écrivain marxiste hongrois et critique de renom, ne s'était jamais entendu avec sa mère. Dans la dernière année de sa vie (1971), il « en gardait encore un souvenir [...] malveillant ». Il avait toujours refusé de lui manifester la moindre « déférence, même par politesse ». Lukács écrit : « À la maison, l'aliénation absolue. Surtout ma mère ; pratiquement aucune communication. » Elle était conformiste, frivole et mondaine. De quoi permettre au biographe d'expliquer les sympathies de Lukács pour les opprimés et sa rébellion antibourgeoise – l'antagonisme avec la mère ! La théorie de l'akène, quant à elle, considère qu'une telle mère était nécessaire à son genius : il lui fallait une ennemie intime représentant les valeurs qu'il abhorrait. « Très tôt ma conduite fut dictée par un sentiment de révolte[8]. »

La même opposition radicale entre une mère par trop conventionnelle et son enfant apparaît, entre autres, dans la biographie d'Igor Stravinski, le compositeur, et celle de Diane Arbus, la photographe.

> *La mère de Stravinski reprochait à son fils de ne pas « s'incliner devant ses maîtres, entre autres devant Scriabine ». Elle n'écouta* Le Sacre du printemps, *une des grandes œuvres novatrices de ce siècle, que vingt-cinq ans après sa création, un an avant de mourir. Même alors, elle confiait à des proches qu'il ne fallait pas s'attendre à ce que cela lui plaise, car son fils n'écrivait pas « la musique qu'elle aimait »[9].*

Gertrude, la mère de Diane Arbus, se souciait beaucoup de ses enfants. « Comme toutes les bonnes mères, elle voulait qu'ils se conduisent "correctement", "convenablement" et qu'ils réussissent [10]. » Diane Arbus était une personne originale, hors normes. Elle aimait photographier des marginaux. Elle finit par se suicider. Stravinski, quant à lui, eut une longue existence extraordinairement productive, mais n'a pas composé « la musique [que sa mère aimait] ».

Stravinski et Diane Arbus prirent le large, loin de l'étroit sentier maternel. Mais ce n'est pas ce dernier qui suscita leur originalité. Rien ne permet de présumer qu'une mère conformiste produit un enfant excentrique – ni qu'une mère un peu folle et extravagante produit un enfant normal. Les chercheurs soulignent à juste titre que toutes sortes de mères ont toutes sortes de rejetons. Il n'y a aucune corrélation évidente entre les deux générations.

La mère et l'enfant vivant sous le même toit peuvent servir des dieux différents. Peu importe la ressemblance physique, leurs destins peuvent totalement diverger. Roy Cohn*, un de ces aventuriers arrivistes sachant se glisser sur le devant de la scène historique, reçut une bonne éducation très conformiste. « Mes parents ont toujours veillé à ce que je bénéficie d'une enfance "normale" [11] » : vacances à la campagne ; appartement sur Park Avenue ; scolarité à Horace Mann** ; études de droit à Columbia. Enfant unique, Cohn vécut et voyagea jusqu'à quarante ans avec sa mère Muddy, jusqu'à la mort de celle-ci. Cette mère pleine de sollicitude et d'attentions veilla jusqu'au bout sur ce fils qu'elle appelait « l'enfant ». Elle désirait un enfant « normal », et ce fut un fameux gâchis.

La mère d'Hannah Arendt, elle aussi, était pleine de sollicitude et d'attentions, tenant un journal quotidien d'observations et de réflexions sur le comportement d'Hannah, de la naissance à l'adolescence. Elle veilla à ce qu'Hannah ne se tienne pas debout trop tôt ou agite ses jambes trop librement, en l'emmitouflant comme c'était l'usage dans un *wickelteppich,* le plaid qui l'enveloppait. On peut vraiment dire qu'elle fit l'éducation de sa fille.

---

* L'homme de loi qui poussa aux faux témoignages dans l'affaire Rosenberg. (*N.d.T.*)

** Célèbre école privée de New York où la bourgeoisie envoie ses enfants. (*N.d.T.*)

Deux mères extrêmement attentionnées, voulant prouver le meilleur à leur enfant : cela donna chez Cohn une personnalité cruelle, vaine et amorale, quand Hannah Arendt devint une des grandes philosophes et moralistes de sa génération, l'amie de Karl Jaspers, l'amour de Martin Heidegger ; elle resta cette enfant « rayonnante » ayant le « le génie de l'amitié », défendant « l'amour du prochain », le thème central de sa pensée [12].

Il y a aussi la mère négligente. « Ma mère avait l'habitude de mettre un coussin par terre, de me donner un jouet et simplement de me laisser là », raconte Barbara McClintock. Plus tard, la mère débordée envoya sa fille vivre chez des parents qui habitaient un autre État [13]. La mère d'Edna St. Vincent Millay* était infirmière. elle retira brutalement sa fille du lycée après une querelle avec le principal. Edna était une excellente élève entourée d'amis, mais dut désormais rester seule toute la journée à la maison, et parfois la nuit quand sa mère travaillait [14]. Tina Turner raconte : « Ni ma mère ni mon père ne m'ont jamais aimée [...] *Aliénation, rejet* – je ne connaissais pas alors ces mots. Je savais juste que je ne pouvais pas communiquer avec ma mère [...] C'est ainsi que je débutai dans la vie. Je n'avais personne, rien sur quoi m'appuyer, et c'est la vie... qui me montra ce que je devais faire [15]. »

Pour être négligés par leur mère, ces enfants ne furent pas abandonnés par leur daimon qui leur donna une véritable assise. Car Barbara McClintock et Edna Millay avaient besoin de solitude pour réaliser leur vocation, et Tina Turner d'être laissée à elle-même pour découvrir la sienne. Leurs akènes jetèrent manifestement leur dévolu sur des mères peu attentionnées pour fournir à ces petites filles l'environnement qu'il leur fallait.

Le personnage dont on raconte la vie peut recevoir le soutien de sa mère (Casals, Wright, Roosevelt) ou s'opposer à elle (Lukács, Diane Arbus, Stravinski), ou encore être négligé par elle (Barbara McClintock, Edna Millay, Tina Turner). Dans tous les cas les biographes ont tendance à prêter à la Mère une grandeur mythique, confondant les pouvoirs de l'archétype avec ceux de l'akène individuelle.

---

* Célèbre poétesse américaine née à la fin du siècle dernier. (*N.d.T.*)

DÉMYTHIFIER LES PARENTS

L'illusion parentale tient beaucoup à l'idée que l'on se fait d'une causalité unilatérale, du haut vers le bas, du plus grand au plus petit, du plus vieux au plus jeune, de celui qui a de l'expérience à celui qui n'en a pas. L'évolution sociale a bouleversé le schéma traditionnel de la maternité. De la même façon, la découverte qu'il n'y a pas de causalité verticale au sein de la famille ébranle le mythe maternel.

Autre histoire de référence : il s'agit cette fois du comportement d'une famille de singes rhésus vivant sur une île japonaise déserte, confrontée aux patates douces que les chercheurs ont laissées sur la plage.

> *Imo recracha le sable qui collait à la patate douce, trempa celle-ci dans la mer, et la frotta vigoureusement de sa main libre. Elle mangea la patate douce nettoyée et en apprécia le goût salé. Tout près, Nimby la regardait faire. Cette dernière plongea à son tour sa patate dans la mer. Elle n'enleva pas tout le sable, mais la patate avait meilleur goût. Les deux compagnes de jeux donnèrent l'exemple aux autres ; très vite les singes de leur âge, mâles et femelles, prirent l'habitude de laver leurs patates. La mère d'Imo comprit également la leçon, et bientôt c'est elle qui transmit le savoir-faire aux plus jeunes sœurs et frères d'Imo. Mais le père d'Imo, en dépit de sa réputation de dur et de chef incontesté, se révéla trop entêté pour adopter la nouvelle méthode* [16].

Le chercheur David Rowe veut montrer que l'innovation et la transmission des idées se font de différentes façons : dans la famille, horizontalement (au sein de la fratrie) comme verticalement, mais dans les deux sens, d'enfant à mère et de mère à enfant ; en dehors de la famille, les jeunes singes apprennent les uns des autres. Enfin, certains – les vieux mâles – semblent rétifs à l'apprentissage, du moins quand il s'agit de laver des patates.

Mais il n'a pas posé la question décisive : qui a donné l'idée à Imo ? Comment en est-elle venue à laver cette première patate ? Qu'est-ce qui lui a soufflé ce comportement précis ? Son daimon, évidemment – qui inspira toute l'affaire mais fit aussi en sorte qu'on la raconte largement. Grâce à cette histoire, le genius d'Imo continue de nous donner une leçon, à vous et à moi. Oui, les animaux ont eux aussi un ange gardien. Si loin que nous puissions remonter dans l'histoire de la civilisation, nous trouvons presque partout la croyance que les animaux ont été nos premiers professeurs. L'ébauche de notre langage, nos danses, nos rituels, notre connaissance de ce que nous pouvions manger ou pas, tout notre comportement s'est calqué sur le leur.

L'idée d'une causalité unilatérale, en particulier que la mère serait le facteur primordial et déterminant du destin de l'enfant, a aussi une autre origine. Diane Eyer appelle le lien affectif mère-enfant (qui donne son titre à son livre) « une fiction scientifique » (le sous-titre).

> *Ce lien, en fait, relève autant de la construction idéologique que de l'observation scientifique. Il est plus spécifiquement le produit de ce dogme qui considère la mère comme le principal architecte de la vie de ses enfants et la responsable de tout ce qui leur arrive, dans leur enfance comme dans leur vie adulte.*

Diane Eyer ajoute un peu plus loin : « J'aimerais plaider l'impossible – qu'on renonce à utiliser ces mots [liens affectifs]... [ce qui] nous forcerait à remarquer que les enfants ne sont pas simplement de la pâte à modeler entre nos mains. Ils naissent chacun avec une personnalité et des aptitudes différentes. » La « fiction scientifique » de Diane Eyer correspond à ce que j'appelle la « mystification parentale » ; son idée que chaque enfant jouit « d'une personnalité et d'aptitudes différentes » rejoint ma vision d'akènes différentes et uniques en leur genre. Nos vies sont loin d'être façonnées par nos seuls parents :

> *Les enfants sont profondément influencés par les différents individus qu'ils côtoient, le mode d'alimentation, la musique, la télévision, par ce qu'ils espèrent du monde des adultes [...] Les relations intellectuelles ou affectives se nouent au travers des soins quotidiens, mais aussi par le jeu, la musique et l'art,*

l'apprentissage scolaire ; elles peuvent même s'établir à distance. L'éducation de nos enfants se fait à de multiples niveaux divers et variés[17].

On pourrait allonger la liste dressée par Diane Eyer, et y inclure les élans spirituels et religieux survenant spontanément chez l'enfant, dont Robert Coles fait le récit détaillé. Il faudrait également y inclure l'univers de la maison où vit l'enfant, la rue, les bruits de la rue, les valeurs qu'on enseigne à l'enfant, les explications qu'on lui donne, les forces invisibles de la nature. Toutes choses n'apportant pas seulement des connaissances et des stimulations, mais qui posent également la question de la signification du monde, à laquelle chaque enfant doit apporter une réponse. Que certains y répondent de façon inattendue, ou pas du tout, ne peut être sérieusement mis au compte d'une perturbation du lien familial. Pour nous tous, enfants ou adultes, il est une question qui prend le pas sur toutes les autres : comment trouver sa place dans le monde ? Comment puis-je trouver ma voie au milieu de tant de sollicitations ? Qu'est-ce qui aide à prendre racine ?

L'illusion parentale n'est d'aucun secours. Elle nous éloigne de l'akène et nous ramène à papa et maman qui, même disparus, continuent de ce fait à peser sur nous. Ils sont alors cause de tout et nous-mêmes ne sommes qu'une conséquence, un simple résultat. Le culte du héros individualiste n'empêche pas l'Amérique de s'accrocher à une psychologie qui fonde le développement individuel sur l'influence maternelle : je ne suis pour l'essentiel que le résultat de ce qu'ont été mes parents, donc une victime du passé et des marques indélébiles qu'il a laissées. Psychologiquement, notre nation semble toujours vouloir soigner les blessures du passé. Mais nous ne guérirons qu'en nous délestant du mythe maternel. Car nous sommes moins les victimes des parents que de l'idéologie parentale ; moins les victimes désignées de la toute-puissance maternelle que de la théorie qui lui prête cette toute-puissance.

C'est le livre célèbre de John Bowlby, *Child Care and the Growth of Love* (« Soigner et aimer son enfant »), qui a imposé cette théorie. On y entend la voix de la Mère, dans toute sa splendeur. Malheur et damnation nous sont promis si, faute de croire au dogme, nous n'honorons pas assez les pouvoirs de l'archétype maternel.

> *On a désormais la preuve incontestable de cette proposition générale : la privation des soins maternels peut affecter gravement et longtemps la personnalité d'un jeune enfant et par la suite toute son existence. Les conséquences à long terme de cette carence sont à leur façon tout aussi redoutables que celles de la rubéole chez la femme enceinte ou du manque de vitamine D durant la petite enfance* [18].

En réalité, ce n'est pas votre mère qui domine votre vie d'adulte, mais l'idéologie qui proclame que le sort de chacun se joue à la naissance et après, dans les événements qui suivent et leur effet cumulatif, autant de facteurs qui expliqueraient ce que vous êtes et ce que vous ferez de vos propres enfants. Vous seriez ainsi directement responsable de leurs malheurs, frustrations et échecs, voire de leurs crimes ou leur folie. Cette idéologie qui culpabilise la mère place la femme comme l'enfant dans une situation sans issue. La critique caustique de Diane Eyer a démonté ce mécanisme idéologique. Mais sa critique n'est pas négative. Comme la mienne, son objectif vise à dissiper l'erreur qui consiste à faire d'un simple lien affectif une véritable chaîne. « L'erreur », dit David Rowe,

> *est de croire que la nature humaine se forge pendant les quatorze brèves années consacrées à l'éducation, alors qu'elle est façonnée par toute l'évolution de l'humanité, son histoire et sa culture. Pour dire les choses plus concrètement, les traditions culturelles peuvent être transmises par d'autres voies que la famille nucléaire telle qu'on l'idéalise. Les adolescents qui adhérèrent avec enthousiasme aux Jeunesses nazies avant la Seconde Guerre mondiale ne prenaient pas leur revanche sur une petite enfance malheureuse ; en fait, leur famille appartenait à la classe moyenne aisée et leur accordait toute l'affection voulue. Si un bouleversement culturel peut transformer en quelques années la jeunesse d'une nation, pourquoi s'acharner à exagérer le rôle de l'enfance* [19] ?

L'accent mis sur les parents, en particulier sur la mère, au détriment de toutes les autres réalités – la société, l'environnement, l'économie –, montre qu'on risque de perdre tout bon sens à vouloir propager le culte d'un archétype. Diane Eyer remarque que des auteurs qui font mondialement autorité sur la question du « maternage » (Bowlby et T. Berry Brazelton) attribuent les regards vides, la lassitude et la tristesse des jeunes enfants cambodgiens ou des petits Européens au lendemain de la Seconde Guerre mondiale, à la perte de leur mère ou à des dégradations de la relation mère-enfant, sans tenir compte des horreurs et des atrocités dont ont été témoins ces mères et ces enfants. Auraient-ils eu la meilleure des sécurités affectives, avec la mère qu'il fallait, que les ravages de la guerre, du génocide et du désespoir n'auraient-ils pas affecté les mêmes enfants ? Encore une fois, l'archétype mythique de la mère omniprésente et possessive masque le monde réel où les souffrances sont collectives. Les observateurs scientifiques eux-mêmes sont aveuglés par le mythe de la mère dont le dogme est peut-être rassurant, mais ô combien étouffant.

Mary Watkins observe finement que les grands théoriciens de la psychologie – D.W. Winnicott, Melanie Klein, René Spitz, John Bowlby, Anna Freud –, qui ont fait de la relation mère-enfant *le* facteur déterminant de l'existence, ont tous élaboré leur théorie pendant que les bombes tombaient sur l'Angleterre, ou juste avant ou après la Seconde Guerre mondiale. Il est habituel de trouver refuge près de sa mère en cas de danger, mais la « science » psychanalytique est-elle contrainte, elle aussi, de se cacher dans les jupes maternelles ?

Quand Diane Eyer remarque que les enfants sont « profondément influencés [...] par l'espoir qu'ils mettent dans le monde des adultes », elle donne peut-être une des clefs du désarroi de l'enfant et de ses troubles du comportement. Quels espoirs les enfants peuvent-ils mettre dans le monde des adultes ? Il est plus facile de mettre ses espérances en un enfant et son avenir que de trouver une raison d'espérer dans ce monde. Les peuples primitifs et les communautés tribales offraient à leurs enfants constance et continuité dans le temps. Les déplacements saisonniers et les errances des nomades n'ébranlaient pas les fondations de leur univers. Les mythes rendaient la vie vivable, et le concept d'espoir n'existait même pas dans l'univers primitif. L'espoir est entré dans l'histoire, et a pénétré notre psychologie, quand la confiance dans la continuité s'est évanouie.

Notre mythe principal est apocalyptique, comme le décrit l'évangile selon saint Jean, le dernier livre du Nouveau Testament, et nos enfants vivent et agissent aujourd'hui dans un contexte de catastrophes [20]. Le nombre de suicides d'enfants s'élève évidemment d'une façon ahurissante. Combien il doit être difficile pour un enfant de voir son étoile se lever sur un champ de ruines, là où les relations humaines sont bien impuissantes à faire oublier l'épuisement, l'anéantissement et les morts. Tout cela n'est pas du ressort de l'homme, dit l'Apocalypse. Le seul espoir, à en croire l'orthodoxie chrétienne, réside dans la rédemption divine qui pourrait offrir une seconde chance. Mais, face à la menace de science-fiction d'un Armageddon de dimension cosmique, quand le monde entier, parents compris, se trouve au bord du gouffre, on ne trouve rien de mieux que d'avoir recours à une psychologie de science-fiction qui réduit le désastre de l'enfance dévastée à une simple carence de la relation parents-enfant.

L'ABSENCE DU PÈRE

« Papa ! Tu es rentré ? Il y a quelqu'un ? » Non. Papa déjeune dehors. Et c'est normal, dirais-je. Sa place n'est pas au foyer – je m'en explique plus loin – car son rôle majeur dans la famille, c'est de maintenir la relation avec l'extérieur.

Dans les feuilletons télévisés et les flashes publicitaires, Papa est toujours un peu grotesque. Il n'est jamais tout à fait dans le coup, la tête ailleurs. Ceux qui se penchent sur le rôle du père dans la société actuelle déplorent qu'on lui donne délibérément un rôle ridicule et désuet et expliquent qu'on affaiblit ainsi l'autorité paternelle afin d'égaliser les rapports entre les sexes, et d'effacer la relation hiérarchique entre le père et ses enfants. C'est pourquoi l'on montre des femmes ayant plus d'esprit pratique que leur mari, sachant mieux raisonner, et des enfants faisant preuve de plus de bon sens que leur père. Même si c'est un brave gars, Papa n'est pas très malin.

Je dirais, quant à moi, qu'on n'assiste pas forcément à une évolution des conventions sociales et à l'affaiblissement du patriarcat. La comédie qui se joue à la télévision est plus subtile et n'est pas dénuée de fondement. Sans doute la vraie tâche de Papa *n'est-elle pas* de tout connaître sur le café, la lessive, le dentifrice ou les dilemmes des amours adolescentes, et sans doute sa stupidité montre-t-elle que ce n'est pas là son monde à lui. Son monde ne s'inscrit pas dans ce cadre, il est hors scène, ailleurs et invisible. Le père doit garder un pied dans l'autre sphère, prêter l'oreille à un autre message. Il ne doit pas perdre de vue sa propre vocation, oublier ses obligations envers ce qu'on attend de lui et l'image qu'il incarne.

Bien sûr, cette obligation ne pèse pas que sur les hommes ; mais c'est de l'« absence » des hommes dont on parle. Aussi, même si on peut à bon droit accuser beaucoup de pères de déserter le foyer, de ne penser qu'à leur travail, de négliger leurs proches, de ne pas payer la pension de leurs enfants, de juger bon que les tâches familiales reposent sur la femme, et de se comporter en patriarche, notre devoir de psychologue est d'examiner le sens de cette absence en passant outre aux reproches habituels.

Cela fait des siècles que les pères s'absentent : ils sont à la guerre, sur les mers lointaines, ils gardent le troupeau, ils voyagent, ils sont trappeurs, prospecteurs, messagers, prisonniers, recherchent du travail, sont trafiquants d'esclaves, pirates, missionnaires, travailleurs émigrés. Jadis, la semaine de travail était de soixante-douze heures. Le concept de « paternité » présente des traits fort différents selon le pays, la classe sociale, la profession, l'époque[21]. Il n'y a qu'aujourd'hui que l'on considère cette absence comme honteuse, voire criminelle et génératrice de criminels. L'absence du père, élevée au rang de fléau social, est une des bêtes noires de cette époque où l'on recherche remède à tout, où la médecine, la psychothérapie, les programmes sociaux essaient de rafistoler ce que nous ne comprenons pas.

Le stéréotype actuel du père – l'homme qui travaille au-dehors, revient le soir, fait rentrer l'argent, partage la vie familiale, s'occupe des enfants et leur consacre du temps – constitue l'autre fantasme de l'illusion parentale. Cette image est bien loin d'être justifiée par les statistiques. En 1993, très peu de familles américaines correspondaient au modèle du père gagnant le pain de la famille avec la mère au foyer et leurs deux enfants. L'immense majorité vit très différemment. Dans la plupart des cas, le père ne correspond *pas* à cette image, pas plus que la mère. Si par « valeurs de la famille » on entend des parents unis vivant sous un même toit avec leurs enfants, ces valeurs n'ont rien à voir avec la vie réelle des Américains.

Plutôt que de déplorer l'absence du père et du même coup alourdir la charge qui pèse sur les épaules de la mère, du tuteur, de l'école, de la police et des contribuables, demandons-nous où se trouve le père quand il « n'est pas à la maison ». S'il est absent, c'est que sa présence est nécessaire ailleurs. Qu'est-ce qui l'appelle donc au-dehors ?

Voici la réponse de Rilke :

> *Parfois un homme quitte soudain la table,*
> *sort, et se met en marche*
> *pour rejoindre une église quelque part en Orient.*
> *Et ses enfants prient pour lui, comme s'il était mort.*
>
> *Et quand cet autre homme, resté au foyer,*
> *meurt là, au milieu de la vaisselle,*
> *ce sont ses enfants qui doivent partir au loin*
> *Vers cette même église qu'il avait oubliée* [22].

Voilà comment Rilke explique l'absence du père. Quant à sa présence, parlons-en : pourquoi cette colère et cette haine ? Pourquoi le père se montre-t-il brutal et malfaisant, et détruit-il la famille ? À quoi rime cette rage ?

Est-ce vraiment son épouse qu'il se met à détester, ses enfants qu'il veut frapper, parce que personne ne fait ce qu'il dit ou qu'ils lui coûtent trop cher ? Ou n'y aurait-il pas un autre élément d'explication, moins personnel et plus diabolique, qui le possède et ne lui laisse aucun répit ?

J'en suis venu à la conviction que la mystification parentale, en s'imposant à l'esprit du père, a déchaîné la révolte du daimon qui se transforme dès lors en démon. C'est la revanche de l'homme qui s'est fait piéger par le concept américain de paternité, par cette morale qui lui commande d'être ce brave type qui aime Disneyland, et ne vit plus que pour la nourriture des gosses, leurs gadgets, leurs opinions et leurs plaisanteries.

Ce modèle en carton pâte n'a plus rien à voir avec l'image qu'il porte en son cœur à peine entrevue depuis son enfance et que ce livre voudrait réhabiliter. C'est une injure faite à son daimon. L'homme qui a perdu son ange gardien devient démon ; l'absence, la colère et la prostration ne sont jamais que les symptômes d'une âme privée de sa vocation. Les accès de rage ou d'apathie paternels, les allergies et les troubles du comportement de l'enfant, l'humeur dépressive, l'amertume et le ressentiment de la mère, font partie du même syndrome pathologique. Ce n'est pas « le système familial » qui est malade, mais ce système économique absurde dont l'escroquerie consiste à substituer la quantité à la qualité spirituelle, à vouloir « plus » quand il faudrait viser « au-delà ».

C'est ainsi que l'absentéisme physique, moral, spirituel, du père est une façon de s'évader de la cage du conformisme américain. L'ange voudrait pouvoir déployer ses ailes. Mais, faute d'inspiration, reste la violence irraisonnée. Faute d'idéal, restent les fantasmes, les aspirations factices sans ancrage dans la réalité. Présent physiquement mais l'esprit ailleurs, le père demeure affalé sur le canapé, honteux de ne pouvoir réaliser les potentialités de son âme. Il lui prend des envies de subversion, mais il lui faut refouler son agressivité et ses folles aspirations. Résultat : il se réfugie dans le travail, l'argent, la boisson, les diversions en tout genre, les informations télévisées, et sa vie d'homme adulte se consume à donner aux enfants les moyens de consommer eux-mêmes toujours davantage, pour ce qu'on croit être leur bonheur.

Vouloir que son enfant soit « heureux » ! Ce fantasme de notre époque qu'on ignorait jadis, qu'on ignore ailleurs. Un enfant travailleur, utile, malléable, en bonne santé, obéissant, bien élevé, qui se tient tranquille, qui craint Dieu, certes. Un enfant distrayant, pourquoi pas. Mais aujourd'hui les parents veulent non seulement fournir des chaussures, des manuels scolaires et des vacances en caravane à leurs enfants, mais se font un devoir de leur apporter le bonheur. Mais comment dispenser le bonheur quand on n'est pas heureux soi-même ? Chez les Grecs de l'Antiquité, bonheur se disait *eudaimonia*, littéralement le contentement du daimon. Autrement dit, seul le daimon qui reçoit toute l'attention qui lui est due peut faire le bonheur d'une âme d'enfant. Oui, j'affirme que le meilleur moyen de contribuer à la félicité d'un enfant est de commencer par prendre « soin de notre âme ».

Vouloir le bien-être spirituel de l'enfant avant votre propre accomplissement moral, c'est tourner le dos à votre akène. Vous faites de l'enfant un substitut. Vous reportez votre vocation sur lui et personne n'est content. Votre daimon se plaint d'être délaissé, et votre enfant n'apprécie pas qu'on le réduise à une effigie de vous-même. L'enfant, pas plus que les démons d'une mère, ne peut remplacer le daimon.

Des années de travail clinique à l'écoute des patients m'ont appris qu'on finit par en vouloir à l'enfant qu'on investit de son propre daimon, et même à le haïr, en dépit des meilleures intentions du monde. Le brillant romancier satirique Michael Ventura, écrit que les Américains haïssent leurs enfants[23]. La remarque semble incongrue. Quelle civilisation, dans le passé, a jamais eu cette puérilité de langage, de sentiments, de pensée, a autant pratiqué le culte de l'enfance ? Et aujourd'hui quel peuple revendique autant la sauvegarde de l'enfance, consacre des sommes comparables aux soins des prématurés, aux transplants chirurgicaux chez les tout petits, se mobilise autant pour la défense des droits du fœtus ? En fait, tout cela masque des carences épouvantables.

Ouvrons simplement les yeux. Sur 57 millions d'enfants (de moins de quinze ans) vivant aux États-Unis, plus de 14 millions sont au-dessous du niveau officiel de pauvreté. Les États-Unis viennent après l'Iran et la Roumanie pour le pourcentage de bébés qui naissent avec un poids inférieur à la normale. Un enfant sur six est celui de parents divorcés ou séparés, un demi-million ont pour « foyer » un orphelinat, un centre ou une famille d'accueil. Le suicide fait plus de victimes parmi les enfants et les adolescents que le cancer, le sida, les malformations congénitales, la grippe, les maladies de cœur et la pneumonie réunis. Un million d'enfants, pour le moins, rentrent à la maison avant leurs parents et ont accès aux armes à feu qui y traînent[24].

Et encore ne s'agit-il là que des enfants recensés par la statistique. Il faut y ajouter ceux de toutes origines sociales suivis pour troubles de l'attention, hyperactivité, obésité, agressivité, boulimie, dépression, grossesse, toxicomanie...

Il faut mettre au compte de l'injustice sociale criante de la passivité politique et des jeux du cirque (mais cette fois sans le pain) toute cette détresse enfantine. Mais je prétends que la mystification parentale a sa part de responsabilité. Le désintérêt des parents pour leur propre destin et l'extraordinaire acharnement qu'ils mettent à ne pas s'en soucier sont une façon de trahir leur raison de vivre. Et quand c'est l'enfant qui devient votre raison de vivre, vous avez oublié le sens spirituel de *votre* existence. Et quelle est votre raison d'être, en tant qu'adulte, citoyen, père ou mère ? C'est de bâtir un monde susceptible de recevoir le daimon. C'est de contribuer à une civilisation où le daimon de l'enfant puisse s'épanouir. Voilà la tâche qui échoit aux parents. Et pour que la vocation de l'enfant puisse se réaliser, il faut d'abord remplir la vôtre.

Le père qui n'entend plus la petite voix de son propre genius, obnubilé par le petit enfant qu'il a engendré, ne supporte pas qu'on lui rappelle ce qu'il a négligé. Il ne tolère pas l'idéalisme qui se manifeste spontanément chez l'enfant, ses élans d'enthousiasme, son sens de la justice, la beauté et la pureté de son regard, son attachement aux petites choses et son intérêt pour les grandes. Tout cela est intolérable à l'homme qui a oublié son daimon.

Au lieu d'apprendre de l'enfant, cette preuve vivante des réalités invisibles de l'existence, le père capitule devant ses caprices et l'empêche de prendre place au sein de la civilisation en le confinant au monde des jouets et des poupées. Résultat : une culture de l'enfant-roi mais sans père, avec des enfants détraqués qui manient le pistolet. Et ces enfants dont on vénère l'innocence mais dont on se détourne dès qu'ils nous dérangent en sont réduits à sucer le sang de la vie adulte, à l'exemple de ces vampires qui les fascinent tant.

LES ANCÊTRES

La croyance en l'hégémonie de l'influence parentale me semble parfaitement illustrer cette « inversion du concret » dont parlait le philosophe anglais Alfred North Whitehead. Cette erreur de jugement consiste à ne pas savoir suffisamment distinguer l'« abstrait » du « concret ». C'est ainsi que l'on confond l'archétype parental du mythe cosmogonique, avec les parents en chair et en os. Les mystérieux pouvoirs créateurs attribués aux abstractions figurées par les divinités céleste et terrestre (respectivement dieu et déesse dans la tradition gréco-latine et vice versa dans la mythologie égyptienne) sont attribués au père et à la mère effectifs qui du même coup sont divinisés et prennent des dimensions cosmiques.

Ce transfert de la puissance du couple mythique soutenant l'univers (Zeus et Hera) au couple parental humain constitue le « roman familial » dont parlait Freud. Nos liens parentaux nous font ou nous brisent. On croit subir l'influence des parents et non celle du mythe auquel ils se sont substitués. En magnifiant le monde parental, on perd les parents du monde et le monde lui-même. Car le monde lui aussi nous forme, nous éduque, nous dispense ses enseignements.

Au bord du désastre écologique, notre civilisation prend aujourd'hui conscience de l'importance de l'environnement. Or le premier pas vers la nature consiste à échapper au monde familial pour affronter le monde lui-même, autrement plus vaste. Tout ce qui nous entoure fait fonction de parents, si la tâche des parents consiste à veiller sur nous, à nous instruire, nous encourager et nous punir. Croyez-vous vraiment que les humains ont inventé la roue, le feu, les paniers et les outils grâce à leur seul gros cerveau ? Les pierres savaient rouler sur les pentes des collines ; le feu venait du ciel ou sortait de terre ; les oiseaux savaient tisser, fouiller la terre, concasser des cailloux, tout comme les singes et les éléphants. C'est la nature qui a enseigné aux hommes la façon de s'y prendre pour la maîtriser.

Plus nous exagérons le rôle des parents, plus nous les dotons de pouvoirs mythiques, moins nous remarquons le rôle éducateur de tout ce qui nous entoure. L'école psychologique fondée par J. J. Gibson à Cornell University a vu juste en affirmant que le monde fournit le vivre et le couvert, mais aussi l'aventure et les plaisirs. Le monde s'exprime plus par les verbes que par les substantifs. Il n'est pas simplement constitué d'objets et de choses ; il fourmille d'occasions à saisir, d'occasions de jouer, d'explorer. Le loriot ne voit pas la branche, mais la possibilité de se percher dessus ; le chat ne voit pas la boîte vide mais une cachette où il peut se mettre à l'affût. L'ours ne voit pas un rayon de miel, mais la perspective d'un délicieux repas. Le monde ne s'absente jamais. Il bruit et rayonne d'informations toujours disponibles.

Les enfants, tout particulièrement, voient bien que la nature offre toutes sortes d'occasions de se former et de s'éduquer. Selon les observations d'Edith Cobb, qui fut une merveilleuse pionnière en matière d'écologie, l'imagination des enfants dépend totalement de leur contact avec l'environnement[25]. L'imagination ne se forge pas toute seule au sein de la famille, même pas grâce aux contes et aux histoires que racontent les parents. Les enfants sont « naturellement » chez eux dans le monde ; le monde les invite à s'y intégrer et à y prendre racine. Et il ne s'agit pas là d'invoquer Jean-Jacques Rousseau, Friedrich Froebel (le créateur des jardins d'enfants) ou Alice Miller – car je ne dis pas que les enfants sont naturellement bons ou intègres, mais seulement que leur imagination et leur esprit se nourrissent aussi du lait de la nature. Ce qui signifie que les enfants perturbés n'ont pas tant besoin d'attentions supplémentaires de la part des parents, mais qu'ils gagneraient plutôt à ce que ces derniers s'effacent afin de leur permettre d'avoir confiance dans le monde physique réel et d'en tirer du plaisir.

Plus je crois tenir de mes parents, moins je prends conscience des influences dominantes autour de moi. Moins je ressens l'importance que le monde qui m'entoure peut avoir sur le cours de mon existence. Ce n'est pas un hasard si les récits biographiques commencent par une description des lieux où le héros a vécu. Le point de départ d'une personnalité est donné par la géographie. Dès que le daimon entre dans une existence, il pénètre un environnement précis. Nous sacrifions à l'écologie dès le premier jour.

Quant au désastre écologique que nous redoutons, il se déroule déjà sous nos yeux. Le désastre, c'est de se couper du monde en s'accrochant au mythe parental, de croire qu'on doit moins à ce qui nous entoure qu'à la famille. Car non seulement la mystification parentale nuit à la conscience de soi, mais elle annihile le monde.

Les bonnes intentions seront vaines tant que cette illusion ne sera pas dissipée. Le militantisme antiraciste et écologiste, humanitaire, l'observation des oiseaux ou des baleines, seront impuissants à nous rattacher au monde. Il nous faut procéder au préalable à une conversion psychologique, faire le saut, oublier le nid familial et faire confiance au monde.

La psychothérapie ne fait qu'aggraver les choses en rendant la famille responsable des troubles du développement. Elle détourne le patient de tout ce qui pourrait le rassurer et l'instruire. Vers quoi l'âme en peine se tourne-t-elle, quand elle n'a pas de psychanalyste à portée de main ? Vers les arbres, le bord de l'eau, l'animal de compagnie ; elle se plaît à errer dans les rues de la cité, à se perdre dans le ciel étoilé. Il suffit parfois de regarder par la fenêtre, de faire bouillir l'eau pour le thé, d'inspirer, d'expirer profondément, de se laisser aller, pour que quelque chose arrive de l'au-delà. Notre daimon, préférant la mélancolie au désespoir, semble alors apaisé. Le contact est établi.

« L'environnement favorable », dont parle D. W. Winnicott (le sympathique pédiatre sudiste, théoricien d'une thérapie raisonnable), dont les « bons » parents ne sauraient se passer, n'est rien d'autre que l'environnement *réel*, celui précisément qu'on ignore et qui du même coup fait peur. En laissant le monde extérieur en dehors de ses constructions théoriques, la psychologie s'en fait une idée objective, froide, indifférente, voire hostile. La thérapie devient un refuge, un rempart, et le cabinet de consultation un sanctuaire. Elle projette sur le monde la théorie qu'elle a inventée, celle de la mauvaise mère, de la mère castratrice. Nous revenons au monde naturel tel que le concevait Descartes il y a quatre siècles, une pure *res extensa*, une étendue de matière sans âme, inhospitalière, mécanique, voire malfaisante.

Bien sûr, le monde extérieur possède des démons qu'il faut conjurer. Le danger est omniprésent. Mais, au-delà du seuil, il n'y a pas que des microbes, des araignées et des sables mouvants dans les fourrés, il y a aussi l'âme des ancêtres. Or nous avons fait notre deuil des ancêtres de la même façon que nous avons trouvé des substituts aux divinités cosmogoniques. Les parents les ont engloutis.

Le récit biographique, comme l'histoire d'un cas, prend toujours pour point de départ les parents et le lieu de naissance. Il remonte parfois des deux parents aux quatre grands-parents, tout au plus aux huit arrière-grands-parents. La plupart du temps la généalogie ne remonte qu'à la mère et au père, parfois uniquement à la mère – puisque le père est toujours absent !

La notion d'ancêtres doit passer à travers le filtre parental. Non contents d'avoir été divinisés et de commander à notre ciel et notre terre personnels, les parents ont également accaparé le rôle traditionnellement dévolu aux ancêtres invisibles dont on honorait les mânes en échange de leur protection. « Ancêtre », aujourd'hui, cela évoque la filiation chromosomique ; mes ancêtres sont les êtres humains qui m'ont légué ma conformation biologique. La biogénétique a remplacé le monde spirituel.

Dans d'autres civilisations, un ancêtre peut être un arbre, un animal, un poisson, un membre de la communauté des morts, un esprit apparu en rêve, un lieu particulièrement inquiétant. Autant d'« ancêtres » à qui l'on construit un autel et un foyer, loin de chez soi. Les ancêtres n'ont pas forcément forme humaine et ne sont pas particulièrement choisis dans la généalogie de la famille. Seul un membre suffisamment digne, sage et puissant de la famille naturelle (elle-même pas toujours bien définie), disons un grand-parent, un oncle ou une tante, peut devenir un ancêtre au sens d'esprit protecteur. Pour être un ancêtre vous n'avez pas besoin d'être mort, mais vous devez connaître le monde des morts – c'est-à-dire le monde invisible ainsi que les instants et les lieux où il entre en contact avec les vivants.

En tant que membres de la communauté des esprits, les ancêtres ont affaire aux autres esprits et à tout ce qui entretient un rapport avec eux, lieux, environnement, image, et daimon qui veille sur votre santé et vous voit tel que vous êtes. Quand votre colère éclate sans raison, que vous vous sentez sans force et impuissant ou que vous devenez querelleur et mesquin, des ancêtres spécifiques peuvent être appelés à la rescousse pour écarter les mauvaises influences et remettre les choses en ordre. Aucun de ces écarts de comportement n'est attribué à vos parents. Quels que soient vos troubles ou vos difficultés, leur cause est à chercher ailleurs : un sort vous a été jeté ; un tabou brisé ; des rituels violés ; le responsable peut être un lieu, une rivière, une atmosphère maléfique ; un ennemi éloigné, une divinité en colère ; un manque de respect, une vieille offense. Mais jamais, au grand jamais, la raison de vos états d'âme ne pourrait être attribuée au comportement de votre mère ou de votre père envers vous quelque trente ans auparavant. Ils se sont contentés d'être les médiateurs de votre intégration dans la communauté et n'ont fait qu'accomplir les rites indispensables à l'intronisation de votre âme.

À défaut d'invoquer les ancêtres, on invoque l'influence des parents. Nous prenons au pied de la lettre le commandement « Tu honoreras ton père et ta mère », qui exige de nous respect et bonté. Mais n'oublions pas que le cinquième commandement, comme ceux qui le précèdent, avait pour but d'éliminer toutes traces du polythéisme païen, pour qui l'adoration des ancêtres était essentielle. Le texte dit clairement que lesdits « parents » ne sont pas exclusivement le père et la mère qui nous sont familiers. Dotés de pouvoirs énormes, ils doivent être honorés comme les garants du destin, « de façon que ta vie soit longue et que ton séjour soit heureux sur cette terre que le Seigneur ton Dieu t'a donnée » (Deut. 5,16). À l'instar des esprits des ancêtres, il s'agit des esprits naturels de cette terre, qui accordent protection, longue vie et portent chance. Ce commandement fut à l'origine de la mystification parentale et de sa pérennité. Le monde originel de l'esprit était réduit aux effigies trop humaines des individus faits de chair et de sang.

Il a fallu des siècles à la religion officielle pour détruire l'archaïque et splendide galerie des ancêtres. Nous appelons cela la civilisation. On a rétréci Gaia et Uranus, Geb et Nut, Bor et Bestla aux dimensions mesquines de papa et maman, qui ne règnent plus sur les cieux, mais tout au plus juste au-dessus de notre activité quotidienne. Notre horizon s'étant réduit à leurs dimensions, nous avons préféré les magnifier à la mesure des dieux qu'ils ont remplacés. Mais, pour leur conférer le pouvoir magique d'influencer le cours intime de notre existence, nous n'en avons pas moins réduit nos rituels au minimum : nous courons les grands magasins une fois par an pour le cadeau traditionnel, prenons de leurs nouvelles de temps en temps, et consentons à leur passer quelques coups de fil.

« Honore ton père et ta mère », certes. Mais ne les identifie pas aux dieux créateurs et vengeurs, ni aux mânes des ancêtres. Il n'est pas facile d'« élucider » la « question parentale » car il ne s'agit pas simplement d'une erreur de logique et de jugement, ni d'un pas difficile à franchir dans le processus thérapeutique devant mener le patient à prendre conscience de lui-même. Démystifier l'illusion parentale ressemble davantage à une conversion religieuse – il nous faut rejeter athéisme, personnalisme, monothéisme, théories du développement et croyances en la causalité. Cela implique de renouer avec les vieilles puissances invisibles et de s'aventurer d'un pas confiant au sein d'un monde riche en influences de toutes sortes. La « religion, dit aussi Whitehead, c'est être fidèle au monde [26] ». Cela implique sans doute qu'on fasse quelque infidélité à l'un de nos préjugés sociaux les plus chers et les mieux entretenus par la pratique thérapeutique : la croyance en la toute-puissance parentale.

4

L'invisible revisité

L'akène ne se laisse pas voir, même sous microscope. Il nous faut donc postuler la réalité de cet être invisible. Et, pour en apprendre davantage sur son compte, il faut en savoir plus sur la nature même de l'invisible. Une notion qui a de quoi plonger dans la plus profonde perplexité la psychologie et le bon sens, pour lesquels tout ce qui existe doit pouvoir être quantifiable, donc mesurable. Puisque l'image du destin que nous portons à jamais gravée dans le cœur existe bien, et peut même se manifester avec force, qu'à cela ne tienne : quelles en sont les dimensions ! La psychologie expérimentale, après un siècle de recherches infructueuses, a renoncé à localiser le siège de l'âme. Cela ne l'empêche pas de mettre toujours autant de passion à traquer l'invisible par les méthodes qui s'appliquent au monde visible. Alors, faute d'avoir trouvé le siège de l'âme, elle renonce à l'âme.

Mais il y a d'autres façons d'aborder l'âme et de rendre compte des réalités invisibles qui pèsent sur la destinée humaine. Ainsi cette légende suédoise. Les bûcherons des forêts de conifères de l'extrême nord abattaient les arbres et en débitaient les branches, le plus souvent en solitaires. Ils faisaient une pause pour se réchauffer durant les courtes et froides journées d'hiver. Le café. *Un bruit de branches*... et parfois Huldra apparaissait. C'était une créature exquise, délicate, enchanteresse et irrésistible. Il arrivait qu'un bûcheron laissât tomber la hache et la suivît à son invite dans la forêt. Mais elle se détournait à son approche – et disparaissait. Dès qu'on ne voyait plus le visage souriant de Huldra, il n'y avait plus rien. Sa silhouette vue de dos n'existait pas, à moins qu'elle ne fût invisible. Le bûcheron, attiré au plus profond de la forêt, était incapable de retrouver ses repères familiers, de parvenir à une clairière. Il se perdait et mourait de froid.

LA PENSÉE MYTHIQUE

J'ouvre ce chapitre sur l'allégorie mythique de la sirène – en l'occurrence la nymphe des bois, l'âme des arbres – et de l'homme absorbé par sa tâche, lequel perd tout sens de l'orientation au moment où disparaît l'enchanteresse, et finit par en mourir. On peut interpréter cette fable de différentes manières : comme le symbole de la confrontation homme/femme, de l'éternel féminin, comme une mise en garde contre les pièges de l'imagination, une allégorie matriarcale de la forêt ou encore la revanche des esprits des bois sur l'activité destructrice de l'homme. Mais rien de tout cela n'aborde l'essentiel : l'invisibilité de la silhouette de Huldra qui s'éloigne.

Il y a l'interprétation du conte, et le conte lui-même. Le sujet même des analyses les plus brillantes reste invisible. Les interprétations reposent sur le mythe, mais le mythe lui-même garde son mystère. Car les mythes nous ramènent toujours à l'invisible. Ils montrent un visage enchanteur qui se détourne et s'évanouit pour peu qu'on veuille l'examiner. Il n'y a alors plus rien. Et nous nous perdons dans la forêt.

On peut toujours expliquer la genèse de la pensée mythique : les rêves ; une explication primitive de l'univers et des phénomènes naturels ; la sacralisation de la loi de la tribu par le recours aux puissances supérieures ; les visions et révélations chamaniques ; ou simplement les histoires que les vieilles femmes retransmettent et embellissent lors des veillées au coin du feu ou au chevet des enfants... Mais le mythe lui-même reste insondable, quelle que soit l'explication de son origine.

Les grandes questions philosophiques tournent autour du rapport entre le visible et l'invisible. La pensée religieuse sépare le ciel et la terre, la vie ici-bas et celle de l'au-delà, de la même façon que la pensée philosophique distingue l'esprit de la matière. Les deux creusent un abîme entre le visible et l'invisible. Comment passer d'un monde à l'autre ? Par quels moyens rendre visible l'invisible ? Et inversement ?

Il y a trois passerelles traditionnelles : les mathématiques, la musique et les mythes. Le mysticisme pourrait en être la quatrième. Mais le mysticisme confond le visible et l'invisible et rend tout transparent. Là, plus de séparation, donc plus de problème. Vouloir relier rationnellement les deux mondes ne peut qu'aboutir à les éloigner davantage. C'est pourquoi les mystiques préfèrent contempler les problèmes que les résoudre.

Les équations mathématiques, les notes de musique et les allégories mythiques semblent voyager entre les deux mondes. Elles présentent un visage séduisant qui semble tout dire de ce qu'elles cachent. C'est cette séduction qui donne l'illusion que les mathématiques, la musique et les mythes *sont* le monde invisible. Nous avons tendance à croire que la vérité du monde invisible est mathématique et pourrait se résoudre en une seule équation unifiée de l'univers, et/ou dans l'harmonie musicale des sphères, et/ou dans les créatures et puissances mythiques qui tirent les ficelles du monde visible. Les mathématiques supérieures, la notation musicale et l'image mythique sont les trois modes de transposition du mystère de l'invisible en opérations visibles sur lesquelles il est possible de travailler. Et nous sommes si enchantés de cette transposition que nous prenons ces systèmes pour le mystère lui-même alors qu'ils indiquent seulement la direction dans laquelle il faut chercher. Nous oublions le vieil adage, et confondons une nouvelle fois le doigt qui montre la lune avec la lune elle-même.

Nous supposons que Huldra vue de dos est aussi belle que la face qu'elle a présentée. Quelle est la relation entre ce que nous voyons et ce que nous ne voyons pas ? L'harmonie de son visage est-elle le reflet de ce qui est caché ? Si la beauté exerce un tel attrait, serait-ce parce qu'elle est la meilleure représentation possible de l'invisible ?

La beauté pourrait jeter un pont entre les deux mondes. Mais en sommes-nous si certains ? Qui sait si Huldra vue de dos n'est pas horrible à voir ? Après tout, le bûcheron ne meurt-il pas perdu dans les solitudes glacées ? Les néoplatoniciens [1] ont eu beau définir la beauté comme la présence de l'invisible dans la forme visible et celle du divin dans les choses terrestres, sa nature reste insaisissable. Les définitions qu'on en a données dans le passé ne nous aideront pas dans notre recherche présente. D'ailleurs ces définitions de la beauté nous ramènent toujours aux trois autres passerelles : les proportions mathématiques, l'harmonie des parties constitutives et le rayonnement de la déesse Aphrodite. On se lance à la poursuite de Huldra et l'on se retrouve étrangement au plus profond de la forêt mythique. Il n'y aura pas d'indices familiers permettant de revenir sur ses pas. Les faits ne sont pas du domaine de l'invisible.

Les histoires que nous racontent les mythes ne peuvent être vérifiées par l'Histoire ; dieux et déesses, héros et ennemis sont sculptés dans la pierre, leurs exploits transcrits dans l'argile, mais les a-t-on jamais vus en chair et en os ? Les mythes et leur contenu fabuleux ne sont pas de ce monde, mais du domaine de l'invention et de l'imagination. Ils n'ont besoin d'aucune preuve factuelle pour garder leur vitalité et leur fraîcheur. Ils ne tirent leur force que de l'invisible. « Le mythe est un mélange de vérité et de fantaisie poétique. Ce brouillard d'incertitude appartient à la nature même du mythe », dit Paul Friedlander[2], le spécialiste de Platon. Sans doute Huldra s'évanouissant dans la forêt est-elle la personnification du mythe, sa vérité fondamentale saisie en une image poétique unique.

La vie courante aussi repose sur l'invisible : abstractions de la physique des hautes énergies au cœur de toute la matière visible, palpable et durable qui nous entoure ; principes religieux devant lesquels nous nous agenouillons ; idéaux pour lesquels nous nous battons et mourons ; notions psychologiques décortiquant nos vies conjugales, nos motivations et nos folies. Et le temps : quelqu'un l'aurait-il vu récemment ? Autant de réalités invisibles bien établies quand nous doutons de la réalité du mythe et de ses fantasmagories.

Une multitude de réalités invisibles gouvernent notre vie : les valeurs familiales, la réalisation de soi, les rapports humains, le bonheur personnel, sans compter les figures mythiques nettement plus barbares qu'on baptise maîtrise de soi, succès, rentabilité sans oublier l'économie, cet invisible si dominateur et envahissant. Si nous vivions à Florence sous la Renaissance, à Rome ou à Athènes à l'époque de Cicéron ou de Périclès, ces puissances invisibles auraient leurs statues et leurs autels, ou du moins leurs représentations allégoriques : la Fortune, l'Espérance, l'Amitié, la Grâce, la Modestie, la Religion, la Renommée, la Laideur, l'Oubli... Mais notre tâche ici n'est pas de reconstituer la liste de toutes ces réalités invisibles mais de concentrer notre attention sur ce qu'on appelait jadis le daimon ou le genius, parfois l'âme ou le destin, et désormais l'akène.

Sans doute admettons-nous la réalité de tous ces invisibles, sans même y penser, parce qu'ils ont une place dans notre vie de tous les jours. Si nous nous y accrochons comme des berniques à leur récif, c'est qu'ils doivent avoir la solidité du roc. Le philosophe Henri Bergson a bien expliqué pourquoi nous préférons les particules élémentaires aux mythes : « L'intellect humain se sent chez lui parmi les objets inanimés, plus particulièrement parmi les solides, qui procurent un point d'appui à l'action et des outils à l'industrie ; [...] nos concepts se sont formés sur le modèle des solides, [...] notre logique est d'abord une logique des solides[3]. » Bergson en conclut que l'intellect est impropre à rendre compte de la réalité vivante et de la vie. Cet intellect repousse furieusement toutes les autres explications, mythiques par exemple, qu'il condamne avec des arguments solides, appuyés sur des faits, soutenus par des preuves et alignés avec logique.

Le poète romantique anglais William Wordsworth voyait au-delà de la logique des solides et savait percevoir en eux l'invisible :

> *Dans toute forme naturelle, roc, fruit ou fleur,*
> *Y compris chez les pierres qui roulent le long du chemin,*
> *Je sens la vie de l'esprit ; je vois des sentiments*
> *Qui palpitent et affleurent. Une âme frémissante*
> *Enserre et tient le monde. Et en toute chose*
> *Je perçois le souffle intérieur qui l'anime[4].*

« Voici des nouvelles authentiques de l'invisible ! » ajoute William James dans son essai « À propos d'un certain aveuglement de l'être humain », où il cite, entre autres témoins de l'invisible, Wordsworth, Ralph Waldo Emerson, W. H. Hudson, Josiah Royce, Robert Louis Stevenson, Léon Tolstoï et Walt Whitman[5].

James vante et dénonce avec ironie ce « certain aveuglement ». D'un côté il condamne la cécité qui nous empêche de voir l'invisible dans le roc, le fruit et la fleur. De l'autre, c'est précisément cette cécité intellectuelle, cette myopie de l'esprit qui nous permet de dire avec Wordsworth que nous voyons là des senti-ments.

Dans ce passage, Wordsworth n'exprime pas simplement un sentiment, mais une *pensée* mythique. Ce « Je vois leurs sen-timents » montre une sensibilité de l'intellect qui reçoit « des nouvelles authentiques de l'invisible » et les comprend. Cette sen-sibilité de l'intellect, que j'appelle aussi la sensibilité mythique, nous permet de prêter attention aux frémissements de cette âme qui enserre notre existence. Pour Wordsworth et pour la sensibilité mythique en général, l'akène n'est pas enchâssée en moi, comme un pacemaker que l'on m'aurait inséré, mais je fais moi-même partie d'un monde mythique dont l'akène n'est que la petite part qui m'est réservée. Ce que les romantiques appelaient « l'âme fré-missante » est aujourd'hui dénommé réalité psychique. Elle mani-feste sa présence partout, bien que nous prétendions ne pas la voir.

L'INTUITION

Ordinairement, la perception de l'invisible et donc de l'akène se fait par intuition. L'intuition inclut aussi ce que j'ai appelé la sensibilité mythique, car la vérité d'un mythe se perçoit d'un seul coup.

En psychologie, l'intuition c'est « la connaissance directe et immédiate », « une appréhension immédiate ou innée d'une série de données complexes »[6]. L'intuition n'est ni pensée ni sentiment, mais une saisie claire, rapide et complète de la réalité. « Son trait caractéristique est l'immédiateté du processus[7]. » Les intuitions « se présentent à l'esprit sans aucun processus connu de raisonne-ment ou de réflexion[8] ».

Pour l'essentiel, nous percevons les gens de façon intuitive. Nous les appréhendons comme un tout – accent, vêtements, car-rure, expression, teint, voix, attitude, gestes, caractéristiques régio-nales, professionnelles, origine sociale – une sorte de *gestalt* livrée d'emblée à notre intuition. Les médecins formés à la clinique tra-ditionnelle avaient recours à l'intuition pour diagnostiquer les maladies physiques ; il en est de même des photographes, astro-logues, chefs du personnel, agents recruteurs pour équipes de base-ball ou universités, et sans doute également des experts de la CIA qui décèlent des informations significatives au sein d'une masse de données brutes pour la plupart sans intérêt. L'intuition perçoit une image, un *paradeigma*, une gestalt.

Les intuitions se présentent d'emblée ; nous ne les forgeons pas. Elles arrivent comme une idée soudaine, un jugement définitif, une illumination. Elles surgissent de l'événement comme si celui-ci les suscitait et comme si elles lui étaient inhérentes. Vous dites quelque chose, et « je comprends », juste comme ça. Vous me faites lire un court poème ésotérique, et « je vois ». Nous nous rendons à une exposition et, sans avoir lu la plaquette de présentation ni écouté l'audiovisuel, je m'arrête devant une toile, le souffle coupé. J'ai reçu un choc.

La phrase saisie intuitivement, le poème obscur et le tableau du musée sont autant de formes expressives parfaitement visibles. Cette saisie intuitive que la psychologie qualifie de « choc intuitif » (le *aha Erlebnis* de la psychologie anglo-saxonne), cette perspicacité soudaine, coupe le souffle tant elle s'impose avec force. La pensée mythique attribue cette force, ce pouvoir intuitif, à la chose perçue. Ce pouvoir objectif établit la réalité quasi physique de l'invisible.

Autre trait caractéristique de l'intuition, sa façon de se manifester. Elle ne vous envahit pas lentement comme un sentiment ; elle ne progresse pas non plus pas à pas comme la pensée consciente ; elle n'est pas non plus le résultat d'un examen minutieux de tous les détails de l'objet que j'ai sous les yeux. Comme je l'ai dit, l'intuition est claire, rapide, exhaustive. Aussi instantanée qu'une révélation. Elle ne se subordonne pas au temps – pas plus que les mythes qui perdent tout leur charme dès qu'on les met à l'épreuve des questions temporelles du style : « Quand cela s'est-il produit ? », « Quelle en est l'origine ? », « Le mythe a-t-il évolué ? », « N'y a-t-il pas des mythes modernes ? », « Les mythes ne sont-ils pas la conséquence d'événements historiques ? » etc. L'historien, qui travaille sur des données inscrites dans le temps, ne peut jamais acquérir une véritable sensibilité mythique.

La clarté de l'intuition, sa rapidité et son exhaustivité la rendent très convaincante, et du même coup peuvent lui faire manquer son but aussi rapidement qu'elle peut voir juste. Jung, pour qui l'intuition (aux côtés de la pensée, du sentiment et de la sensation) était l'une des quatre fonctions de la conscience, insistait sur la nécessité de la vérifier à l'aide des trois autres fonctions[9]. Seule, elle peut miser sur le mauvais cheval aussi sûrement que sur le bon, ou s'engager avec la certitude de la paranoïa, sans plus tenir compte de la logique, des sentiments et des faits. Mais la circonspection ironique et réaliste de Jung n'est pas partagée par le courant idéaliste des philosophes de l'intuition. Baruch Spinoza, Friedrich Schelling, Benedetto Croce, Henri Bergson, Edmund Husserl et Alfred North Whitehead en font chacun à leur façon un axiome et une sorte de don de Dieu, en même temps qu'une méthode philosophique de découverte de la vérité.

On a également recours à l'intuition pour expliquer la créativité et le génie, ce qui revient en somme à expliquer l'inexplicable par un processus lui-même inexplicable. Mais le culte de l'intuition en néglige les manifestations les plus néfastes, comme l'opportunisme intuitif du délinquant ou les accès de violence du psychopathe agissant sur une impulsion immédiate, inaccessible au raisonnement, au sentiment et à l'appréciation de la réalité objective.

L'intuition est une des voies possibles, mais elle ne garantit pas la bonne façon de faire ni même une perception correcte de la réalité. Nous le savons tous d'expérience pour être tombé amoureux de la personne qu'il ne fallait pas, avoir porté de fausses accusations, donné son congé sans réfléchir à quelqu'un ou, sous l'emprise d'une humeur hypocondriaque, nous être cru atteint d'une maladie imaginaire. L'intuition procure la certitude, pas nécessairement l'exactitude. Notre sensibilité mythique peut percevoir une réalité invisible authentique, mais on ne peut s'en assurer qu'en vérifiant les faits, en se référant à la tradition, en réfléchissant soigneusement et en faisant cas des sentiments. Depuis des siècles ce sont là les méthodes de l'Église catholique romaine pour mettre les miracles à l'épreuve tout comme les prétentions à la sainteté.

Cette digression était nécessaire pour trois raisons. D'abord nous avions besoin d'un terme acceptable pour désigner la perception mythique (« je vois leurs sentiments ») qui consiste à déceler l'invisible au travers du visible. Ce livre plaide pour le mythe. Mais il nous faut montrer que la sensibilité mythique est psychologiquement plausible pour emporter la conviction. C'est l'intuition qui nous permet d'adhérer à un mythe (ou permet au mythe de s'emparer de nous). Le mythe agit comme une révélation, comme une évidence. Sa pertinence ne peut être mise à l'épreuve de la logique ou des faits. La meilleure façon de prouver sa véracité est de l'illustrer par une anecdote ou un exemple concret qui éclaire intuitivement l'obscurité de l'allégorie.

La deuxième raison de cette digression était de montrer que les trois passerelles vers l'invisible – les mathématiques, la musique et le mythe, sans oublier le domaine de l'esthétique et de la beauté – ont la même fonction. C'est l'intuition qui leur donne assurance et instantanéité. L'esthétique de Kant repose sur l'intuition. L'art de la composition chez Mozart également. Tous les grands esprits qui se sont penchés sur l'inspiration poétique ou la création mathématique ont retrouvé cette impression de certitude immédiate donnée par l'intuition. Comme disait le mathématicien Henri Poincaré : « Le plus étonnant, au premier abord, c'est cette illumination soudaine [10]. »

La troisième raison nous ramène à la tension terrible entre l'intuition de l'akène et l'institution scolaire, comme tant de biographies en témoignent. Emerson a écrit : « Il nous faut distinguer la sagesse originelle que nous délivre l'intuition, du savoir que nous délivre plus tard l'instruction [11]. » Emerson oppose les deux : pour lui, l'*intuition*, c'est la *non*-instruction. Il est vain d'opposer perspicacité et érudition, l'imagination du cœur et les études scolaires. Cependant Emerson a très justement perçu cette opposition chez beaucoup de personnages illustres qui ont choisi l'intuition contre l'instruction. Qu'ils aient quitté l'école ou l'aient haïe, qu'ils n'aient pas voulu ou pu apprendre, qu'ils aient été mis à la porte ou que ce soient leurs professeurs qui aient baissé les bras, c'était la guerre entre l'intuition et l'instruction.

LE CAUCHEMAR DES JOURS D'ÉCOLE

D'après *Cradles of Eminence* (« Le berceau des hommes illustres »), une étude savoureuse et bien documentée sur l'enfance de quatre cents personnages célèbres contemporains, trois cinquièmes d'entre eux « ont eu de sérieux problèmes de scolarité » : « Le dégoût de la salle de classe est un phénomène international, que les écoles soient privées ou publiques, confessionnelles ou laïques,

et quelles que soient les méthodes d'enseignement [12]. » Les difficultés scolaires de ces éminents personnages n'ont également rien
à voir avec l'attitude de la famille, sa situation économique ou son
niveau d'éducation. Toutes sortes de gens ont éprouvé la haine de
l'école, connu l'échec scolaire et les renvois, pour le meilleur ou
pour le pire.

Thomas Mann, qui reçut le prix Nobel pour un roman écrit à
vingt ans, parle de « l'atmosphère stagnante et frustrante » de
l'école. Le grand érudit et poète indien Rabindranath Tagore (qui,
comme Mann, venait d'un milieu aisé et cultivé) avait quitté l'école
à treize ans tellement il s'y sentait malheureux : « J'eus la chance
d'en sortir avant d'y perdre toute sensibilité. » Gandhi disait de
ses années d'école, qu'elles « furent les plus misérables de son
existence... qu'il n'avait aucune aptitude pour apprendre et avait
rarement apprécié ses professeurs... et aurait mieux fait de ne
jamais aller à l'école ». La romancière norvégienne Sigrid Undset
affirme : « Je haïssais violemment l'école. J'échappais à sa discipline par une technique élaborée, en pensant à autre chose pendant
la classe. » Le prix Nobel de physique Richard Feynman parlait
de ses premières années de scolarité comme d'« un désert intellectuel ». L'acteur et metteur en scène Kenneth Branagh avait une
telle appréhension de l'école qu'à onze ans il se jeta en bas des
escaliers dans l'espoir de se briser une jambe pour éviter d'y aller.
Plus tard, il passerait le plus clair de son temps à lire enfermé dans
sa chambre. Le cinéaste allemand Rainer Werner Fassbinder était
tout simplement « incapable de supporter la compagnie des autres
enfants » et fut finalement mis dans une école Rudolf Steiner.
Jackson Pollock, « qui méprisait joyeusement... toute discipline y
compris vestimentaire », fut renvoyé d'un lycée de Los Angeles.
John Lennon fut renvoyé du jardin d'enfants.

L'histoire la plus triste est celle du poète anglais Robert Browning. Mis en pension à huit ou neuf ans, il en fut si déprimé « qu'il
décida de choisir la citerne de plomb de l'école pour "tombeau".
Elle était ornée d'un visage sculpté. En passant et repassant la
main sur ce visage, il imaginait son épitaphe et murmurait "en
mémoire du malheureux Browning" ». Quant aux cours, Browning
disait « qu'il n'y avait strictement rien appris ».

L'écrivain existentialiste Paul Bowles « ne s'entendait pas
avec son nouveau professeur, Miss Crane. Il n'appréciait pas son

style autoritaire, aussi... refusa-t-il carrément de participer à la leçon de chant. À titre de revanche il avait imaginé un système pour faire des devoirs qu'il jugeait ineptes sans vraiment les faire : il écrivait tout soigneusement, mais à l'envers ».

La bête noire de Bowles, c'était le chant. Pour d'autres c'est le latin, l'algèbre, la gymnastique ou la rédaction. L'akène trace ses limites et personne ne peut la forcer à passer dans sa zone d'incompétence. Le chêne n'aime pas se plier et jouer au charmant peuplier. L'akène vient avec ses talents et ses limites, et seule la perspicacité de l'enseignant peut jeter une passerelle entre l'intuition et l'instruction, et permettre au talent de s'épanouir.

L'échec scolaire est courant. Est-ce l'échec de l'enfant ou celui de l'école ? Toujours est-il que le fossé s'élargit entre l'aptitude innée et intuitive de l'enfant et l'institution scolaire. L'écrivain William Saroyan l'a bien exprimé : « Je n'aimais pas l'école, mais j'aimais apprendre. » En classe, il souffrait le martyre, mais il avait lu par lui-même « presque tous les livres de la bibliothèque municipale de Fresno, en Californie ».

Le compositeur Edvard Grieg affirmait : « L'école n'a développé en moi que le mauvais et laissé en friche le bon. » « J'ai toujours été le dernier de la classe », prétendait Thomas Edison. Stephen Crane, Eugene O'Neill, William Faulkner et F. Scott Fitzgerald échouèrent tous dans leurs études universitaires. L'école fut « intolérable » à Ellen Glasgow, auteur de *On Barren Ground* (« Sur le sol aride ») et lauréate du prix Pulitzer. Willa Cather, Pearl Buck, Isadora Duncan ou Susan B. Anthony ont elles aussi détesté l'école. Paul Cézanne échoua au concours d'entrée à l'École des Beaux-Arts de Paris. Le professeur de Marcel Proust jugeait ses rédactions brouillonnes, et Émile Zola obtint un zéro en littérature, en affichant d'ailleurs la même nullité en rhétorique et en allemand. Albert Einstein avait gardé un mauvais souvenir de ses études secondaires : « Je préférais subir toute sorte de punitions plutôt que d'ânonner des leçons apprises par cœur. » Il n'avait été guère brillant à l'école primaire, où on l'avait surnommé Biedermeier, ce qui pourrait se traduire par un peu borné, simplet ou pas très malin. Sa sœur raconte qu'« il n'était même pas bon en arithmétique, trop lent et pas assez précis, bien qu'il montrât du sérieux et de la persévérance ». Tout cela à cause de sa lenteur d'élocution.

Le général George S. Patton était dyslexique et dut redoubler ; Winston Churchill à Harrow « refusa d'étudier les mathématiques, le grec ou le latin et fut mis dans une classe de niveau inférieur – qu'on appellerait aujourd'hui une classe de rattrapage où l'on apprenait à lire aux garçons les moins doués. Son anglais n'était pourtant pas mauvais ; en lisant par lui-même, il avait même acquis une connaissance inhabituelle de Shakespeare ».

Le fossé entre ce que ressent l'enfant et la façon dont on le perçoit à l'école peut se creuser de deux manières différentes. Le plus souvent on considère l'enfant qui suit sa propre voie invisible comme un « inadapté », une tête de mule, rebelle ou stupide. Mais une autre type de pression peut également s'exercer. Diane Arbus, cette extraordinaire photographe du bizarre, raconte : « Les professeurs s'obstinaient à prétendre que j'étais intelligente et cela me gênait horriblement car je me sentais plutôt stupide. » Qu'on juge l'enfant « stupide », comme Einstein, ou « intelligente » comme Diane Arbus, le fossé demeure. Truman Capote, Elia Kazan ou James Baldwin (cf. chapitre 5) peuvent remercier le ciel que leurs professeurs aient su détecter chez eux l'invisible. Cela tient du miracle.

L'examen peut être une véritable épreuve. Le fameux bactériologiste Paul Ehrlich fut finalement dispensé des examens scolaires pour « totale inaptitude ». Giacomo Puccini échoua systématiquement aux épreuves. Gertrude Stein ne termina pas ses études à Harvard. Anton Tchekhov, ayant refusé d'étudier les classiques, échoua deux fois à l'examen. Ces échecs lui donnaient des cauchemars. « Toute sa vie il fut hanté par un rêve, celui de ses anciens professeurs tentant de le prendre en défaut. » Pablo Picasso, « incapable de se rappeler l'alphabet », abandonna l'école à dix ans « car il refusait obstinément de faire autre chose que peindre » ; il découragea son précepteur par son incapacité d'apprendre les moindres rudiments d'arithmétique [13].

Bien souvent, la vocation ne se montre pas à l'école, mais en dehors – dans les activités extrascolaires ou les loisirs. Comme si les programmes et les horaires scolaires faisaient obstacle à l'akène. Henri Matisse commença à peindre durant une convalescence. H. G. Wells était destiné à être commerçant ; il se brisa la jambe à huit ans, se mit à lire et fut « sauvé » du commerce par la littérature. Le futur président de la Cour suprême et candidat à la présidence Charles Evans Hughes vagabonda dans les rues de New York pendant six mois avant d'être accepté à l'université. « Perdre son temps » dans les rues de Manhattan fut pour William Randolph Hearst ou l'artiste John La Farge une façon d'achever leur apprentissage. À quinze ans, Marie Curie passa une année à la campagne loin de l'école [14]. Qui peut savoir où l'akène apprendra le plus, où vous pourrez découvrir votre vocation ?

Les examens sont un moment rituel, où tout peut arriver. Ils marquent une étape, comme le mariage ou la première maternité. La panique, les gestes visant à conjurer le mauvais sort, jusqu'au choix des aliments pris la veille, tout renforce le caractère rituel de l'épreuve. L'examen fait plus que mettre à l'épreuve l'endurance, les aptitudes et les connaissances. Il teste la vocation. Le daimon approuve-t-il la voie choisie ? L'âme est-elle à l'unisson ? La réussite peut être une confirmation, l'échec une façon de faire savoir que l'on se dirige dans une fausse direction.

Omar Bradley, le général cinq étoiles qui dresserait les plans de bataille d'une armée forte de millions d'hommes et dotée d'énormes équipements, fut reçu parmi les derniers – dans le vingt-septième peloton sur vingt-huit – lors de l'examen d'entrée à West Point*. Après des études laborieuses il sortit quarante-quatrième sur cent soixante-huit (dans la même promotion, Dwight D. Eisenhower fut reçu soixante et unième et James Van Fleet quatre-vingt-douzième). Chez Bradley, l'instruction militaire venait en complément de l'intuition. C'est d'ailleurs grâce à son intuition qu'il avait réussi à intégrer West Point et tenu bon durant les quatre jours d'épreuves ininterrompues.

J'ai eu beaucoup de difficultés avec l'algèbre. Au bout de deux heures je n'avais pas trouvé plus de vingt pour cent des problèmes alors qu'il en fallait soixante-sept pour cent pour être reçu... C'était fichu, l'échec total. Je n'avais aucune chance de terminer ni de réussir. Complètement découragé... je ramassai mes papiers et allai trouver l'officier examinateur... Il était plongé dans un livre. Pour ne pas le déranger

---

* Siège de la prestigieuse académie militaire située dans l'État de New York, au bord de l'Hudson. Fondée en 1802 par décision du Congrès, l'école forme des cadets, élèves officiers des armées de terre et de l'air. (*N.d.T.*)

je suis retourné à ma table en pensant que je pouvais toujours essayer encore une fois. Alors, par une sorte de magie, les théorèmes me revinrent en mémoire [15].

Bradley réussit. Il « s'accrocha dans les dernières épreuves » et fut accepté à West Point.

Parfois l'akène, tel un bon ange, entre « magiquement » dans la salle des examens au moment décisif. (Voyez le récit de l'examen de Barbara McClintock au chapitre 8.) Rétrospectivement nous pouvons dire que Bradley *devait* passer l'épreuve : ses capacités militaires étaient indispensables pour vaincre l'Allemagne en 1943-45, et exercer ses fonctions ultérieures de chef d'état-major des armées.

Rush Limbaugh* échoua à l'examen d'entrée à l'université. Il dut redoubler son année, alors que ses exposés fascinaient les autres étudiants de l'université du Missouri ; pourtant son professeur lui donna une mauvaise note en dépit de son esprit d'invention, sa confiance en lui et « sa capacité instinctive d'analyse ». Le professeur avait noté : « Trop d'aplomb ; il m'a donné l'impression de ne pas être réceptif à ce qu'on peut lui enseigner [16]. » Intuitivement Limbaugh savait captiver un auditoire ; il considérait les études comme une perte de temps.

L'antagonisme entre l'école et l'élève est d'autant plus âpre qu'on est sur le terrain de prédilection de l'akène, comme dans le cas de Limbaugh. Bernard Baruch, conseiller de plusieurs présidents en matière bancaire, financière et d'économie internationale, fit de bonnes études à Harvard, mais termina dans un rang inférieur à la moyenne en économie politique, en comptabilité et en mathématiques [17].

Comme disait Woody Allen : « J'étais attentif à tout, sauf aux profs. »

Il montra tout de suite qu'il détestait l'école. En entrant en primaire à New York, son QI lui valut de sauter une section, mais comme la discipline en classe lui interdisait de

---

* Présentateur de nouvelles et d'émissions télévisées et radiophoniques très connu, cultivant un style populiste conservateur, ne se lassant jamais d'en appeler au « bon sens » des téléspectateurs. (*N.d.T.*)

s'exprimer quand et comme il l'entendait et de donner libre cours à son imagination, il se mit à chahuter... Il sécha l'école... Il ne fit plus ses devoirs à la maison. Comme il était turbulent voire insolent, le maître lui donna des mauvaises notes de conduite [18].

L'ange, lui, qui a une vue globale de l'existence, confirme les plaintes de son protégé : « Bien sûr, Woody, que l'école était un enfer. Tu faisais déjà des films et écrivais des sketches sur le sujet, pourquoi aurait-il fallu que tu en passes toi-même par là ? » Billy Graham « n'arrivait pas à comprendre la nécessité d'aller à l'école. Il avait beaucoup de difficulté... en littérature [19] ». L'étude d'*Allegro* de Milton l'ennuyait à mourir. Évidemment ! L'évangéliste mondialement connu n'avait pas besoin d'étudier Milton et toute cette littérature puisqu'il avait déjà reçu la Parole de Dieu. Paul Bowles avait un gros travail d'imagination à faire et donc peu de temps à consacrer à ses devoirs. Quant à Rush Limbaugh, il avait déjà une réputation nationale, il ne pouvait donc évidemment pas accepter les conseils d'un professeur de l'université du Missouri. Browning écrivant son épitaphe dès l'école avait déjà une vision rétrospective de sa vie. Et pourquoi Branagh préférait-il une chute spectaculaire dans les escaliers (de celles que l'on peut voir sur scène ou à l'écran) à la fréquentation de l'école ? N'était-il pas déjà l'acteur qui allait incarner des rôles héroïques ? Quant à Churchill, bien sûr qu'il avait des difficultés à s'exprimer. Comment quelqu'un qui devait recevoir le prix Nobel de littérature et dont l'éloquence allait provisoirement sauver la civilisation occidentale en 1940 et 1941, aurait-il pu assumer un daimon d'une telle envergure ? C'était beaucoup trop pour un petit garçon. Le destin encore invisible se manifeste souvent par des défauts bien visibles.

Il nous faut considérer l'échec scolaire d'un autre œil. L'échec à l'école, c'est peut-être aussi une « protection contre l'école ». Je ne vante pas les mérites de l'échec scolaire. Je demande seulement qu'on fasse preuve d'un peu d'imagination : la morosité de l'élève, ses insuffisances peuvent être aussi un indice de sa destinée. Souvent, intuitivement, le daimon ne peut se plier à une scolarité normale et se transforme alors en démon. Pour peu qu'on jette un regard rétrospectif sur l'existence, qu'on considère le comportement de l'akène du point de vue du chêne adulte, on découvre que l'intuition peut en remontrer à l'instruction.

Mais quel est le parent, le tuteur qui prendra un tel recul ? Et quel est l'enfant – même « le petit génie » – qui s'en tiendra à son intuition à moins d'y être contraint par l'incompréhension de l'entourage ou par des troubles incapacitants tels la dyslexie, le manque d'attention, les allergies, l'asthme ou l'hyperactivité ? Comment, sinon, échapper à l'école ? Échapper à l'école, mais pas à l'étude ; à l'institution scolaire, pas à l'intuition, cette forme de cécité qui ouvre les yeux sur d'autres mondes. Certes, tous les enfants n'ouvriront pas les yeux en fuyant l'école, tous n'en tireront pas profit. Mais nous qui sommes censés veiller sur eux et les guider, nous devons être attentifs au travail éventuel de l'invisible au cas où les troubles du comportement de l'enfant seraient la manifestation de l'ange et non le symptôme de la maladie.

Souvenons-nous de la remarque de Jung : « Des dieux nous avons fait des maladies. » Percevoir l'ange derrière la maladie suppose qu'on garde les yeux ouverts sur l'invisible, sur l'autre monde. *Vous ne pouvez voir l'ange si vous n'en avez pas une idée préalable* ; faute de quoi l'enfant vous paraîtra simplement stupide, entêté ou malade. Même en science, vous ne commencez à distinguer un phénomène dans le firmament ou au microscope que si quelqu'un vous l'a d'abord décrit ; l'œil a besoin d'être éduqué. C'est alors que l'invisible devient visible.

Nous désirons tous voir au-delà du monde que nous avons immédiatement sous les yeux. C'est pour que l'invisible nous soit révélé sous une forme intelligible que nous nous adressons à l'astrologue. Comment le passage improbable des planètes dans les différents décans du zodiaque peut-il déterminer mon sort ? S'il vous plaît, expliquez-moi mon rêve ; aidez-moi. Nous voudrions des signes, des présages. Il existe bien des ateliers de week-end nous invitant à ouvrir les portes de la perception sur l'invisible. Mais notre tradition culturelle est par trop dissuasive, elle qui confond irrationnel et déraison.

D'UN MONDE À L'AUTRE

Les civilisations – celles d'Haïti, de l'Afrique de l'Ouest, de Mélanésie ou des peuples habitant le cercle polaire que nous appelons Esquimaux – qui admettent la présence des esprits et voient dans le monde lui-même une passerelle vers l'invisible, distinguent soigneusement les différents visiteurs de l'au-delà selon leur rang, leurs pouvoirs, leur sphère d'action, et attribuent un nom à chacun. Elles ont leurs portiers et leurs gardiens, dont la tâche est de repousser l'esprit dont la présence est indésirable en tel lieu à tel moment. Nous aussi avions nos pléiades d'esprits, jadis. Les philosophes platoniciens (Jamblique, Proclus, Porphyre) avaient dressé la liste de la multitude des anges, archons et autres daimons[20]. Les penseurs de l'époque concevaient le monde comme un lieu de passage habité par des êtres physiques et imaginaires. Le psychologue des religions David Miller[21] a passé en revue ces « esprits », ces *Geist*, et en a montré l'importance. Mais cette réceptivité au monde des esprits a depuis longtemps disparu de la conscience collective. La perte d'intérêt progressive pour le domaine magique, mystique et mythique, nous a conduits à reléguer l'ensemble des êtres imaginaires dans la catégorie du monstrueux. C'est ainsi que l'invisible est devenu « l'étrange ». Quelque chose de lointain et sinistre qui ne se manifeste plus que par les loups-garous, les torsions temporelles et les disparitions mystérieuses des livres de Stephen King, de la littérature fantastique de notre époque. Les voies d'accès aux deux mondes sont devenues si étroites et si basses de plafond, que les créatures de l'au-delà doivent se contorsionner et prendre un aspect difforme pour parvenir jusqu'à nous.

Tout ce qui vient d'ailleurs est inquiétant : cela ne va-t-il pas me pousser à des folies ? Autant repousser ce monde invisible probablement démoniaque. Ce que je ne vois pas, je ne le connais pas ; ce que je ne connais pas, j'en ai peur. Ce dont j'ai peur, je le hais. Ce que je hais, je veux le détruire. Et voilà comment l'esprit rationnel en vient à préférer l'abîme aux voies d'accès entre les deux mondes. Il se plaît à la séparation absolue des deux royaumes. Et, derrière sa muraille de Chine, il s'imagine que les créatures de l'au-delà font partie de la même espèce maléfique.

Saint Paul voyait un signe de véritable conscience spirituelle dans l'aptitude à reconnaître les différents esprits. Il faut être capable de faire la différence entre une créature invisible et une autre. L'Église contribua à affiner le regard des fidèles en faisant proliférer les anges et les saints officiels. On obtenait ainsi tout un éventail de personnages sacrés avec leurs qualités spécifiques et leurs propres domaines de compétence. L'Église actuelle, cédant au démon de la rationalité, a réduit le royaume de l'invisible en le soumettant à des critères historiques. Chaque saint doit aujourd'hui avoir sa justification dans l'existence effective d'un personnage historique. C'est ainsi que nous avons perdu saint Christophe et bien d'autres, accusés d'être « purement mythiques ».

Les rapports entre le visible et l'invisible posent aussi bien d'autres questions. D'abord, pourquoi nous faudrait-il établir un pont entre les deux ? D'après Plotin, « c'est aux invisibles de venir à moi, pas à moi d'aller vers eux ». Peut-être n'ont-ils nulle envie de nous rendre visite. À moins qu'ils ne soient déjà parmi nous, comme les anges des films de Wim Wenders ? Comment le savoir, quand nos théories de la perception nous empêchent de les voir ? En fait, ils seraient peut-être parfaitement visibles si notre aveuglement doctrinaire ne prétendait pas l'inverse. Sont-ils invisibles par nature ou par défaut de notre vision ?

Au royaume de l'Occident (disons plutôt en son centre commercial !), le transcendant a été repoussé toujours plus loin de la vie réelle. L'abîme, loin de se réduire, est devenu vide sidéral. Les dieux se sont retirés, disaient les poètes Friedrich Hölderlin et Rainer Maria Rilke. La foi est de notre seul ressort, ajoutait Sören Kierkegaard. Même pas, renchérissait Nietzsche, car Dieu est mort. Combler l'abîme dépasse désormais les forces humaines. Pourtant, *le pont existe*, notre civilisation l'a déjà inventé : le plus grandiose qui fût jamais conçu, en la figure de Jésus-Christ.

Tous nos « biens » ont été dépouillés de leur nature invisible, sont devenus de simples « objets » de consommation, sourds et muets, sans vie. Le Christ est la seule image susceptible de ramener notre civilisation au monde invisible qui l'a fondée. L'intégrisme est une tentative, littérale et dogmatique, de renouer avec les fondations spirituelles de civilisation. Sa force est dans son objectif, son danger dans les moyens qu'il utilise.

Si le Christ peut être considéré comme un pont entre le visible et l'invisible (après tout le pape, vicaire du Christ, n'est-il pas encore appelé souverain pontife, du latin *pons*, le pont ?), c'est que l'Incarnation signifie la présence de l'invisible dans la vie de l'ordinaire humanité. Un dieu fait homme : le visible et l'invisible ne font plus qu'un. On a pendant des siècles débattu âprement de la question oiseuse de savoir comment scinder cette unité : Jésus n'était-il qu'un homme ordinaire, bien visible, mais inspiré par Dieu ? Ou le Christ était-il le dieu invisible empruntant la forme humaine ?

Il fallait une créature autonome qui pût faire le lien entre ces deux notions théologiques, un troisième terme différent des deux autres qui unirait le mortel et l'immortel. La théologie chrétienne donna le nom de Saint-Esprit à cette troisième entité. Mais le Saint-Esprit, appartenant au monde invisible, fit pencher la balance de ce côté au détriment du monde d'ici-bas. C'est ainsi que le débat continue, alimentant les spéculations métaphysiques et la pratique religieuse, sans lesquelles la notion fragile de l'invisible aurait totalement disparu. Par ailleurs, c'est ce même débat qui a inspiré notre réflexion sur l'antagonisme entre la réalité prosaïque de l'institution scolaire et les élans invisibles de l'akène.

La controverse théologique peut nous donner une leçon psychologique d'importance. Mais elle nous en apprend moins sur l'art d'unifier des mondes incompatibles, ou sur leur mystérieuse connexion, que sur les conséquences néfastes de *leur séparation*.

La psychopathologie nous fournit plus d'indications psychologiques concrètes que le dogme ou l'idéal religieux. Mais l'approche négative est plus éclairante. Le moment le plus critique de toute l'histoire de l'Incarnation est le cri sur la Croix, qui traduit l'angoisse d'être entouré par le seul monde visible. Jésus a vécu au milieu de ses ennemis pendant trente-trois ans, combattu et traqué, mais jamais sa situation ne fut aussi terrible qu'en cet instant. Les hommes, la nature, les choses, le monde entier se tournaient férocement contre lui.

Jusque-là les créatures invisibles avaient peuplé le monde. C'était le monde du paganisme, pour reprendre le terme de la chrétienté. Quand l'invisible déserte le monde réel – comme il abandonne Job, le laissant en proie à ses maux physiques – le monde visible ne suffit plus à la vie. Et le monde d'ici-bas vous déchire. C'est la triste leçon que nous ont livrée les civilisations tribales :

elles se sont effondrées après avoir troqué leurs esprits contre des marchandises.

La vie a besoin de la coexistence du visible et de l'invisible. Mais nous ne découvrons l'importance de l'invisible que lorsqu'il n'est plus là, quand il se détourne et disparaît à la façon de Huldra dans sa forêt, de Jésus sur le Golgotha.

Toute civilisation vivante se donne la noble tâche de maintenir le contact avec la réalité invisible, de se gagner constamment la faveur des dieux : par des sacrifices et des rites, des chants et des danses, de l'encens et des psaumes, des fêtes en leur honneur ou leur souvenir, de merveilleuses doctrines comme celle de l'Incarnation, de petits gestes intuitifs – toucher du bois, égrener son chapelet, porter une patte de lapin ou une dent de requin ; placer une mezuzah sur le montant de la porte, une paire de dés sur le tableau de bord ; déposer silencieusement une fleur sur une pierre polie.

Tout cela n'a rien à voir avec la foi ni avec la superstition. Il s'agit simplement de ne pas oublier que le monde invisible peut disparaître et nous laisser sans autre soutien que les rapports avec nos semblables. Les anciens Grecs affirmaient que leurs dieux ne demandaient pas grand-chose, simplement qu'on ne les oublie pas. Les mythes suffisent à maintenir la présence invisible du daimon. Il en est de même des légendes, comme celle du bûcheron laissant tomber sa hache à la poursuite éperdue d'un sourire.

5

« *Esse percipi* » : Être, c'est être perçu

La vocation de Manolete était la tauromachie, mais encore fallait-il que quelqu'un la perçût pour qu'elle prît corps. En l'occurrence, ce quelqu'un fut José Flores Camara, le mentor qui sut voir « au-delà » et devint le fidèle manager de Manolete.

> *Vint l'événement qui décida de la carrière de Manolete. José Flores Camara assista à l'une de ses exhibitions [...]. Dès qu'il vit Manolete dans l'enclos, il ne s'arrêta pas à ce qu'il faisait mais eut la vision de ce qu'il deviendrait un jour.*
>
> *Il vit immédiatement que le gosse ne pratiquait pas les passes qui convenaient à sa conformation et son tempérament. Son ignorance du terrain lui faisait constamment prendre des coups de corne.*
>
> *Mais il perçut immédiatement la bravoure incroyable de Manolete. Il n'avait jamais vu quelqu'un donner comme lui le coup de grâce, à l'ancienne manière, stylée, dangereuse, juste au-dessus de la corne qu'il fallait, jusqu'à la garde, selon les règles de la mise à mort qui avaient totalement disparu des arènes.*
>
> *Camara engagea Manolete, devint son manager et entreprit de le former. Il le fit sortir des ranchs à vachettes et lui enseigna la tauromachie en reprenant tout à zéro*[1].

Franklin Roosevelt eut le même regard visionnaire, du moins en ce qui concerne Lyndon Johnson :

James H. Rowe, l'un des conseillers du président Roose-velt, essaya de m'expliquer le style de rapports – assez inédit pour Roosevelt – que celui-ci entretenait avec le jeune député au Congrès : « Comprenez bien : tous deux avaient le génie de la politique, étaient de même stature. Ils parlaient d'égal à égal. Rares étaient les interlocuteurs de Roosevelt qui pou-vaient saisir toute la portée de ses propos. Mais à vingt-huit ans, Lyndon comprenait tout. » Roosevelt confia un jour à Harold Ickes, en parlant de Johnson : « Tu sais, Harold, c'est le type de jeune pro pas du tout inhibé que j'aurais pu être étant jeune – si je n'avais pas fait Harvard. » Puis Roosevelt fit la prédiction suivante : « Harold, les deux générations à venir verront le rapport des forces de ce pays glisser au sud et à l'ouest. Et ce gosse-là, Lyndon Johnson, pourrait bien devenir le premier président sudiste[2]. »

George Washington avait lui aussi jeté son dévolu sur un jeune homme, Alexander Hamilton, pour en faire son aide de camp. Cela se passait en 1777, lors d'un sombre hiver de la révolution. Hamilton avait vingt-deux ans. Leur relation a suscité, et suscite toujours, d'interminables spéculations biographiques et psychana-lytiques. Ce qui nous intéresse dans l'affaire, c'est la sympathie clairvoyante qu'inspirait à Washington le jeune officier d'artillerie si frêle et pourtant si sûr de lui. Selon les propres termes de Was-hington, Hamilton devint en quelques mois « l'assistant et le confi-dent le plus proche du commandant en chef[3] ».

Les rencontres sur le champ de bataille exigent d'avoir la vue perçante. Vos officiers tombent au feu. Votre second est tué d'une balle dans la tête : vous devez instantanément le remplacer par quelqu'un. Sur quels critères prendre la décision ? Pas question de tests de personnalité ni d'évaluation de QI, encore moins d'entre-tiens sur l'enfance et le passé des candidats potentiels. Au lieu de quoi, une rapide estimation de la trempe du personnage, sous le feu s'il le faut, et l'intuition de son avenir, comme si la situation de crise donnait un aperçu de son akène.

Comment un entraîneur de base-ball peut-il déceler le joueur d'exception chez un jeune de dix-neuf ans de seconde division, sans se contenter de le jauger à ses aptitudes, mais en repérant le tempérament qui brillera en équipe, plaira au public, et vaudra le financement et le temps qu'on lui consacrera ? En quoi consiste ce don de perspicacité ?

Je relaterai ici trois de mes histoires préférées d'intuition prémonitoire, qu'on mettrait aujourd'hui sur le compte d'un favoritisme de professeur, d'une attirance homosexuelle, ou toute autre explication réduisant la réceptivité visionnaire à un vulgaire intérêt égoïste. C'est fou ce que le regard qu'on porte sur les rapports entre deux personnes manque aujourd'hui d'indulgence, surtout quand l'un est plus âgé que l'autre, ou bénéficie de pouvoirs que l'autre n'a pas. Ayant perdu toute capacité intuitive, nous ne percevons plus dans l'attirance mutuelle qu'affinités électives. Mais revenons à nos histoires :

Harvard, années 1890. Une jeune juive de Californie, volubile, un peu boulotte et sans grâce, suit les cours du professeur William James. Elle arrive en retard aux cours, n'a pas l'air de comprendre de quoi on parle, fait des fautes d'orthographe, n'a aucune notion de latin – en somme, la gosse perturbée, incapable de s'intégrer, manifestement névrosée, comme on dirait aujourd'hui. Mais William James ferme les yeux sur une copie blanche d'examen, lui donne une bonne note pour la session et l'aide à suivre des études de médecine à l'institut Johns Hopkins. Il avait décelé quelque chose d'unique chez cette élève. Il s'agissait de Gertrude Stein, qui ne deviendrait la Gertrude Stein que nous connaissons que dix ans plus tard, loin de Harvard, à Paris.

Autre histoire. Une petite ville du Sud des États-Unis. Un homme du nom de Phil Stone a acquis une petite culture littéraire à la suite de son passage à l'université de Yale. Il s'improvise le guide et le mentor d'un jeune gandin court sur pattes et tout en nerfs, buvant sec et particulièrement prétentieux. Le lascar écrit des poèmes, se dit anglais, arbore un stick et une tenue de dandy – tout cela dans un trou perdu du Mississippi pendant la Première Guerre mondiale. Phil Stone écoute le garçon, que la typologie jungienne qualifierait volontiers aujourd'hui d'extraverti narcissique, et en perçoit l'immense originalité. Le jeune homme deviendra William Faulkner, lauréat du prix Nobel de littérature en 1949.

Troisième histoire illustrant cette réceptivité prémonitoire qui consiste à « voir au-delà du garçon d'aujourd'hui ce qu'il deviendra demain ».

Année 1831. L'on est en train de mettre sur pied l'une de ces merveilleuses expéditions scientifiques qui paraîtraient bien désuètes aujourd'hui. Le maître d'école John Henslow suggère qu'on engage comme naturaliste l'un de ses anciens élèves. Le garçon a alors vingt-deux ans ; il n'était guère brillant en classe, nul en maths, mais excellait à ramasser des coléoptères dont il faisait de belles collections ; pour le reste il ne différait guère des autres adolescents de la classe : il aimait chasser, fréquentait le Glutton Club et se destinait à être prêtre. Il souffrait d'un certain « complexe familial », comme on dirait aujourd'hui, chéri par sa mère, dominé par un père de quelque cent trente kilos. Mais Henslow avait discerné quelque chose et entreprit de persuader toutes les parties en présence, y compris l'ancien élève Charles Darwin, d'intégrer celui-ci à l'expédition[4].

C'est l'œil du maître d'école qui fit la différence pour Charles Darwin, comme pour Elia Kazan et Truman Capote. Les parents de ces gosses-là ne savaient qu'en faire, ou peu s'en fallait. Encore une fois, l'akène requiert la présence d'un mentor.

Kazan raconte :

À douze ans – nous avions déménagé pour New Rochelle –, j'eus un coup de chance : ma rencontre avec un professeur de huitième*. Elle s'appelait miss Anna B. Shank, et si jamais quelqu'un a influé sur le cours de ma vie, c'est bien elle. Elle approchait de la cinquantaine, ce qui me paraissait très vieux, et s'était prise de sympathie pour moi.

Romantique invétérée, elle fut la première à me dire que j'avais de beaux yeux bruns. Vingt-cinq ans après, ayant lu mon nom dans le journal, elle m'envoya une lettre : « Quand vous n'aviez que douze ans, écrivait-elle, un matin que vous

---

* L'équivalent du cours moyen deuxième année. (*N.d.T.*)

étiez debout à côté de mon bureau, un rai de lumière est venu se poser sur votre visage et a illuminé vos traits. À cet instant, j'ai eu la révélation des possibilités immenses qui seraient les vôtres... »

Miss Shank entreprit avec une ferveur dévote de me détourner de la voie tracée pour les fils aînés par nos ancêtres et donc des ambitions que nourrissait mon père à mon égard. En lieu et place d'études commerciales avec au menu gestion et comptabilité, elle entendait voir figurer ce qu'il est maintenant convenu d'appeler les humanités[5].

La mère de Truman Capote avait bien du mal avec son garçon. Il mentait, disait-elle ; il singeait l'accent cubain de son deuxième mari ; il était efféminé, minaudait et parlait de la même voix suraiguë qu'il avait petit garçon. À quatorze ans il piquait encore des colères, « se traînait par terre et donnait des coups de pied dès qu'il était contrarié ». Il était somnambule, séchait les cours de gym et passait son temps à s'arranger les cheveux en cours de biologie. Il fut recalé en algèbre, en français et en espagnol. À cinq ou six ans, il se griffonnait au crayon des petits mots sur des feuilles de papier et ne se séparait jamais d'un minuscule dictionnaire. Ajoutons qu'il allait au cinéma avec un professeur qu'il masturbait dans le noir. Sa mère l'envoya à l'école militaire d'Ossining (qu'on surnommait Sing Sing* !) à New York.

C'est là qu'intervint Catherine Wood, le professeur de lettres,

qui non seulement partageait la confiance qu'il avait en lui-même, mais qui s'était donné comme mission, comme devoir, comme obligation sacrée, de l'aider à déployer son talent.

Il attira son attention de la façon la plus agressive qu'il pût. Elle faisait visiter à ses élèves la bibliothèque de l'école et venait juste de prendre un livre de Sigrid Undset** pour le donner à une de ses élèves. « Soudain, raconte-t-elle, ce petit gars, qui ne faisait même pas partie de mon groupe, se

---

* Du nom de la fameuse prison dans le même État de New York. (*N.d.T.*)

** L'un des plus grands écrivains épiques norvégiens du XXᵉ siècle. Elle obtint le prix Nobel de littérature en 1928. (*N.d.T.*)

retourna de la place où il lisait et m'interrompit. "Ça doit être formidable de pouvoir la lire en langue originale", lança-t-il. "Oh, j'en brûle d'envie !" répondis-je, ne sachant évidemment pas un mot de norvégien. Dès lors je me mis à voir Truman de temps en temps, et quand il vint dans ma classe l'année suivante, en onzième, je le vis tout le temps. »

Miss Wood, célibataire de haute taille aux cheveux gris [...] l'invitait souvent à dîner, lisait les nouvelles qu'il écrivait, s'adressait à lui en classe et encourageait ses collègues à faire de même [...]. « Sa mère ne comprenait pas ce garçon aux goûts si éclectiques, disait-elle. Je me souviens de lui avoir expliqué dans ma petite salle à manger que j'avais scrupule à lui parler ainsi, mais que dans les années à venir, les autres garçons qui se conduisaient correctement et qui faisaient ce qu'on attendait d'eux, continueraient leur petit bonhomme de chemin alors que Truman serait célèbre[6]. »

Le regard prémonitoire peut également venir d'un membre de la famille – celui d'une sœur par exemple. Golda Meir, un des personnages clefs de la fondation d'Israël et son Premier ministre pendant la guerre de 1973, avait une sœur de neuf ans de plus qu'elle du nom de Sheyna. Golda sortit de l'école primaire à quatorze ans comme major de sa promotion. « Je pouvais manifestement passer dans l'enseignement secondaire et peut-être même devenir professeur, mon vœu le plus cher. » Sa mère avait d'autres idées en tête. Elle voulait en faire une *dervaksene shein meydl* (une jolie jeune fille bien élevée). Ma mère me voyait travailler dans un magasin... et déjà candidate au mariage, ce qui, me rappelait-elle, était interdit aux enseignantes dans l'État du Wisconsin. »

Golda écrivit secrètement à sa sœur qui avait quitté la maison quelques années auparavant après s'être querellée avec leur mère. Sheyna était tuberculeuse et vivait dans une grande pauvreté. Golda Meir lui confessa son malheureux dilemme. Shenay répondit par retour : « Non, n'arrête pas l'école... tu as toutes les chances de devenir quelqu'un... tu devrais venir nous voir... nous ferons tout ce que nous pourrons pour toi... viens immédiatement[7]. »

Golda Meir s'enfuit de chez elle à seize ans parce que Sheyna offrait un asile à ce qu'elle avait perçu chez sa sœur. Mais l'intransigeance et les vues maternelles sur l'avenir de la cadette comptèrent tout autant dans le parcours de Golda Meir. Cela stimula Golda et donna libre cours à l'idéalisme rebelle de son daimon.

Le compositeur Alban Berg se prit d'affection pour Hermann Watznauer, un intime de la famille Berg, qui devint son « ami, son mentor et son stimulant ». Watznauer avait vingt-quatre ans, seulement dix de plus que Berg, au début de leur amitié. Il prêtait une attention bienveillante aux confidences et aux épanchements de l'adolescent à qui il arrivait d'écrire des lettres de trente pages [8]. Le mentor y discernait quelque chose d'essentiel. Le tuteur du poète Maïakovski, qui n'avait que dix ans de plus que son pupille, expliquait quant à lui : « Il aimait travailler avec les adultes et détestait qu'on le traite en enfant. J'avais remarqué ce trait de caractère dès notre première rencontre [9]. »

En son adolescence, Arthur Rimbaud (« un garçon qui passait le plus clair de sa vie dans l'imaginaire [...], qui, lorsqu'il revenait sagement de l'école, n'arpentait pas les rues familières mais le pont d'un navire, les pavés de Rome ou les dalles de l'Acropole ») trouva son âme sœur en Izambard, son jeune professeur de vingt et un ans, à qui Rimbaud pouvait du moins « parler de poèmes et de poésie ». « Cet enfant, rapporte Izambard, que je traitais au début comme un jeune camarade, devint peu à peu un ami très cher. »

Izambard voyait Rimbaud avec le même regard que le maître d'école de Darwin portait sur son élève ou que Miss Wood sur Truman Capote. Mais Théodore de Banville, le poète vivant le plus populaire de l'époque que Rimbaud avait sollicité dans une lettre ardente (« Nous sommes au mois de l'amour ; j'ai près de dix-sept ans... J'ai quelque chose en moi, un je ne sais quoi qui veut s'envoler »), ne vit rien [10]. Banville rangea la lettre et les poèmes. Affaire classée. Là, ni regard, ni protection, ni encouragements.

L'âge et le sexe importent peu dans ces diverses *affinités perceptives*. En 1777, Washington avait quarante-cinq ans, Hamilton vingt ; moins de dix ans séparaient Izambard et Rimbaud. Aujourd'hui, le seul fait d'affirmer que l'âge ou le sexe n'ont pas d'importance heurte nos préjugés culturels. Ce serait l'attirance homosexuelle de Washington pour le jeune et brillant Hamilton, qui trahirait le secret, non pas de leurs prétendues amours clandestines, mais de la sympathie visionnaire du général. Il s'agirait des yeux de l'amour. Un je ne sais quoi qui remuerait le cœur et permettrait de percevoir l'image inscrite dans le cœur de l'autre. C'est ainsi que Roosevelt avait un « penchant » pour Lyndon Johnson. Que Miss Shank, comme elle l'écrivait, avait vu quelque chose : « un rayon de soleil [qui] éclairait vos traits ». Camara lui aussi avait vu « que le gosse ne pratiquait pas les passes qui convenaient à sa conformation et sa personnalité ». Roosevelt avait vu « que le petit Lyndon Johnson pourrait bien devenir le premier président sudiste ».

Dans « une école terriblement vétuste [...], lugubre et effrayante », au milieu des cinquante enfants de la classe, des garçons noirs pour la plupart, il y avait Orilla Miller – « la jeune maîtresse blanche, une belle femme [...] que j'aimais [...] de toute mon âme, d'un amour d'enfant ». Tel était le regard de James Baldwin, dix ans. « Tous deux se découvrirent une passion commune pour Dickens ; ils lisaient ses romans et s'empressaient d'échanger leurs points de vue. La vive intelligence de ce gosse du ghetto sidérait la jeune femme. » Leur amitié permit au daimon de Baldwin de s'exprimer.

Il se voyaient régulièrement. Devenu l'écrivain célèbre que l'on sait, des années plus tard, il reprit contact avec Orilla Miller. Il envoya une lettre à « sa vieille amie où il la priait de lui adresser une photo » : « Cela fait des années que je revois toujours votre visage [11]. » Quarante ans après s'être rencontrés dans une école de Harlem autour des livres de Dickens, Orilla Miller et James Baldwin retournèrent ensemble au cinéma voir, une fois de plus, *Le Conte des deux villes*.

Nous ne pouvons plus prêter foi sérieusement à l'interprétation amoureuse de ce type de relations. Le postulat sexuel nous a gâté le regard. Nous ne sommes plus capables d'envisager une affinité sur des bases spirituelles. Nos diktats culturels débusquent un désir sexuel inconscient dans toute relation personnelle, l'envie de copuler dans toute affinité et une tentative de séduction dans la moindre confidence. En réalité, le ressort de chacune des relations que nous avons évoquées était une vision, une aspiration commune : les membres du couple étaient amoureux d'un même idéal. Baldwin et Orilla Miller de Dickens. Capote et Miss Wood de la Norvégienne Sigrid Undset ! Roosevelt et Johnson, quant à eux, partageaient le même type de daimon. Comme disait Rowe, « ils parlaient à égalité ». La différence d'âge, de parcours, ne comptait guère. C'était deux présidents qui échangeaient leurs points de vue. Cœur à cœur. Akène à akène.

John Keats nous a ouvert les yeux sur le travail créateur de la perception dans les affaires humaines en écrivant : « Je tiens par-dessus tout à la vérité, au caractère sacré des élans du cœur et de l'imagination [12]. » Sa formule traduit les fondements plus qu'humains de l'art de l'empathie. Le talent de mentor se met en œuvre dès que l'esprit tombe amoureux de la vocation de quelqu'un d'autre. Cela suppose forcément une composante érotique, dont Socrate nous avait appris l'importance éducative, n'en déplaise aux partisans de l'apprentissage par ordinateur qui voudraient la faire disparaître, et au dogmatisme sexuel qui ne voit que détournement de mineur, tentative de séduction, harcèlement ou simple expression d'un vulgaire besoin hormonal, dans toute affinité personnelle.

Examinez, par exemple, la rubrique « rencontres » des petites annonces. Après l'énoncé des caractéristiques physiques, raciales, sexuelles, du statut civil et professionnel et de l'âge, viennent d'autres références moins terre à terre : promenades à pied, cuisine, humour, cinéma, danse, tendresse, conversation. L'annonce précise les prédilections musicales, les rêves de vacances, les goûts et surtout les aspirations. Tant il est vrai qu'on recherche quelqu'un comme compagnon de son akène, pas seulement comme partenaire de lit. La petite annonce dévoile « le caractère sacré des élans du cœur ». Elle représente à elle seule tout un rêve sentimental. « Ce fut cette extralucide romanesque qui me dirait que j'avais de beaux yeux bruns », disait Elia Kazan de Miss Shank, qui avait discerné son « grand avenir ».

Voir, c'est croire – croire en ce que vous voyez –, ce qui fait que vous faites d'emblée confiance en l'être qui bénéficie de votre regard. Le don du regard dépasse les bienfaits de la compréhension. Car un tel regard est une bénédiction ; il métamorphose.

La psychothérapie a consacré l'échec de l'investigation analytique. Elle prêche le mythe d'Œdipe mais pratique son aveuglement. Œdipe se posait des questions sur son identité *réelle*, comme si l'on pouvait découvrir l'essence, la vérité de son être, par l'introspection [13]. L'illusion thérapeutique se fonde sur une autre erreur de jugement qui voudrait que l'akène, la vérité de l'être, soit inaccessible au regard, enfouie dans la petite enfance, refoulée, oubliée, sans qu'on puisse la dégager autrement que par un travail introspectif sur le miroir de l'âme. Seulement, les miroirs ne disent que la moitié de la vérité. Le visage qu'on voit dans la glace ne représente que la moitié de votre tête, la moitié de ce que vous montrez et de ce que les autres voient[14].

La recherche thérapeutique de la vérité de l'être gagnerait sans doute à s'en tenir à la devise de ce chapitre exprimée au passif, « être, c'est être perçu ». Vous êtes un phénomène qui s'exhibe. « Être », c'est avant tout être visible. Le seul fait de s'offrir passivement aux regards, appelle à la bienveillance. C'est ainsi qu'on espère le regard des amants et mentors qui nous accorderont leur bénédiction.

Miss Shank avait vu le rayon de soleil « qui illuminait les traits » d'Elia Kazan. Camara avait observé le style de Manolete, la façon dont il portait le coup de grâce, et noté sa mauvaise connaissance du terrain. Watznauer marchait au côté de Berg, écoutait, regardait. Au front, le commandant en quête de relève observe les hommes en pleine lumière ; la trempe de chacun a alors l'occasion de se manifester. On voit comment l'homme fait son entrée, comment il se comporte, ce qu'il est. Que commence-t-on par dire à quelqu'un qu'on rencontre ? « Comment allez-vous ? » Votre être, c'est le « comment » de votre être, ce que vous en montrez en chevauchant la monture du temps, comme à la parade. Votre existence, et peut-être toute existence, n'est jamais que ce qu'elle exhibe, la manifestation pure et simple du *Sein**, qui dit voilà qui je suis, ce que je suis, où je suis. Dire « comment », c'est dire ce qui est. Le style, c'est l'homme. Ses gestes, son allure, sa carnation, ses manières, sa façon de parler, de s'exprimer – en un mot, tous les détails de son image du moment – disent tout de lui.

Si j'insiste sur l'aspect phénoménologique de l'existence, ce n'est pas pour prétendre qu'elle n'a pas sa part d'ombre et de pudeur ; je ne dis pas que la personne se résume à ce qu'elle met en avant, pour la galerie. Je dis seulement que l'ombre et la pudeur

---

* L'Être, en allemand. (*N.d.T.*)

ne sont pas invisibles. Elles se manifestent dans la réticence, l'allusion et l'euphémisme, la fuite du regard, le lapsus, le geste hésitant, l'arrière-pensée, la dérobade. Tout visage présente autant d'aspérités qu'une surface réelle. La dissimulation n'échappe pas au regard perspicace et sait se manifester au bon observateur. L'image que le maître décèle chez un élève ou un disciple n'est jamais totalement manifeste ni complètement cachée. Ce n'est ni une apparence trompeuse du soi, ni sa nature « véritable » ; la réalité du soi, c'est celle de son image. Le mentor perçoit les plis et replis de toute une complexité, toute une intrication de sinuosités reflétant la vérité de l'âme, laquelle complexité nous autorise à définir l'image de cette âme par *l'ensemble de ses manifestations*. Je suis ici, juste devant tes yeux. Es-tu capable de me lire ?

Reprenons la notion d'akène en tant que potentiel caché, invisible. Ou plutôt, considérons qu'elle est totalement visible dans sa façon d'agir : l'être de Manolete n'était pas en soi de combattre les taureaux, mais dans la manière qu'il avait de les combattre ; l'originalité de l'image de Gertrude Stein n'était pas tant qu'elle écrivît, mais dans son style d'écriture. L'invisibilité de l'akène se manifeste par un acte visible – ou si vous préférez dans les traces de cet acte. L'invisible se dévoile totalement dans le chêne, ne se trouve ni ailleurs ni avant, mais agit comme un attribut inhérent à l'être visible, comme le beurre des croissants français ou l'odeur du pain frais : il s'agit d'un visible invisible.

Ce visible invisible peut évoquer l'esprit d'un lieu, la qualité d'un objet, l'âme d'une personne, une ambiance, le style d'une œuvre d'art. Nous en parlons volontiers comme d'un contexte, d'une structure formelle ou d'une gestalt qui s'ouvrirait à nous. Mais nous ne disposons pas des concepts permettant de nous initier à l'art intuitif de la lecture des images authentiques. Comment saisir l'être de quelqu'un, dès lors qu'on le range dans une catégorie, un type, une classe, et qu'on porte sur lui un diagnostic ? Les classements en tout genre nuisent à la clarté de l'unicité.

Les yeux du cœur ne voient que « l'individuel » et ne s'émeuvent que de l'individuel, pour parler comme William James. Les élans du cœur se nourrissent de détails. C'est l'image d'Untel qui nous émeut : le petit Truman Capote avec sa petite voix, parmi tous les enfants de la classe, lui et pas un autre. On s'éprend d'*Untel*, pas de quelqu'un en général.

Mais à partir du moment où l'on porte un regard sur les individus en termes d'Allemands ou d'Irlandais, de juifs ou de catholiques, de Noirs ou de Blancs, d'alcooliques ou de suicidaires, de victimes ou de marginaux, ce sont les catégories que l'on considère, pas les individus. On fait de la sociologie, on ne parle plus de l'âme. La simple lecture des expressions du visage nécessite une richesse de vocabulaire incroyable. « La plupart des gens sont incapables de *dire* à quoi la personne qu'ils ont devant eux ressemble, mais être incapable de le *dire* n'implique pas qu'on soit incapable de voir », écrit le philosophe José Ortega y Gasset [15]. Il suffit de fermer les manuels de psychologie et d'ouvrir un roman, un journal intime, et pourquoi pas un livre de cuisine, pour voir les mots affluer en grand nombre. Ou de voir un film où les verbes et les adjectifs se présentent sous la forme vivante et bien construite d'images défilant sur l'écran. « Une vie de sensations plutôt qu'une vie de pensées ! » écrivait Keats [16]. Si l'on veut voir l'akène, il faut des yeux pour son image, pour le spectacle qu'elle donne d'elle-même, et les mots pour dire ce que l'on voit.

La faillite de l'amour, de l'amitié et de la famille tient souvent à un défaut de perception de l'imagination. L'amour devient effectivement aveugle quand il se prive du regard du cœur, car on ne voit plus l'autre comme l'incarnation d'une vérité spirituelle. Il peut rester un sentiment, mais sans le regard. Or la sympathie et l'intérêt pour l'autre s'évanouissent quand la vision qu'on a de lui s'obscurcit. Et comme nous nous sentons malheureux, nous avons recours aux diagnostics et aux étiquettes. Eh bien non, votre mari n'est pas un « fifils-à-maman » qu'il faudrait sevrer. Il se plaint, il espère et reste le plus souvent paralysé. Non, votre femme n'est pas « paranoïaque » : elle est péremptoire, sait argumenter et ne laisse rien passer. Ils sont ce qu'ils font, ni plus ni moins, pas une catégorie ni un cas.

Certaines écoles thérapeutiques croient pouvoir corriger cette myopie perceptive en vantant les mérites de l'« empathie » et de ce qu'elles appellent le « contre-transfert d'identification ». Elles encouragent également la pratique du psychodrame et du jeu de rôles afin de permettre aux patients de reconnaître des situations caractéristiques et ainsi de mieux comprendre l'autre. Mettez-vous à la place de votre mari, de votre femme, de votre enfant... Imaginez ce qu'il ou elle ressent, ce que cela signifierait d'être à leur place ? *Imaginez !* Certes, vous ne pourriez trouver un grain de vérité dans leur comportement qu'en faisant appel, à tout le moins, à votre imagination. Mais où est l'imagination dans ces jeux où les rôles sont par définition convenus à l'avance ?

La perspicacité de l'imagination demande de la patience. Comme disaient les alchimistes en parlant des déceptions que leur occasionnaient leurs laborieuses expériences : « Ton âme est dans la patience. » Comment, sinon, aller au-devant du comportement mystérieux de l'autre, ses bizarreries, ses lenteurs ? Le docteur Edward Teller ne savait toujours pas parler à trois ans et on le prenait pour un enfant retardé. « Puis un beau jour Edward se mit à parler, pas avec des mots, mais des phrases entières, comme s'il s'était économisé jusqu'à ce qu'il ait quelque chose à dire. » Le docteur Benjamin Spock « parlait très peu à l'âge de trois ans, et quand il s'y risquait, il parlait avec une lenteur exaspérante ». Martin Buber, lui aussi, ne parla qu'à trois ans. L'un des instituteurs de James Thurber « dit à sa mère que son fils était peut-être sourd ». Woodrow Wilson, sans doute le plus érudit des présidents américains, « n'avait appris ses lettres qu'à neuf ans et ne sut lire qu'à douze ans ». Les anciens biographes de Wilson mettaient ce retard sur le compte de ses relations avec son père et sa mère. Les biographes récents privilégient le diagnostic psychiatrique, et affirment « que Woodrow Wilson souffrait d'une *dyslexie* due à un *trouble du développement* », mettant cette fois en cause le bon fonctionnement de son cerveau [17].

La dyslexie, le retard chronique, la distraction, l'hyperactivité entrent tous dans la catégorie des « troubles de l'attention ». Et quoi encore ? Que ne caserait-on pas dans ce fameux trouble ! Les enfants (ou les adultes) qu'on affuble de cette étiquette, dont l'intelligence est souvent supérieure à la moyenne, sont enclins à la rêverie et manifestent une telle sensibilité à toutes formes de sollicitations que leur « ego » peu accommodant affiche un comportement peu cohérent. On leur prescrit de la Ritaline, du Prozac et du Xanax. Et, bien sûr, ça marche. Mais ce n'est pas parce que les médicaments rétablissent les capacités d'attention que cela explique la raison du trouble en question ou que cela en dévoile la signification. Les béquilles, ça « marche », si j'ose dire, mais ça n'explique pas ni ne répare la jambe cassée. Pourquoi les troubles de l'attention sont-ils aujourd'hui si fréquents ? À quoi donc l'âme refuse-t-elle de se plier ? Et que fait donc le daimon quand il n'est *pas* en train de lire, de parler et de répondre docilement à nos attentes ? Il faut de la patience pour le découvrir et cette forme d'intuition imaginative qu'Henry James décrivait comme « un vol prolongé au-dessus du cas exposé ».

« Être, c'est être perçu », disait le philosophe irlandais George Berkeley (1685-1753). Nous existons et conférons une existence aux choses grâce à la perception. Berkeley voulait dire par là que la perception omnisciente de Dieu donnait une cohérence au monde. Pour le moraliste – Berkeley était évêque –, cela pouvait signifier que vous n'êtes jamais hors de portée du regard de Dieu, et que vous avez donc intérêt à bien vous conduire ! Pour le métaphysicien, *Esse percipi* peut vouloir dire qu'au cas où Dieu ferait un petit somme, clignerait les yeux ne serait-ce qu'un instant, ou serait distrait par les problèmes d'une autre galaxie quelque part dans le Cosmos brunien*, notre monde serait réduit à néant.

Un rabbin rompu à l'art de la controverse serait en droit de demander à l'évêque : Dieu se perçoit-il lui-même ? Si ce n'est le cas, comment peut-on dire qu'il existe ? Et si c'est le cas, comment fait-il ? S'il se perçoit dans le miroir de la nature, de deux choses l'une : ou bien la nature n'est qu'un simulacre de Dieu et ne s'en distingue pas (c'est la thèse de Spinoza), ou la nature est dotée de perception donc d'une conscience divine qui lui est propre, puisqu'elle a le pouvoir de faire exister Dieu. Si le Tout-Puissant se perçoit lui-même par l'intermédiaire des hommes, nous en revenons à l'humanisme profane : l'existence de Dieu n'est que le résultat de la perception humaine ; son existence dépend de l'homme ; c'est nous qui l'inventons. Le rabbin, n'en doutons pas, ne se privera pas de suggérer qu'après tout la forme d'existence de Dieu n'exige pas d'être perçue, ce qui toutefois limite les effets de sa présence en le reléguant hors du royaume des sens, sous forme d'une entité séparée, transcendante, ni omnisciente ni omnipotente. Et si l'existence de Dieu ne requiert pas la perception,

---

* De Giordano Bruno (1548-1600). Autrement dit, l'un des innombrables cosmos de l'univers infini dont Giordano Bruno avait eu l'intuition dès l'époque de la Renaissance. (*N.d.T.*)

cher évêque, ou bien votre proposition est fausse, ou bien Dieu n'existe pas.

Berkeley étant irlandais, ayant fait ses études au Trinity College de Dublin, et ayant passé un temps certain dans nos contrées sudistes, était en mesure de parer à ces questions dérangeantes comme à d'autres, autrement plus complexes. Mais il aura pu passer à côté d'une réponse, lui qui n'avait pas lu Keats (à moins qu'il n'ait rencontré son akène ?), une réponse qui mérite sa renommée autant par ses vertus psychologiques et écologiques que par son merveilleux laconisme. La perception dispense ses propres bienfaits – comme les histoires de ce chapitre ont tenté de le montrer. La perception fait exister et fait persévérer dans l'être tout ce qui est perçu. Et quand la perception voit dans « le caractère sacré des élans du cœur » le secret des choses de ce monde, elle apporte la preuve de la Vérité de l'Imaginaire.

6

Au-delà de l'inné et de l'acquis

Il est temps d'aborder la façon dont la psychologie traditionnelle considère la passion amoureuse puisque c'est là que la destinée se manifeste le plus clairement et que le sort de chacun se décide. Nous devrons au préalable examiner comment la psychologie conçoit l'individualité en tant que telle. Pouvons-nous vraiment prétendre que chacun d'entre nous est « unique » ? Ne sommes-nous pas fondamentalement semblables, déterminés par notre hérédité et notre environnement précoce ? Les études sur les jumeaux se consacrent à cette question en observant les divergences des parcours individuels entre vrais jumeaux ayant été élevés ensemble. Tout ne paraît pas se réduire à la dialectique de l'inné et de l'acquis. Il y a sans doute autre chose. Mais, avant d'en venir à l'amour, penchons-nous sur les recherches qui lui sont consacrées.

La psychologie scientifique partage en deux le royaume des causes, entre l'inné et l'acquis. Ce qui par définition exclut tout autre facteur. Les sciences du comportement, y compris la biologie moléculaire et la pharmaco-psychiatrie, classent tout ce qui conditionne la personnalité dans ces deux catégories. Qu'on imagine une troisième force, il faudra la débusquer chez les deux autres. Autrement dit, il nous faudra non seulement examiner ce que disent les sciences du comportement, mais la façon dont elles le disent. Il nous faudra procéder comme dans une enquête policière en recherchant les indices de la présence du complice dans les affirmations mêmes de ceux qui nient son existence.

Passons, pour le moment, sur la paresse de pensée qui consiste, en Occident, à s'en tenir au mode de raisonnement dualiste. Dans son acception la plus élémentaire, on retrouve le même type de manichéisme dans la Bible : Eux et Nous, Abel et Caïn, Jacob et Esaü – le bon et le méchant. La pensée antinomique ne date pas des débats contradictoires télévisés, ni du bipartisme à l'américaine. Le jeu à deux partenaires, avec le mélange d'hostilité et de coopération que cela implique, nourrit « la passion de la pensée occidentale » pour reprendre le titre de l'ouvrage historique de Richard Tarna.

La logique aristotélicienne ignore la trinité. Du principe de non-contradiction d'Aristote, qu'on appelle aussi principe du tiers exclu, jusqu'à la logique binaire (0 ou 1) des programmes d'ordinateurs, nous avons pris l'habitude de penser en termes de pour ou contre, de « ou, ou ». Descartes concéda un espace minuscule à un troisième larron, au centre du cerveau. Il situait l'âme dans la glande pinéale, ce qui mesurait la modeste place qu'il lui accordait aux côtés de ses écrasants rivaux : la chose pensante d'un côté, le monde des corps extérieurs de l'autre.

Je m'efforcerai donc dans ce chapitre de nous débarrasser du dualisme confortable de nos habitudes de pensée qui nous amène à prétendre que ce qui dans le comportement ne fait pas partie de l'héritage génétique dépend forcément de l'influence du milieu, et vice versa. Le « quelque chose d'autre » viole notre mode de pensée habituel et nous prive de ses facilités. Il dérange les esprits paresseux qui se laissent prendre au piège de la clarté des raisonnements simplistes.

Après tout, nous le ressentons tous et l'idiosyncrasie des événements décisifs de nos existences en témoigne : il y a quelque chose dans la vie humaine qu'on ne peut confiner aux domaines de l'hérédité et de l'environnement. La singularité remarquable inhérente à chaque individu, la diversité des millions d'êtres humains, y compris entre nouveau-nés, frères et sœurs, sans oublier les jumeaux identiques élevés de la même façon dans le même milieu, autant de faits qui demandent une réponse à la question de l'unicité.

LES JUMEAUX

Tournons-nous d'abord du côté de l'hérédité. La première lame de fond de la recherche génétique, qui a débuté avec Gregor Mendel (1822-1884) pour culminer avec James Watson et Francis Crick*, a laissé des traces indélébiles avant de refluer. La plupart d'entre nous sommes persuadés que nous devons autant au code génétique inscrit dans nos chromosomes qu'à Dieu, à l'économie, à l'histoire ou à la société, selon qu'on se réfère à la religion, à Marx, à Hegel ou Durkheim. La preuve indiscutable ? Ce fameux code inscrit dans la double hélice de l'ADN, qui gouvernerait le cours de notre existence, physiquement, psychologiquement et même spirituellement.

Mais une deuxième lame de fond scientifique supplante aujourd'hui la précédente. Ses méthodes sont plus différenciées et les questions qu'elles soulèvent plus subtiles. La recherche actuelle se préoccupe plus des différences, y compris chez les individus qui partagent un même capital génétique. Qu'est-ce qui conditionne les différences de traits de caractère chez les jumeaux, leurs parcours particuliers ?

Les études sur la diversité trouvent leur meilleur matériau de recherche chez les jumeaux « vrais » (homozygotes). *Homozygotes,* parce qu'ils proviennent du même ovule fécondé par le même spermatozoïde, et non de deux ovules séparés. Les jumeaux provenant de deux ovules distincts sont dits dizygotes**. Les vrais jumeaux, quant à eux, ont le même ADN ; ils sont génétiquement identiques. Les mêmes informations sont codées dans leurs gènes, ils sont à égalité. Les jumeaux monozygotes font figure d'exceptions dans l'univers de la diversité humaine : tous les autres individus sont différents les uns des autres.

On pourrait conclure logiquement de l'identité génétique des vrais jumeaux qu'ils sont eux-mêmes identiques. Ce n'est pas le cas. On a constaté une corrélation héréditaire de seulement 90 %

---

* En 1953, quand les deux jeunes gens (Crick avait trente-six ans, Watson, vingt-cinq ans) découvrirent la structure en double hélice de la molécule d'ADN, ce qui leur valut le prix Nobel de médecine en 1962. (*N.d.T.*)

** *Fraternal twins* en anglais, « terme patriarcal suggérant qu'il ne peut s'agir que de garçons », ajoute ironiquement James Hillman. (*N.d.T.*)

pour dix traits physiques tels que la couleur et la texture des cheveux, le groupe sanguin, la couleur des yeux, la dentition, les empreintes digitales[1]. Et le taux de corrélation se met à diminuer dès qu'on fait entrer en ligne de compte les facteurs psychiques. La taille, le poids, la silhouette présentent moins de similitudes qu'on pourrait s'y attendre ; quant à l'expression faciale et la prédisposition aux maladies telles que le diabète, l'ulcère gastrique, le cancer du sein et l'hypertension artérielle, elles divergent encore plus. Il est vrai que l'on prête aujourd'hui une attention de plus en plus soutenue aux différences individuelles.

Mais pourquoi les jumeaux génétiquement identiques ne sont-ils pas effectivement identiques ? Qu'est-ce qui fait la différence, ne serait-ce que physique ? « L'environnement bien sûr. C'est la réponse qui vient à l'esprit[2]. » « On utilise le terme d'environnement pour évoquer toute influence non héréditaire. » Si ce n'est l'inné, c'est l'acquis, autrement dit le milieu, l'éducation. Nous reviendrons brièvement sur la notion de milieu et d'environnement, mais encore quelques mots sur l'hérédité.

Quand on en vient aux aptitudes cognitives telles que les capacités de raisonnement, de verbalisation et la mémoire, les différences sont encore plus marquées[3]. La corrélation entre les traits de caractère de tous ordres chez les membres d'une fratrie ordinaire – ni faux ni vrais jumeaux – est très faible[4]. Il semble que les individus aient leur propre personnalité indépendamment de leur parenté et de leur éducation. La maladie d'Alzheimer elle-même – qui n'a rien d'un trait de personnalité mais est une maladie dégénérative du cerveau – n'a qu'un taux de corrélation de 10 % au sein d'une même fratrie.

D'énormes investissements financiers et intellectuels ont été consacrés ces cinquante dernières années à la recherche sur la schizophrénie, sans qu'on parvienne encore à en diagnostiquer rigoureusement les différentes formes. Cela dit, le principal résultat de la recherche sur la schizophrénie à partir de l'étude des jumeaux tient en une seule phrase dénuée d'ambiguïté : « Plus de la moitié des couples de vrais jumeaux ne présentent aucune corrélation pour ce qui est de la schizophrénie[5]. » Si l'un des deux jumeaux est victime de la maladie, il y a de fortes chances pour que ce ne soit pas le cas de l'autre. Il y a quelque chose qui intervient, qui contribue à différencier les jumeaux.

Le quelque chose en question, contrairement à ce qu'on pourrait en conclure hâtivement, n'est pas l'éducation. Quand deux enfants sont adoptés au sein d'une même famille et qu'on diagnostique chez l'un d'eux une schizophrénie, l'autre ne présente pas de prédisposition particulière. « L'environnement familial importe peu... Ces résultats signifient, expliquent Judy Dunn et Robert Plomin, deux chercheurs réputés pour leurs études sur les jumeaux, que la cause majeure de l'apparition d'une schizophrénie tient à des influences environnementales que *ne subissent pas tous les membres de la famille* (souligné par les auteurs)[6]. »

Puisque ni les gènes ni le milieu familial ne sont en cause dans l'apparition de la schizophrénie, c'est qu'il y a quelque chose d'autre, quelque chose qui « n'est pas partagé », quelque chose d'individuel et d'unique qui appartient en propre à la personne concernée.

Trois autres faits d'observation mis en évidence par les travaux récents m'ont particulièrement intrigué. C'est qu'ils vont dans le sens de notre théorie de l'akène, et je vous invite à y aiguiser votre imagination. Il s'agit de résultats relatifs aux aptitudes créatrices et à la tendance au conformisme : le facteur génétique, en l'occurrence, pèserait plus dans les années intermédiaires de l'enfance.

« La créativité est l'un des éléments du royaume cognitif (comprenant également la mémoire, le langage et le raisonnement) qui semble ne pas devoir grand-chose à la génétique[7]. » Je ne me risquerais pas à définir un terme aussi vague et emphatique que « créativité », ni à mettre au point une méthode pour la mesurer. Cela dit, nous savons par une abondance de faits et d'anecdotes biographiques que les individus exceptionnels se distinguent généralement très nettement des membres de leur famille, de leurs camarades de classe et amis d'enfance et de leurs propres enfants. Les hommes et les femmes particulièrement remarquables sont souvent « différents », différents des membres de leur famille (l'hérédité), différents des membres de leur milieu (l'environnement). Autrement dit, ce ne sont ni les gènes ni l'environnement qui expliquent des dispositions hors du commun. La singularité frappante de l'exceptionnel, à laquelle la « créativité » n'est sans doute pas étrangère, même s'il est difficile de la définir, ne peut être attribuée ni à l'hérédité ni au milieu. À quelque chose d'autre, donc ? À un facteur indépendant ?

Afin de s'épargner l'analyse de ce « quelque chose d'autre » et la recherche d'un facteur indépendant, la psychologie expérimentale mêle à plaisir les notions d'hérédité et de milieu. Tant et si bien qu'elle en arrive à un mystérieux tissage, à un imbroglio de fils noirs et blancs se fondant dans la grisaille de l'incertitude : allez savoir dans ces conditions si la créativité tient plus de l'inné que de l'acquis. À défaut de résoudre l'éternelle énigme de la créativité humaine, du moins cette grisaille explicative ne risque-t-elle pas de déstabiliser la pensée dualiste en y introduisant un élément perturbateur venu d'ailleurs : la « vocation » de la théorie de l'akène. Mais ce que la psychologie gagne ainsi en sécurité, c'est peu de dire qu'elle le perd en plaisirs de l'esprit.

Si la génétique semble avoir peu d'influence sur la créativité, le « conformisme », en revanche, semble avoir une forte composante héréditaire. Les chercheurs appliquent le terme de « conformisme » à « la disposition qui consiste à obéir aux règles et à l'autorité et à se donner des principes moraux rigides et une stricte discipline »[8].

Les résultats scientifiques sont censés être apolitiques, et les chercheurs se gardent bien d'associer directement le « conformisme » génétique aux positions d'un parti politique (le parti républicain) ou d'un courant religieux (fondamentaliste ou intégriste). Il n'empêche que la description du conformisme laisse penser que l'hérédité n'est pas tout à fait étrangère au fait d'adhérer à l'idéologie conservatrice voire franchement réactionnaire d'un parti ou d'une église. Jerome Kagan, qui a mené un travail judicieux sur les traits de caractère innés[9], aurait en l'occurrence parlé de « dispositions tempéramentales » ; les astrologues, de l'influence de Saturne sur nos chromosomes ; les féministes, de la pérennité désespérante des comportements patriarcaux ; les marxistes, de la difficulté qu'il y a d'éveiller à la conscience révolutionnaire la paysannerie et le prolétariat. Du moins l'Église trouvera-t-elle là de quoi être rassurée : il y aura toujours un flux génétique suscitant des vocations vers les hauteurs du Vatican.

Il y a près de quarante ans, l'anthropologue Paul Radin avait formulé une hypothèse sur l'apparition du monothéisme. Selon lui, il ne s'agissait pas d'un stade de l'évolution naturelle de la pensée religieuse, mais plutôt de la doctrine d'une caste sacerdotale et d'une forme d'esprit ayant supplanté les autres. Le monothéisme, disait-il, relève d'un « tempérament » particulier. Il avait intuitivement deviné le secret de la propension à l'orthodoxie, avant que la génétique ne s'en mêle [10].

On commence à comprendre pourquoi il est si difficile de faire bouger les choses. Le conformisme n'est peut-être jamais que le côté conservateur de la nature humaine qui se manifeste sous forme de fondamentalisme ou de rigidité morale dans toute culture, symbolisé par la figure archétypale du vieux sage. J'ai éprouvé un certain soulagement à apprendre que la vertu et la discipline ne doivent rien à une quelconque vocation, mais font seulement partie de notre constitution, au même titre que le squelette.

En admettant que le conformisme ait une forte composante génétique, cela nous aide-t-il à comprendre pourquoi l'appel du daimon nous écarte des sentiers battus ? Cela fait des siècles, des *Problemata* d'Aristote sur la frénésie mélancolique (ou comme disaient les auteurs latins, la *furor,* le délire inspiré des créateurs) en passant par Cesare Lombroso* au XIXᵉ siècle, que l'on assimile les élans de la vocation à l'anticonformisme et à l'extravagance [11]. On se plaît souvent à imaginer que l'innovation et l'originalité s'opposent à la tradition, comme si l'inspiration créatrice devait, par définition, s'opposer à l'ordre, à la discipline, aux règles et à l'autorité – en un mot, à l'orthodoxie. Contentons-nous de conclure prudemment qu'il peut y avoir un sérieux conflit entre certains comportements ataviques et quelque chose d'autre, qui nous incite à y déroger.

Troisième observation troublante : la composante héréditaire de l'intelligence (plus exactement des résultats aux tests mesurant le quotient intellectuel) s'accroît *après* la petite enfance, dans les années intermédiaires de l'enfance [12]. En fait, « tout semble attester que l'héritabilité du QI croît avec l'âge, de la petite enfance à l'âge mûr [13] ».

J'aurais pensé que le facteur génétique d'aptitudes comme l'intelligence se manifeste surtout à l'entrée dans le monde, avant

---

* L'un des fondateurs de la criminologie moderne par ses recherches sur les causes physiologiques et psychologiques de la criminalité. (*N.d.T.*)

que l'individu ne soit bombardé par les sollicitations de l'environnement et susceptible d'y faire ses choix. J'aurais été porté à croire que le facteur génétique joue son rôle majeur dans les premiers mois et les premières années. Or les résultats des enfants aux tests d'intelligence montrent que l'héritabilité du QI s'accroît entre trois et six ou sept ans, laquelle diminue à nouveau ensuite. En outre, « le QI s'accroît notablement pendant l'enfance, même quand sa composante héréditaire est manifeste [14] ». Nous discuterons de la notion de quotient intellectuel un peu plus loin.

Pourquoi le facteur héréditaire pèse-t-il moins à deux ou trois ans qu'à sept ou huit ? L'individualisation de l'intelligence serait-elle plus prononcée à la naissance, pour s'atténuer progressivement dans la moyenne enfance ? Autrement dit, le petit enfant subirait-il moins l'influence de l'hérédité et du milieu que l'enfant plus âgé, et manifesterait-il plus – du moins pour ce qui est de l'intelligence – son génie particulier ? Cette lecture des faits accréditerait le mythe platonicien d'un paradigme originel distinct de l'héritage génétique, qui s'estomperait dans les années intermédiaires de l'enfance au moment où la composante génétique entre en scène. Puis, bien plus tard, « à l'âge mûr », quand on ne peut plus se dérober à sa vocation, sa personnalité et son destin, il semble que l'intelligence et tous ses à-côtés obéissent à nouveau plus volontiers aux instructions de l'âme qu'à celles du code génétique.

On constate également que « l'héritabilité s'efface au début de l'adolescence [15] ». Cela n'a rien pour nous étonner. La plupart des récits biographiques font apparaître les premiers appels de la vocation vers dix ans. Autrement dit, tout se passe comme si la vocation se faisait plus discrète entre trois et huit ans puis au cours de l'adolescence, et qu'en revanche elle fasse plus valoir ses droits au moment où les influences génétiques cèdent le pas. Certains épisodes relatés dans ce livre montrent effectivement que le daimon fait son apparition très précocement et au début de l'adolescence.

Ce type de spéculations agrémentent d'un brin de frivolité les études expérimentales et statistiques. Elles rendent le décryptage de la littérature scientifique un peu moins ingrat. Tant il vrai qu'on se plombe l'intelligence à vouloir prendre à la lettre les résultats statistiques. C'est pourquoi je me garderais de vous en faire part comme ils se sont présentés à moi, comme autant de coulées de béton. Mieux vaut s'y frotter de façon à faire jaillir les étincelles de la pensée. Et les envolées spéculatives sont d'autant plus nécessaires que la biologie moléculaire et son appareillage statistique gagnent en sophistication à mesure qu'ils travaillent sur des échantillons toujours plus vastes. L'imagination doit pouvoir se libérer pour intégrer à bon escient les faits statistiques. Onze mille paires de jumeaux homozygotes naissent chaque année aux États-Unis. La complexité et la diversité incommensurables du mode d'action des facteurs génétiques sont de plus en plus manifestes. Raison de plus pour ne pas les piéger sous la cloche de la moyenne statistique*, si chère à la pensée mécaniste.

Ce qui nous amène à l'épineuse question du quotient intellectuel. « Bien que le rôle de l'hérédité sur les résultats aux tests mesurant le QI fassent partie du champ le plus controversé de la psychologie expérimentale, une enquête récente auprès d'un millier de chercheurs et d'éducateurs montre que la plupart d'entre eux sont convaincus de ce que les différences *individuelles* en la matière sont au moins partiellement héréditaires [16]. »

J'insiste : *individuelles*. Car il s'agit non pas de différences sexuelles, raciales ou sociales, ou relatives à un groupe humain quelconque, mais de différences entre individus.

La comparaison des QI entre Noirs et Blancs pèche en effet au moins par quatre biais :

1. Qui, aux États-Unis, peut se dire génétiquement noir ou blanc au bout de trois cent cinquante ans de métissages, sans parler des innombrables croisements génétiques ayant précédé l'arrivée des Européens et des Africains qu'ils avaient réduits en esclavage ?

2. Que mesure-t-on exactement dans les tests d'intelligence, et qu'est-ce que recouvre la notion de « QI » ?

3. Quelle est la signification psychologique du « test » d'intelligence selon les différents groupes humains, et quels sont les rapports existant entre ce rituel et d'autres rites initiatiques ou sélectifs ?

---

* En anglais, *bell curve,* en français, « courbe de Gauss » (du nom du grand mathématicien allemand de la première moitié du XIXe siècle qui l'a établie pour la première fois), ou la « courbe en cloche », utilisée en calcul des probabilités. Cette courbe en forme de cloche correspond à la fonction de probabilité normale. (*N.d.T.*)

4. Au-delà de ces questions, déjà largement débattues à l'occasion de l'interminable querelle portant sur la mesure de l'intelligence, reste le problème soulevé par ce livre. S'il existe un daimon, il se manifeste en général en s'opposant à l'intégration sociale et aux normes en vigueur, comme la vie des personnes d'exception en témoigne souvent. Cet acte de résistance ne pourrait-il pas compromettre la réussite aux tests d'intelligence ? Ceux-ci ne pourraient-ils pas fournir une cible privilégiée à la contestation individuelle dans la mesure où un QI élevé représente généralement le meilleur passeport pour se faire une place convenue au sein de notre meilleur des mondes [17] ?

L'INDIVIDUALITÉ

La singularité individuelle de chaque être humain n'est pas seulement un article de foi ou un postulat de la pensée occidentale. C'est une quasi-certitude statistique.

Chacun d'entre nous peut potentiellement produire 10^{3000} ovules ou spermatozoïdes et autant de codes génétiques différents. Si l'on prend en compte les 10^{3000} ovules potentiels d'une seule femme tous différents des uns des autres, et le même nombre de spermatozoïdes tout aussi dissemblables d'un seul homme, la probabilité pour que dans le passé et le futur quelqu'un ait ou ait eu le même assortiment de gènes que vous est infinitésimal [18].

En outre, la recherche génétique elle-même explique qu'on ne peut comprendre la nature et le mode d'action des gènes en s'en tenant à des explications simplistes. Les gènes interviennent par à-coups et à retardement et interagissent d'une infinité de façons avec leur environnement biologique. C'est ainsi que, depuis les années 1980, la recherche scientifique s'intéresse de plus en plus aux existences particulières, aux différences de comportement, aux parcours peu fréquentés, aux destins non partagés... en un mot, à ce que vous et moi désignons par le terme d'individualité.

On a vu monter en puissance trois types de théories prenant en compte la diversité génétique. Des pistes intellectuelles qui, elles aussi, sont à la recherche de « quelque chose d'autre ».

La première met en avant la notion d'*émergence*. Elle se fonde entre autres sur la soudaine apparition de traits génétiques inexistant dans la filiation familiale, mais qu'on observe dans les goûts, le style et les manies des vrais jumeaux élevés séparément[19]. Voici certains exemples de ces corrélations étonnantes :

> *Deux jumeaux monozygotes adultes, à leur première rencontre, ont découvert qu'ils utilisaient un dentifrice, une lotion après rasage et une lotion pour les cheveux des mêmes marques, et qu'ils fumaient tous deux des Lucky Strike. À la suite de leurs retrouvailles, ils s'envoyèrent par la poste des cadeaux d'anniversaire identiques qui se croisèrent, achetés sans qu'ils se soient concertés dans des villes différentes.*
>
> *Dans ce groupe de couples de jumeaux, on trouvait deux amateurs d'armes à feu ; deux jumelles arborant habituellement sept bagues ; [...] deux comptant les objets de façon compulsive ; deux s'étant mariées cinq fois ; deux capitaines des pompiers ; deux stylistes ; deux maris ayant pour habitude de laisser des mots d'amour à leur femme autour de la maison [...] À chaque fois, il s'agissait de jumeaux homozygotes élevés séparément...*
>
> *En revanche, les jumeaux dizygotes élevés séparément, que nous avons étudiés, présentaient rarement des coïncidences analogues[20].*

La théorie de l'émergence explique que ces coïncidences a) ont une origine génétique, puisqu'elles se manifestent chez de vrais jumeaux ; b) proviennent d'une configuration de gènes apparaissant uniquement chez tel ou tel couple de jumeaux. Si ces goûts ou ces manies étaient apparus chez un seul individu, on n'aurait pas pu affirmer qu'ils avaient une origine génétique. C'est leur apparition chez de vrais jumeaux élevés séparément qui permet d'affirmer qu'ils sont d'origine héréditaire.

La thèse de l'émergence affirme que le capital génétique est le produit d'une configuration unique héritée du matériel génétique des deux lignées parentales. « Vous pouvez recevoir le dix et le roi de pique de votre père, le valet, la reine et l'as de pique de votre mère, des cartes qui en elles-mêmes ne s'étaient jamais fait particulièrement remarquer dans l'arbre généalogique de la famille,

mais qui chez vous ont peut-être réussi la combinaison donnant...
un nouveau record olympique[21]. » Ce n'est pas en soi l'accumulation de tels ou tels gènes, de telles ou telles cartes, qui contribuent
à l'unicité, mais la configuration particulière de votre jeu... qui fait
que vous raflez ou non la mise !

La « configuration », c'est ce que j'appelle le « modèle », ou
l'« image », le *paradeigma* particulier qui vous est échu selon le
mythe de Platon. La thèse de l'émergence donne une interprétation
génétique, et statistique je présume, du paradigme qui vous est
propre. Quant à savoir ce qui vous a permis d'avoir la main et de
gagner la mise, c'est une autre affaire. Ou plutôt, seul le destin en
sait quelque chose : c'est votre âme qui a composé votre jeu et l'a
choisi, avant même votre premier soupir.

La seconde explication théorique avance la notion d'« épistasie ». Celle-ci se réfère à l'action inhibitrice de certains gènes
sur d'autres selon une variété stupéfiante de combinaisons.

> *Les différences de comportement entre individus impliquent
> de nombreux gènes, peut-être des centaines. Chacun de ces
> gènes peut apporter sa propre contribution minuscule à la
> diversité individuelle... L'épistasie... c'est en quelque sorte la
> chance génétique. Gagner le gros lot à la conception, c'est
> hériter d'une certaine combinaison de gènes aux effets
> extraordinaires qu'on n'observe ni chez les parents, ni chez
> les frères et sœurs[22].*

La chance a sa part dans ce que nous sommes. Chez Platon,
le hasard s'appelle Ananké, la redoutable déesse de la nécessité,
qui défie la raison et qui, dans le mythe platonicien, règne sur les
conditions que les âmes se sont choisies. Les filles de la destinée
s'appellent les Moires, les personnifications du destin. De l'Antiquité romaine à la Renaissance, on se référait de la même façon à
la Fortune. Cette explication symbolique et mythique du caractère
spécifique de chacun et de la destinée individuelle nous est somme
toute assez familière. Comme si nous avions toujours pensé ainsi,
sauf qu'aujourd'hui nous disposons d'autres termes pour parler de
la même chose : la théorie du chaos, la troisième école de pensée
actuellement en faveur dans les recherches sur l'hérédité.

Dans les systèmes non linéaires [et dieu sait si l'existence individuelle est un système non linéaire], *la différence la plus infime dans l'état initial, apparemment la plus insignifiante, peut conduire à d'énormes différences dans l'état final*[...] *Les systèmes chaotiques ne sont pas prévisibles* [et Dieu sait si l'imprévisibilité est bien la caractéristique de la vie] *mais présentent une forme de stabilité dans leurs irrégularités*[23].

La théorie du chaos accorde une grande importance à « la sensibilité aux conditions initiales ». Cela ne nous évoque-t-il pas les manifestations si discrètes sous leur apparente banalité, mais ô combien chargées de sens, des messagers de la vocation ? La colère du petit Yehudi Menuhin contre son violon pour enfants, la décision inopinée d'Ella Fitzgerald de chanter plutôt que de danser à l'occasion de la nuit des amateurs ? Réfléchissez à ce début de paragraphe, « Dans les systèmes non linéaires... ». Le déroulement de l'existence n'est pas une simple équation du temps, une progression linéaire de la naissance à la mort. La vie ne se contente pas de cette seule dimension.

L'âme se meut selon des trajectoires circulaires, disait Plotin. Car la vie n'emprunte pas des voies rectilignes : elle voltige, musarde, vagabonde, revient sur ses pas, se renouvelle, se répète. Les gènes agissent par effets retard et par à-coups. Les moments d'euphorie et de déprime, d'épanouissement, de lucidité ou d'effondrement, vont et viennent de façon totalement imprévisible, en adoptant toutefois le même style.

Je suis à la fois différent et semblable ; je ne suis plus le même qu'il y a dix ans, et toujours le même : ma vie est un chaos stable, à la fois aléatoire et répétitif, et je ne peux jamais prévoir si un événement mineur et banal n'aura pas de conséquences majeures. C'est pourquoi je dois toujours rester hypersensible aux conditions initiales, en particulier à l'être qui a choisi de m'accompagner dans le monde et de m'y côtoyer chaque jour. Cet être dont je suis à jamais tributaire.

L'AMOUR

Nous sommes moins originaux dans l'amour que nous ne le souhaiterions. Les individus adoptent des comportements amoureux assez similaires. C'est particulièrement clair chez les jumeaux adultes, qui généralement se font d'ailleurs la même idée de l'amour.

Par « comportement amoureux », je me réfère à la typologie des sexologues. La sexologie détaille la notion d'*amour,* notion vaste s'il en est, en tendresse altruiste, en compagnonnage sexuel, en intimité érotique... et ainsi de suite. Les amoureux transis, les tempéraments pragmatiques ou érotiques ont chacun leurs préférences. Les jumeaux vrais se retrouvent dans la même catégorie, sans que l'hérédité y soit pour quelque chose.

> *Les résultats de cette première analyse génétique des comportements amoureux de l'adulte sont remarquables à deux titres. Premièrement, c'est le seul domaine de la personnalité [aux côtés de la tolérance au stress, l'agressivité, la maîtrise de soi, etc.] où le facteur génétique ait un rôle aussi minime [...] Ensuite, c'est le seul trait de comportement [aux côtés de la croyance religieuse, des préjugés racistes, etc.] où le facteur génétique ait un rôle aussi faible*[24].

Avec toutefois une heureuse exception. Ces jumeaux adoptent le même comportement amoureux, quel que soit celui-ci, *sauf dans un cas* : le comportement passionnel, envahissant et exclusif caractéristique du grand amour, de l'amour fou. La question est de savoir pourquoi. Il semble qu'il y ait à cet égard une certaine autonomie du cœur. Le « comportement amoureux » n'y a plus sa place. L'amour passion, c'est autre chose !

Mais qu'est-ce qui conditionne le comportement amoureux ? La science n'a guère le choix. Puisque ce n'est pas l'hérédité, c'est forcément l'environnement ! Les jumeaux vrais, qui aiment de la même façon, se conforment à la même carte du Tendre.

La « carte du Tendre » est l'une des trouvailles de la psychologie en quête du mystère de l'amour. Vous grandissez dans un environnement familial où certaines valeurs sont censées procurer plaisir et joie de vivre. Ces attributs constituent un stéréotype dont vous tombez amoureux, pour peu que la personne qui s'y conforme croise votre chemin. « Cette carte du Tendre inconsciente prend forme au fur et à mesure que vous grandissez. Une proto-image composite de l'âme sœur idéale en émerge progressivement [25]. »

La carte du Tendre comprend plusieurs niveaux. L'ethnologie comparée affirme qu'il existe un critère général, commun à toutes les cultures, celui de l'aspect physique. Chez les femmes, l'opulence des formes, des hanches généreuses, sont un facteur de séduction universel ; chez les hommes, c'est la possession de biens terrestres – les voitures, les chameaux... Puis viennent les niveaux reflétant les traditions, les modes et les normes locales. La théorie de la carte du Tendre laisse entendre que c'est le conditionnement du milieu qui définit l'objet de vos désirs.

D'autres écoles psychologiques parlent de projection. Selon la psychologie jungienne, chacun projette l'archétype propre à l'essence intime de son âme. La carte du Tendre n'est autre qu'une image affective complexe aux traits hautement individualisés. Cette image est à l'origine de l'apparition du sentiment amoureux qui lui-même se présente comme un appel du destin. Plus l'image se fait obsédante et tyrannique, plus l'amour devient passionnel, ce qui renforce le sentiment d'être le jouet de la destinée. Les archétypes orientant la carte de l'amour vers une personne particulière sont ce que Jung appelle l'*anima* et l'*animus* [26]. Ces représentations peuvent faire penser superficiellement aux traits caractéristiques de la « carte du Tendre » des psychologues, mais ne s'y identifient pas.

Anima et *animus* sont les mots latins désignant respectivement l'*âme* et l'*esprit* * ; vous pouvez ainsi tomber amoureux de l'image composite de votre enfance, mais c'est une configuration inconnue qui permet d'expérimenter l'extase et le mystère de l'amour [27]. Voilà pourquoi, diraient les disciples de Jung, l'amour est irrésistible. Il vous déchausse, vous soulève de terre et vous entraîne hors de ce monde.

L'expérience de la passion amoureuse se moque des circons-

---

* *Anima* : littéralement le souffle, l'haleine, et par extension « l'âme » en tant que principe de vie, puis comme terme de tendresse (ma chère âme), ou comme terme poétique pour « créature ». *Animus* : âme ou esprit en tant que siège de la pensée, du désir et de la volonté. Par extension, cœur, courage, fierté, ardeur, énergie. (*N.d.T.*)

tances et revendique un dévouement sans limites. Pour Platon, la passion était le résultat de l'intervention des dieux, en particulier Éros et Aphrodite[28]. Les moments d'extase de la passion amoureuse et sa dimension strictement personnelle et exclusive ont peu d'équivalents dans l'existence. La passion inspire un sentiment de fatalité, en appelle au *kismet**, au karma, à la destinée. « Ce devait être toi », « toi et pas un(e) autre », « j'errais, je cherchais et je t'ai trouvé(e) »... « tu es mon étoile ». Cette attraction fatale, dont on dit qu'elle s'apparente à la chimie des phéromones, a une force autonome qui ne doit pas plus à la génétique qu'à l'environnement.

La passion est peut-être illusoire, mais elle accrédite merveilleusement l'interprétation jungienne de l'amour. Il existe une intention, une volonté particulièrement romanesque, qui accompagne le phénomène passionnel. Et c'est ainsi que les vrais jumeaux perdent une partie de leur ressemblance en succombant chacun différemment à la passion amoureuse.

Nous venons d'évoquer deux façons de considérer la condition amoureuse – en nous référant à l'anima/animus de Jung, et au modèle de l'inné et de l'acquis. À en croire les constats de ceux qui se réfèrent à ce dernier modèle, « les comportements amoureux dépendent très peu des facteurs héréditaires ». Reste l'environnement. Vous faites très précocement l'apprentissage du comportement amoureux qui vous est propre. Comment ? D'une part grâce aux « expériences individuelles », de l'autre, « peut-être grâce à l'observation de l'exemple parental[29] ». Peut-être. Selon cette thèse, vous êtes amoureux, non pas directement de vos parents, comme dirait Freud, mais de leurs substituts, ou du moins de leurs comportements. On en appelle une nouvelle fois à l'illusion parentale pour expliquer ce qu'on ne comprend pas. Mais n'est-ce pas une preuve de défiance et faire injure à l'objet de son amour que de prétendre qu'on reproduit les fantasmes et le comportement du père et de la mère, qu'on désire « une fille en tous points pareille à celle que mon vieux père a épousée », ou à l'inverse « une fille en tous points différente » ? Seul le niveau sociologique de la carte du Tendre peut trouver son compte à une telle interprétation.

Pour les disciples de Jung, les images de la mère et du père

---

* Mot turc pour destin. (*N.d.T.*)

ne sont jamais que les archétypes de l'anima et de l'animus. À supposer que nous imitions notre père ou notre mère et leurs comportements amoureux, nous n'en sommes pas les photocopies[30].

Le fantasme magnifie la carte du Tendre, ou plutôt lui donne son style. Selon les observations faites sur le sentiment amoureux, « l'amour se mêle inexorablement aux fantasmes qui l'accompagnent ». L'idéalisation est essentielle à la passion amoureuse, pas l'imitation ; la passion se moque de ce qu'elle connaît déjà et se nourrit de ce qu'elle ne connaît pas. On peut s'accommoder de certains détails du comportement amoureux parental, et ne jamais reproduire certains autres, mais ce sont l'anima et l'animus qui tissent la trame du fantasme et en choisissent les détails. Ce sont les images archétypales qui intègrent les éléments que nous empruntons aux comportements des parents, pas l'inverse.

Il peut y avoir d'autres « causes » que le comportement familial dans les similitudes de comportement que l'on observe chez les jumeaux. Ceux-ci peuvent chercher à reproduire la relation qu'ils entretiennent entre eux – cette stabilité, cette amitié, cette tendre sollicitude, cette intimité physique inconsciente qui remonte à l'œuf partagé, en transférant sur leur partenaire amoureux le style de vie qu'ils ont mené jusque-là. Ils peuvent chercher à reproduire les effusions et les affrontements de la vie fœtale[31]. La seule reproduction de ces comportements peut engendrer des cartes du Tendre similaires. Mais ce n'est pas tant l'explication de la similarité des jumeaux qui nous intéresse. Notre propre quête commence là où ils divergent dans leurs passions amoureuses, dans la façon de vivre cet état de manque désespérant, de hauts et de bas, de dépendance obsessionnelle dont on a le sentiment de ne pouvoir jamais sortir.

L'autre facteur expliquant la divergence du comportement passionnel chez les jumeaux est le besoin d'un « miroir psychologique[32] ». Dans le miroir de la ressemblance, nous ne voyons que le visage de notre jumeau ; dans le miroir de la passion nous voyons à la fois quelqu'un de différent, d'inaccessible, d'inconnu et qui semble rechercher les affres de l'amour. Si l'identité gémellaire est inscrite dans l'ADN et se renforce à chaque souffle de vie partagée, il ne faut pas moins qu'un déchirement pour introduire une divergence.

La carte du Tendre peut indiquer des réalités tangibles comme un joli mouvement de hanches, de belles voitures et des chameaux, mais l'on tombe également amoureux de « quelque chose d'autre », quelque chose d'invisible. Ne dit-on pas : « Elle a quelque chose », « Le monde entier bascule en sa présence », ou même, pour reprendre les propos que l'on prête à Flaubert : « Elle était la source de lumière vers laquelle tout convergeait » ?

Autant d'impondérables qu'on aurait du mal à trouver sur la carte officielle de l'amour. Nous pénétrons le domaine de la transcendance, où les réalités habituelles emportent moins la conviction que les présences invisibles. Et pour avoir une preuve indiscutable de l'existence du daimon et de ses appels, il suffit de tomber amoureux, ne serait-ce qu'une fois. Les explications rationnelles faisant appel à l'hérédité et l'environnement ne suffisent pas à canaliser le flot des tourments de la passion. Plus rien alors ne compte à part soi. Gonflé comme jamais de sa propre importance et de son sort particulier, on s'apprête à commettre les actes les plus insensés.

Cet égocentrisme forcené suggère que la passion « donne libre cours à l'essor de l'individualité [33] ». Selon Susan et Clyde Hendrick, il y a quelques raisons d'affirmer que l'individualisme occidental est l'équivalent culturel de l'idylle amoureuse dont l'amour courtois des troubadours fut la première manifestation avant de réapparaître à la Renaissance. L'idéalisation de l'individu et de sa destinée a atteint son apogée au XIXe siècle avec de telles emphases sentimentales, que les Hendrick ont pu dire qu'on « concevait alors l'idylle amoureuse comme le moteur de l'épanouissement individuel ». Cette dynamique psychique devrait pouvoir situer l'élan amoureux au sein du « soi » personnel. Mes démons psychiques, quant à eux, préfèrent les imaginer d'un point de vue plus phénoménologique, en ayant recours au langage même de l'amour – celui des mythes, de la poésie, des contes et des chansons – qui situe l'élan amoureux au-delà de soi-même, comme s'il venait d'un être divin ou démoniaque.

Voilà pourquoi le style passionné de l'idylle amoureuse ne s'accorde guère avec les autres cartes du Tendre. C'est le visage de l'être aimé qui cristallise votre destinée. Cet être devient la divinité extérieure, maîtresse de mon sort et de mon âme, comme disent les poètes romantiques, ange et démon tout à la fois, celle à laquelle je m'accroche et dont je ne puis me séparer, non en raison de ma propre faiblesse, mais à cause de la force du destin. Ne cherchez pas pourquoi je suis au supplice, possessif, dépendant, et pourquoi j'ai l'âme en peine. C'est le daimon qui a taillé en pièces ma carte du Tendre.

Il est possible que les vrais jumeaux se choisissent la même lotion après rasage ou le même dentifrice, mais pour ce qui est du partenaire, « le choix le plus important de tous, il semble qu'ils fassent exception à la règle ». « L'engouement amoureux survient le plus souvent par hasard [...] ». La psychologie expérimentale en conclut que « la formation des couples humains est intrinsèquement aléatoire [34] ». Faute d'oser imaginer ce qu'elle ne peut mesurer, la psychologie scientifique se replie sur le hasard statistique.

On peut toutefois trouver dans les travaux les plus récents des arguments en faveur de l'autonomie du genius. Celui-ci jette son dévolu sur la compagne ou le compagnon voulu, pour le meilleur et pour le pire, pour une brève période ou pour longtemps. Il fait apparaître cet autre comme le seul possible, et cette histoire d'amour comme unique en son genre. Les autres comportements amoureux catalogués par la recherche scientifique – sollicitude, tendresse, pragmatisme, érotisme – sont moins sélectifs dans le choix de leur objet, moins personnels. Ils accordent moins d'importance à l'individu qui incarne l'image que je porte en mon cœur. La passion amoureuse, quant à elle, a déjà vu le visage de l'élu(e) inscrit dans l'akène avant même son arrivée.

Le philosophe espagnol Ortega y Gasset affirme que le grand amour ne se manifeste qu'en de rares occasions au cours d'une longue existence [35]. Il s'agit alors d'un événement exceptionnel et fortuit qui laisse des marques indélébiles. Un amour de ce genre n'a d'autre raison que la singularité de son objet. On tombe amoureux d'*une personne* et pas d'autre chose. Pas de ses attributs, de ses qualités, de sa voix, de son tour de hanches ou de son compte en banque, ni des réminiscences d'amours passées, ni de stéréotypes familiaux, mais simplement de la singularité propre à l'élu(e) de son cœur. Et si le choix ne porte pas la marque du destin, l'idylle ne fonctionne pas. Car cette sorte d'amour ne relève ni du rapport personnel ni de l'épistasie génétique, mais ressemble fort au don du daimon, au legs heureux ou funeste des ancêtres invisibles.

On peut éprouver un engouement comparable pour un lieu,

un travail, ou une personne, avec le même sentiment de la marque du destin, même si c'est de façon moins soudaine et moins intense. Je suis alors subjugué, je ne me lasse pas de ces moments de grâce et me livre à des rituels magiques pour les faire durer. J'éprouve le même enchantement, la même impression de pouvoir *te* consacrer ma vie entière, qui que tu sois, être humain, paysage ou activité professionnelle. Et, de la même façon, j'ai l'impression que c'est une question de vie... ou de mort.

La « mort », voilà un mot bien solennel et dissuasif pour être associé aux vibrations intenses de la passion amoureuse ; mais celle-ci irradie autant le sentiment d'éternité que celui de la brièveté et de la fragilité de la vie. Tout se passe comme si l'appel de la mort vers les espaces infinis de l'au-delà était inséparable de la passion et l'avait toujours inspirée. On prend alors tous les risques. C'est sans doute pourquoi la littérature se plaît tant à réunir les amants dans la mort.

Le regard du cœur qui sait « voir », c'est aussi le regard de la mort qui voit l'âme invisible au-delà de son incarnation visible. Quand Michel-Ange sculptait le portrait de ses contemporains ou les personnages de la Bible et de la mythologie, il essayait de discerner ce qu'il appelait l'*immagine del cuor,* l'image du cœur, « une préfiguration » de son ouvrage, comme si le ciseau qui entamait la pierre suivait la trajectoire du regard qui pénétrait le cœur de son sujet [36]. Le portrait devait révéler l'âme du modèle.

Chaque individu porte en lui une telle image du cœur. C'est ce que nous dévoilons quand nous sommes désespérément amoureux, quand nous sommes prêts à montrer ce que nous sommes vraiment, à lever un coin de voile sur le genius de notre âme. Ne dit-on pas : « On ne le reconnaît plus – il doit être amoureux », ou « Elle est amoureuse, elle en est transformée » ? Les yeux de l'amour perçoivent quelque chose d'unique dans l'être aimé, ce je ne sais quoi que le langage poétique cherche à saisir [37]. Michel-Ange essayait de capturer cette image dans la forme sculptée. Les notions d'inné et d'acquis n'atteignent pas le cœur et n'ont pas l'acuité de son regard. Voilà pourquoi l'étude des lois génétiques et du mode d'action de l'environnement ne suffit pas. Il faut y ajouter l'étude des lois de l'amour.

La rencontre de l'amant(e) et de l'être aimé, c'est un cœur à cœur. Un rapport aussi étroit que celui du sculpteur à son modèle, de la main à la pierre. C'est le contact entre deux images, un échange d'imaginaires. Quand nous sommes amoureux, notre imagination prend une dimension passionnelle, féroce, sauvage, insensée. Notre regard a une intensité jalouse, possessive, paranoïaque. Et quand l'imagination se libère, nous tombons amoureux des images qui se forment sous le regard du cœur. C'est ce qui se passe lorsque nous concevons un projet, préparons un voyage, envisageons de nous installer dans une nouvelle ville, entamons une grossesse... C'est l'imagination qui nous engage pleinement dans l'aventure. Vous ne pouvez plus quitter votre laboratoire, vous passez votre temps à vous équiper, à lire des brochures, à choisir des prénoms. C'est l'imagination qui rend amoureux. Sans imagination, même les jumeaux seraient frustrés de leur ressemblance.

L'ENVIRONNEMENT

Avant de passer au chapitre suivant, revenons au couple de jumeaux qui nous occupe, celui de l'inné et de l'acquis, autrement dit l'hérédité et l'environnement. Dans la mesure où l'environnement [en anglais, *environment*] est le concept auquel se réfèrent les généticiens du comportement pour expliquer les origines obscures de la diversité amoureuse, il nous faut voir de plus près de quoi il s'agit.

Le verbe anglais peu usité *to environ* signifie faire le tour de, entourer, enceindre, enclore ; littéralement, former un cercle autour. Le substantif environnement (*environment*) signifie un ensemble de circonstances (*circumstances* [*circum* : autour]), le contexte physique extérieur qui « entoure » l'individu et son existence.

Les études menées sur les jumeaux divisent l'environnement en deux grandes catégories : d'un côté l'environnement commun, partagé, de l'autre l'environnement séparé. L'environnement partagé implique généralement que les jumeaux sont élevés ensemble dans la même famille pendant des années, qu'ils en partagent les activités, les valeurs, les conversations, les habitudes ; qu'ils ont été scolarisés dans les mêmes classes avec les mêmes professeurs ; qu'ils se sont mesurés aux mêmes entraîneurs et mêmes coéquipiers. L'image de l'environnement partagé est bien sûr idéalisée et ressemble assez aux stéréotypes de l'univers blanc d'un film des années 1950.

L'environnement séparé, ou « non partagé », se réfère aux expériences individuelles de chacun des jumeaux pris séparément. Ce qui comprend les événements fortuits et la maladie, ainsi que les sentiments, rêves et pensées privées comme les relations personnelles non partagées.

La ligne de démarcation entre l'environnement séparé et l'environnement partagé est-elle toujours claire ? En fait, l'environnement commun est saturé de toutes sortes de différences : la façon dont la mère différencie chacun des vrais jumeaux ; dont l'un et l'autre construisent leur relation aux parents ; différence de traitement lors d'une hospitalisation postnatale (bien souvent nécessaire lors d'une naissance gémellaire) ; problèmes de santé au cours de la petite enfance, différence de posture dans le berceau et le lit d'enfant, au moment de la tétée, et ainsi de suite.

Particulièrement importante, la différence induite par leur relation réciproque, où chacun se situe selon un archétype de complémentarité (faible/fort, vif/lent, premier/dernier, extraverti/introverti, pragmatique/rêveur, mortel/immortel, etc.). D'ailleurs, les chercheurs observent que les jumeaux vivant dans un environnement commun compétitif, développent une rivalité suscitant chez chacun d'entre eux des réactions différentes et bien individualisées [38].

La rivalité ne tient pas seulement à l'esprit compétitif caractérisant notre civilisation. Elle traduit le besoin inhérent à ceux qui se ressemblent tant, de différencier leur identité, d'affirmer leur individualité. Chaque individu cherche à se conformer à son image propre et à son destin, en dépit des lois de la génétique et de l'environnement. Chaque famille est tout autant un foyer de similitudes qu'une source d'énergie centrifuge incitant chacun de ses membres à affirmer ses différences. Dans le cas des vrais jumeaux, c'est leur propre huis clos qui les sépare. C'est la même force magnétique qui les rassemble ou les repousse. Gardons-nous d'attribuer leurs différences à leur seule rivalité, car chacun suit aussi l'appel de sa vocation et de son destin particulier.

La notion d'environnement mérite qu'on s'y attarde un peu plus. Elle dépasse forcément les clichés de la trame familiale, avec ses sempiternelles plaisanteries et chamailleries, ses horaires et ses habitudes de vie. L'environnement, c'est aussi le mobilier et la voiture, les animaux familiers et les plantes vertes. Il s'étend aussi au jardin, aux voisins, au spectacle de la rue, à ce qui vient de très loin et arrive par la télévision, sur Internet ou le lecteur de cassettes. Il faut y inclure le supermarché qui met le monde entier sur ses rayons : les bananes en provenance d'Équateur, le poisson de Terre-Neuve, sans oublier les conservateurs chimiques enrobant les bananes et les traces de mercure dans la chair de poisson.

Pour peu qu'on porte un regard d'écologiste, où donc s'arrête l'environnement, même le plus immédiat, le plus privé, celui qu'on ne partage pas ?

En fait, y a-t-il vraiment un « environnement séparé » ? Puis-je vraiment me couper du monde un instant, et me préserver un univers qui m'appartienne en propre ? Jusqu'à l'oreiller sur lequel je respire pour m'isoler dans mes rêves nocturnes, qui porte l'empreinte du duvet, du polyester et du coton qui ont servi à le fabriquer, et me fait partager l'univers des acariens qui l'ont colonisé.

J'en suis venu à penser que la notion de jardin secret, bien clos et bien protégé, ne correspond aujourd'hui à aucune réalité ; mais c'est un fantasme nécessaire, nous permettant de communiquer avec ces réalités invisibles dont nous avons tant de mal à percevoir les signes et les présages. L'idée du « non partagé » ouvre la grille des jardins privés de l'individualité. Cette notion nous est indispensable pour nous confirmer dans notre singularité et nous mettre à son écoute.

Le concept d'*environnement non partagé* est une invention des sciences dures destinée à localiser l'origine des différences individuelles. On y a recours pour expliquer ce que les autres concepts de la discipline – l'hérédité et l'environnement (partagé) – ne sont pas parvenus à tirer au clair. Seulement, la notion de « non partagé », repose sur l'image d'un lieu clos, d'un univers privé qui n'exerce son influence particulière que sur soi. Or le seul phénomène qui ne se partage pas, qui ne peut se partager, et qui exerce néanmoins constamment son influence sur l'existence est l'unicité du daimon et la relation exclusive que chacun entretient avec lui et réciproquement. Mais pour s'en tenir au langage de la psychologie expérimentale et à sa périphrase d'« environnement non partagé », le daimon se révèle un facteur aussi déterminant que l'hérédité et l'environnement. Mais il fallait utiliser le mot de passe du moment de la langue des laboratoires, « le milieu non partagé », pour permettre au daimon d'en pénétrer l'univers confiné et y avoir droit de cité.

Non partagé, cela ne veut pas dire isolé, car on ne peut s'évader du « milieu partagé » de cette planète. Et pourtant, l'unicité existe. Car l'isolement n'est pas nécessaire à la singularité de l'individu.

Vous n'avez pas besoin d'être mis en quarantaine pour être différent. Votre différence, « votre expérience non partagée », se manifeste à tout instant au sein même de l'univers partagé en raison de la singularité de votre identité personnelle. Votre différence n'exige pas d'être protégée par des barbelés ; elle s'est imposée d'emblée, dès le début, par l'image spirituelle qui vous accompagne au cours de l'existence. Néanmoins, le *fantasme* de l'isolement peut avoir son utilité et permettre de mieux être à l'écoute du daimon. C'est pourquoi certaines personnes font des retraites, pratiquent la méditation, jeûnent ou se mettent à la diète, ou simplement restent au lit pendant quelques jours pour renouer avec leur vocation particulière, leur destin non partagé.

Les résultats de la recherche génétique conduisent à deux (!) orientations dont l'une est étroite et l'autre plus ouverte. La voie étroite aboutit aux causes simples, univoques. On s'acharne sur des détails qu'on tente ensuite de relier à la vaste complexité de la réalité psychologique. La pensée occidentale ne semble pas près de renoncer à l'ineptie qui consiste à vouloir réduire l'esprit au cerveau biologique. On ne se lasse pas de cette lubie car elle constitue le fondement du positivisme et du rationalisme chers à l'idéologie occidentale. Et quand le rationalisme se mêle de percer les secrets du psychisme, il vous déniche des causes qu'on peut saisir à pleines mains pour les fixer au mur.

Dans cette optique, ce sont les machines qui fournissent les modèles conceptuels les plus satisfaisants. On les démonte, on examine les mécanismes internes, on procède à leur réglage, on change les engrenages, on rajoute de l'essence, on huile les rouages. Et l'on fait d'Henry Ford le fondateur de la santé mentale américaine.

Résultat : nous sommes des millions à nous gaver chaque jour, voire deux fois par jour, de Ritaline, de Prozac, de Zoloft et de dizaines d'autres produits destinés à huiler nos rouages internes. Le simplisme des causes univoques finit par conduire au contrôle médicamenteux des comportements – autrement dit à droguer le comportement.

Robert Plomin, dont les nombreux écrits aussi passionnants que perspicaces m'ont souvent inspiré dans la rédaction de ce chapitre, met sérieusement en garde contre l'interprétation simpliste des résultats de la génétique. Il constate la chose suivante : « L'influence des gènes sur le comportement a un caractère polygénique et probabiliste, et non déterministe du style *un gène, un effet*[39]. » Je reprendrais à mon compte sa mise en garde à l'intention des psychiatres : ne faites pas chavirer votre noble vaisseau sous le poids des trusts pharmaceutiques, des compagnies d'assurances et de l'or de l'État, et ne mettez surtout pas le cap sur l'île des Mirages, là où la génétique prétend définir « les entités pathologiques de la psychiatrie[40] ». « Nous savons toujours peu de chose sur la génétique du développement [la façon dont les gènes agissent et interfèrent au cours du temps], suffisamment toutefois pour en apprécier la complexité[41]. » C'est pourquoi il est vain de vouloir rechercher un lien de cause à effet entre un gène défectueux et un tableau clinique (sauf pour des pathologies parfaitement identifiées comme la chorée de Huntington).

Ces mises en garde ont peu d'effets. La pensée réductrice répond à trop d'attentes. Le serpent de mer de la pensée mécaniste fait une apparition à chaque siècle de l'histoire occidentale moderne et chaque génération devrait s'en méfier – en particulier la nôtre, à une époque où l'on est vite accusé de croire aux fantômes et à la magie dès lors qu'on recherche « autre chose », par delà l'inné et l'acquis.

Le rationalisme français prit son essor au XVIIᵉ siècle avec Marin Mersenne et Nicolas Malebranche, s'affirma au XVIIIᵉ avec Étienne de Condillac et Julien Offray de La Mettrie, puis s'imposa au XIXᵉ avec le positivisme d'Antoine Destutt de Tracy et Auguste Comte pour qui les faits mentaux se réduisaient à des faits biologiques. Tout un pan de la pensée occidentale, tel un vulgaire animal de trait, tomba sous le joug du matérialisme français. Je m'étonne toujours que le peuple français, avec son goût si subtil et sa sensibilité érotique, ne se lasse pas d'infliger à la psychologie les rigueurs mortelles du mécanisme rationaliste. On devrait vérifier soigneusement que tout ce qui est importé de France n'est pas contaminé par cette maladie bien française, même quand la marchandise porte l'étiquette de lacanisme, structuralisme et autres « déconstructivisme ».

Le rationalisme a désormais colonisé la planète entière et fait bon ménage avec le langage des ordinateurs. C'est devenu le passeport de la pensée internationale. Il n'arbore aucun pavillon, si ce n'est celui des multinationales prêtes à consacrer des fortunes pour inféoder la psychiatrie, et au bout du compte la pensée psychologique au dogmatisme génétique, autrement dit à la bataille du contrôle de l'âme. Un gène, une maladie mentale ! Épissez le gène, manipulez-le, combinez-le, et vous êtes guéri, ou du moins vous ne savez plus que vous êtes malade. Cette voie étroite de la génétique nous ramène sous des formes plus subtiles (mais surtout mieux relayées par les médias) aux dérapages psychiatriques des années 1930 et 1940. Les mutilations de la psychochirurgie et en particulier les lobotomies abusives trouvèrent alors une justification rationnelle dans la corrélation entre les grands concepts émotionnels et fonctionnels et certaines zones particulières du cerveau.

L'étroitesse d'une certaine pensée génétique remonte même à plus loin, à la cranioscopie du médecin allemand Franz Josef Gall qui s'installa à Paris en 1795 (après avoir passé son doctorat à Vienne) et dont les théories furent très appréciées des Français. Il prétendait prouver que les creux et les bosses du crâne correspondaient aux différentes facultés psychiques (un système qu'on baptisa ensuite phrénologie). Il ne lésina pas sur les grands mots (nous les avons gardés pour la plupart !) censés caractériser ces facultés : mémoire, jugement, émotivité, talent musical et mathématique, disposition criminelle, etc. Le progrès technologique ne conduit pas forcément au progrès théorique : en 1995 comme en 1795, on cherche toujours à localiser la fonction psychique, puis on réduit la fonction au lieu dit, et l'affaire est faite.

Pour ne pas tomber dans le réductionnisme génétique, il ne faut pas hésiter à élargir la notion d'environnement. Si environnement signifie littéralement ce qui se trouve autour, cela doit comprendre également *tout* ce qui se trouve autour. Cela parce que l'inconscient psychique fait des choix arbitraires parmi ce qui se présente quotidiennement dans l'environnement. D'infimes détails peuvent avoir un effet psychique insidieux très important, à la façon dont les rêves restituent certains vestiges de la journée. Et dieu sait si les images oniriques sont farfelues ! La psyché dédaigne l'essentiel du jour vécu pour ne livrer au rêve que certains résidus de l'environnement. Qu'est-ce que le rêve, après tout, sinon une usine de retraitement de l'environnement permettant à l'âme de se nourrir des déchets de l'existence ? Sinon un travail d'artiste s'appropriant les images du milieu pour les reconstituer au calme, à sa manière ?

Nous vagabondons parmi ces réalités psychiques qui nous influencent. C'est pourquoi il nous faut élargir la notion d'environnement en se référant à « l'écologie profonde », qui pose comme principe que la planète est un organisme vivant qui respire et s'auto-régule. Et, dans la mesure où l'imagination se nourrit de tout ce qui l'entoure, l'environnement a également une dimension spirituelle. Aussi, pourquoi ne pas admettre, comme le fait l'écologie profonde, que l'environnement a lui-même une âme, qu'il entretient avec nous des rapports intimes qu'il est vain de vouloir démêler, et que nous partageons fondamentalement le même univers ?

Le point de vue écologiste réhabilite également la notion de *providence,* en ce sens que le monde pourvoit à nos besoins, nous protège et veille sur nous. Nous faisons partie du lot, au même titre que tout le reste. Le mois de juin n'apporte pas que des inconvénients – les prédateurs, les tornades et les pucerons... Songez seulement à la fragrance enivrante de l'ensemble. Les oiseaux ne chantent-ils que pour eux seuls ? Notre merveilleuse planète, respirable et comestible, qui sait si bien se rendre invisible dans son propre entretien, nous intègre par tous les moyens à ses mécanismes vitaux. Voilà ce que signifierait un environnement digne de ce nom, un milieu vraiment nourricier.

La notion d'environnement doit aller bien au-delà des conditions sociales et économiques, au-delà du contexte culturel, afin d'intégrer tous les objets bienveillants de la vie quotidienne : la cravate et la tasse de café, la poignée de porte, le livre qu'on a entre les mains. Plus question, dès lors, d'exclure des détails « incongrus » au profit d'événements « significatifs », comme si l'on pouvait faire une hiérarchie et classer les phénomènes par ordre d'importance. Important pour qui ? La notion d'importance doit elle-même être révisée. Au lieu de penser à ce qui est « important pour moi », pensez à « ce qui importe pour l'environnement ». Cela sert-il à autre chose qu'à nous-mêmes ? Cela contribue-t-il aux intentions d'un monde dont nous ne sommes qu'un rouage éphémère ?

Dès lors que l'on conçoit l'environnement différemment, on le perçoit différemment. Il devient de plus en plus difficile d'établir une frontière entre le psychisme et l'univers, le sujet et l'objet, l'ici et l'ailleurs. Je ne sais plus si la psyché fait partie de moi, ou si c'est moi qui fais partie d'elle, comme je fais partie de mes rêves, du paysage ou du spectacle de la rue, ou encore de

> *La musique entendue si profondément*
> *Qu'on ne l'entend plus du tout,*
> *Mais que l'on est la musique*
> *Tant que la musique dure...*
>
> *(T.S. Eliot)* [42]

Où l'environnement s'arrête-t-il, où commence-t-il ? Et moi-même ? Puis-je seulement exister sans être quelque part, profondément engagé dans cet univers sans lequel je ne pourrais vivre ?

7

Littérature de gare et fantasmagories

Quelles nourritures conviennent-elles à l'akène ? Faut-il trier le bon du mauvais ? Y a-t-il une diététique de l'âme ?

Jadis, tout était simple. On disposait d'un système de valeurs dont les instructions étaient claires. On étudiait un même corps de connaissance, avec un programme – comprenant non seulement les matières de base (lecture, écriture et arithmétique), mais aussi le dessin, la rhétorique, la musique et les sciences naturelles. On formait l'esprit des très jeunes enfants au raisonnement comme au sens esthétique. John Stuart Mill, le philosophe du XIXe siècle dont on connaît surtout aujourd'hui la théorie utilitariste et les idées libérales, n'est jamais allé à l'école. Son père veillait lui-même à son éducation et le jeune John commença à apprendre le grec à trois ans et le latin à huit. À quatorze ans il avait lu dans le texte original les œuvres majeures des auteurs de l'Antiquité. Le mathématicien anglo-irlandais William Rowan Hamilton est également un produit époustouflant des principes éducatifs de l'époque :

> À trois ans il lisait couramment l'anglais et était fort avancé en arithmétique [...] À cinq ans [...] il adorait réciter sans discontinuer Homère dans le texte ; à huit ans il maîtrisait l'italien et le français [...] et improvisait en latin [...] À treize ans William pouvait se targuer de parler autant de langues qu'il avait d'années.

Cette boulimie pour les langues le conduisit à apprendre le persan, l'arabe, le sanskrit, le chaldéen, le malais, le bengali... « et il va se mettre au chinois », écrivait son oncle tout en se plaignant du coût des livres qu'il lui fallait faire parvenir à son insatiable neveu[1].

Francis Galton, qui fut l'un des premiers à étudier les ressorts du génie, et lui-même l'un des esprits les plus phénoménaux de l'époque victorienne, savait lire à deux ans et demi et signer son nom avant d'avoir eu ses trois ans. Il n'avait pas cinq ans lorsqu'il écrivit cette lettre à sa sœur :

> *Ma chère Adèle,*
> *J'ai quatre ans et je peux lire tous les livres que je veux en anglais. Je peux énumérer tous les substantifs, les adjectifs et les verbes actifs d'un poème latin de 52 lignes. Je peux faire n'importe quelle addition et multiplier par*
> *2, 3, 4, 5, 6, 7, 8, 10*
> *Je sais aussi compter la monnaie, je lis un peu le français et je sais lire l'heure.*
>
> *Francis Galton*
> *15 février 1827*[2]

Plus près de nous – dans le temps, pas en état d'esprit –, le type de punition que le père de Dorothy Thompson, pasteur méthodiste, infligea à sa fille. Née il y a un siècle, Dorothy Thompson fut l'une des Américaines les plus influentes de son époque, presque autant qu'Eleanor Roosevelt à en croire un article de *Time magazine*. C'était une journaliste libérale engagée, la première femme à diriger la rubrique internationale d'un quotidien, et le premier correspondant à l'étranger à être expulsé d'Allemagne – sur ordre personnel de Hitler. Ses articles et dépêches, lus par des millions de gens pendant des années, s'en prenaient avec courage, compétence et beaucoup d'érudition, aux républicains, aux antisémites, aux fascistes et à Clare Booth Luce*.

Un jour qu'elle avait donné une gifle à sa petite sœur,

---

* Dramaturge américain connu pour son franc-parler et sa misogynie. (*N.d.T.*)

son père l'enferma dans un placard et ne la délivra pas avant qu'elle fût capable de réciter par cœur l'« Adonais » de Shelley. Devenue adulte, Dorothy pouvait déclamer sans la moindre hésitation des chapitres entiers de la Bible, les sonnets de Shakespeare, de larges extraits de Leaves of Grass*, *le « Lepanto » de Chesterton, des dizaines de psaumes et la Constitution des États-Unis en entier*[3]*.*

Ce type de punition, qui nous semblerait plutôt cruel selon nos critères actuels, lui fut infligé par son père, mais semble avoir été inspiré par son propre daimon qui, bien sûr, avait jeté son dévolu sur ce père aux goûts littéraires. La mémorisation de textes entiers convenait parfaitement à sa vocation d'écrivain qui la verrait prendre place parmi les Alexander Woollcott, Rebecca West, H. L. Mencken sans oublier le prix Nobel Sinclair Lewis, son propre mari.

Mill, Hamilton, Galton et Thomson étaient exceptionnels par leur précocité, pas par le contenu de leur savoir. De Platon (qui insistait particulièrement sur l'importance de l'enseignement de la musique) en passant par les stoïciens et les sophistes ; des catholiques (en particulier les jésuites), aux juifs orthodoxes et à Philippe Melanchthon (qui avait pour ambition d'éduquer l'Allemagne protestante), en passant par Rousseau et Froebel et leur pédagogie naturelle, jusqu'à Rudolf Steiner et Maria Montessori, la tradition européenne a toujours recommandé d'établir un programme d'études officiel afin que la jeunesse ne perde pas son temps à des futilités. Que l'on ait considéré l'esprit de l'enfant comme doté de facultés innées ou comme une table rase, on s'accordait à penser qu'il devait être, à tous points de vue, correctement nourri non seulement de l'enseignement de la logique et des mathématiques, mais des disciplines éveillant le sens moral et l'imagination.

Même si ces recommandations n'ont pas toujours été explicites, elles ont été appliquées dans le même esprit dogmatique. Il fallait occuper l'enfant, ne pas le laisser jouer constamment, en tout cas le surveiller ; combattre la paresse, exiger de terminer une tâche. On devait apprendre à l'enfant à se servir de ses mains, à

---

* *Les Feuilles d'herbe,* de Walt Whitman (1819-1892). *(N.d.T.)*

fabriquer des objets, bricoler, scier, manipuler, réparer, entretenir. On enseignait les bonnes manières à table, la correction vestimentaire, l'hygiène, la politesse. On surveillait le langage afin que l'enfant s'exprime correctement. On confiait les leçons de morale aux hommes de religion, qui se référaient à la Bible dans leurs homélies et enseignaient les hymnes. Enfin, et ce n'était pas le moins important, surtout pour les romantiques d'inspiration rousseauiste et les adeptes de Steiner à la fin du XIXe siècle, on mettait l'enfant à l'école de la nature. Car l'âme devait s'alimenter à cette source originelle et trouver son inspiration dans les champs, la ferme, les fleurs, les rivages, les falaises, les marées, le bruit de la houle et le vent du large.

Dans son livre, *The Ecology of Imagination in Childhood* (« L'écologie de l'imagination chez les enfants »)[4], Edith Cobb montre très bien comment l'esprit poétique a besoin de puiser aux phénomènes de la nature. L'imagination ne peut s'épanouir sans s'immerger dans le monde naturel, ou du moins sans se frotter de temps en temps à ses merveilles. John Lennon, par exemple, un gosse de la ville s'il en est, visita l'Écosse au tout début de son adolescence. Lors d'une promenade il tomba « en extase... Une hauteur, le sol se dérobe, la bruyère aussi, et je ne vis plus que la montagne, là-bas, au loin. Je ressentis quelque chose qui me submergea : je pensais [...] voilà, c'est de cela qu'on parle tout le temps, de ce sentiment qui vous fait peindre ou écrire parce qu'il est si envahissant qu'il faut absolument le faire partager... alors vous en faites une poésie[5] ».

Les penseurs conservateurs, de Platon en passant par Steiner, jusqu'à Allan Bloom et ses considérations méprisantes ou William Bennett et ses poses vertueuses, ne jurent que par le retour aux principes et à la discipline. Selon eux, on n'obtiendrait le meilleur de l'enfant qu'en lui insufflant le meilleur. Il importe donc de le protéger de la vulgarité ambiante, de bannir toute pornographie et autres distractions faciles (même les plaisirs du vin, si l'on s'en réfère à Platon). L'imagination devrait s'abreuver à des sources culturelles de qualité, aux vérités naturelles, à des histoires morales et stimulantes. L'âme, disent-ils, a besoin de modèles, de vérités éternelles et d'images édifiantes. Si ces vérités ne se présentent pas au miroir de l'âme lors de son passage sur terre, elle verra sa flamme s'éteindre et son genius se dessécher. Les héros et héroïnes exemplaires sont les relais terrestres des préceptes de l'âme.

Mais, je vous en prie, penchez-vous sur l'histoire de ceux dont la flamme a incontestablement brillé et dont le genius s'est épanoui, et essayez d'avaler les « nourritures spirituelles » dont leur imagination s'est gavée. Cole Porter, cet auteur-compositeur aux rimes si raffinées et au vocabulaire si riche et si subtil, est originaire d'une petite ville de l'Indiana où, petit garçon, il prit des cours de musique. Il mettait à profit son temps de trajet en dévorant des romans de gare plutôt épicés qu'il cachait dans son sac de partitions. La leçon à peine terminée, il fonçait se plonger dans les récits d'aventures scabreuses pour le reste de la journée. Frank Lloyd Wright, quant à lui, jouait de l'alto ; le jeune garçon lisait Goethe, *Hans Brinker,* Jules Verne – mais aussi « des illustrés d'occasion tout déchirés ». « Ces histoires criminelles exerçaient sur [James Barrie] une formidable fascination, avec leurs couvertures aguichantes et leurs bulles de jurons bien virils sortant de visages ricanants. » Richard Wright, un gosse du Mississippi qui ne mangeait guère à sa faim, n'avait « le droit de lire à la maison que de la littérature religieuse et la Bible ». Il se débrouilla pour entrer en possession « de romans de quatre sous [...] grâce à l'argent qu'il avait gagné comme garçon de courses ». Il adorait les énigmes policières et « lisait *Detective Weekly* et *Argosy,* deux magazines à succès des années 1920 ». Havelock Ellis lisait comme il se doit Milton, Walter Scott et Defoe, ce qui ne l'empêchait pas de se plonger avec extase dans la lecture de *The Boys of England,* un hebdomadaire à un penny aux intrigues aussi farfelues que les lieux où elles se déroulaient. » Ellis lisait « en mangeant, en marchant et même, on peut le dire, en dormant[6] ».

Sir Edmund Hillary, le premier Européen à avoir escaladé l'Everest, lisait à dix ans les histoires de Tarzan d'Edgar Rice Burroughs, ainsi que H. Rider Haggard* et autres auteurs du même style. « Je ne me lassais pas de revivre en imagination les épisodes les plus excitants dont j'étais toujours le héros[7]. » John Lennon était également un fidèle lecteur de Rider Haggard.

Il y a aussi le lycéen excentrique qui « s'habillait le plus sou-

---

* L'auteur anglais des *Mines du roi Salomon*, publié en 1885. (*N.d.T.*)

vent en noir, conduisait une *Silver Civic*, dînait chez *Denny's* ou chez *Jack in the Box**, dévorait les bandes dessinées et les romans policiers, adorait Elvis et les Three Stooges**, fêtait systématiquement son anniversaire au cinéma et, selon la légende, devait 7 000 dollars de tickets de parking[8] ». Ce qu'il appréciait le plus dans les films, c'était les histoires de prison pour femmes et les arts martiaux asiatiques. Qui était-ce, ce phénomène ? Quentin Tarantino, scénariste et metteur en scène. Son film principal : *Pulp Fiction*.

Rappelons-nous que, de la même façon que les athlètes ont souvent mangé n'importe quoi dans leur enfance, l'imagination peut se nourrir d'aliments bon marché et frelatés. Ce qui importe, c'est la passion, la motivation. Le talent y trouve son compte, souvent plus que dans les classiques. Comme disait Cole Porter : « Je présume que certains de mes poèmes ont une dette envers cette littérature de bas étage[9]. » Il n'y a ni bonne ni mauvaise nourriture. Il suffit qu'elle mette en appétit.

L'akène semble trouver son inspiration dans la littérature extra-scolaire. Voyez Coleridge. Il avait lu, « dans *The Sufferings and Surprising Adventures of Mr. Philip Quarli* (les malheurs et les aventures étonnantes de Monsieur Philip Quarli), l'épisode où M. Quarli tire sur une magnifique mouette... exploit que celui-ci regrette immédiatement[10] ». *The Rime of the Ancient Mariner* (« Le Dit du vieux marin »), où l'oiseau mort tient un rôle central, est peut-être l'œuvre de Coleridge aujourd'hui encore la plus populaire.

L'éveil de l'imagination enfantine a besoin d'heureux hasards, mais également de certaines nourritures substantielles, comme ce fut le cas pour Lennon sur son promontoire ou pour Havelock Ellis plongé dans son roman de quatre sous. Les facteurs favorables à l'éclosion de l'imagination sont multiples. J'en retiendrai trois : d'abord, que les parents ou les éducateurs les plus proches se fassent une idée subjective de l'enfant, quelle qu'elle soit, et en tirent les conséquences ; ensuite, qu'il y ait un doux dingue

---

* *Denny* : chaîne de restaurants bon marché californiens ouverts 24 heure sur 24. *Jack in the Box* : fast food du style *McDonalds*. (*N.d.T.*)
** Littéralement « les trois comparses », comiques de cinéma. (*N.d.T.*)

de l'un ou l'autre sexe dans les parages ; enfin, que l'enfant puisse assouvir sa passion du moment.

Les biographes se focalisent le plus souvent sur la mère. Lyndon Johnson était un « fils à sa maman » ; même chose pour Franklin Roosevelt. Harry Truman écrivait des lettres privées à sa mère tout en commandant à l'histoire mondiale lors de la conférence de Potsdam. L'on a l'habitude de mettre au compte des idéaux de la mère et de ses propres ambitions la réussite de l'un ou l'autre de ses enfants. L'origine du succès tiendrait au dévouement maternel – ou au contraire à son indifférence égoïste qui contraindrait alors le rejeton à se prendre en main.

La mystification parentale, avec tout son jargon – mère captative, séductrice, ou encore père absent, autoritaire, répressif, etc. – détermine la façon dont chacun refait sa propre histoire et interprète les existences exceptionnelles. Notez bien que toutes ces explications psychologiques ne disent rien de l'enfant lui-même pour en revenir toujours au père et à la mère, lequel ou laquelle en est réduit à se demander : « Est-ce que je fais ce qu'il faut ? » De quoi susciter le doute et l'anxiété non pas à propos de l'enfant, mais des parents et de leurs propres problèmes : Ai-je la bonne attitude ? Suis-je trop sévère, trop indulgente ? Suis-je une bonne mère ? – autant de questions révélant le caractère foncièrement narcissique de la mystification parentale. Nous avons largement traité la question dans le chapitre qui lui est consacré. Mais mon propos est ici de faire une exception à ma condamnation globale de la mystification parentale, en reconnaissant au *fantasme* parental le rôle important qui lui revient.

LE FANTASME PARENTAL

Quelle est la corrélation, s'il en est une, entre l'imagination des parents – par « parents » je désigne toujours les personnes qui s'occupent directement et intimement de l'enfant – et l'akène de l'enfant ? Quelle idée les parents se font-ils de leur enfant ? Que voient-ils dans ce petit être qui leur est tombé sur les bras ; quel fardeau pèse sur ces frêles épaules, que veulent dire ces yeux-là ? Les parents imaginent-ils une destinée à partir de ce qu'ils voient tous les jours ? Se forgent-ils un fantasme à ce propos ?

Justus Bergman était certainement un observateur attentif de sa fille Ingrid. Il s'en faisait une idée précise. On donna à Ingrid le nom d'une princesse suédoise née deux ans plus tôt. À son premier anniversaire, Justus la photographia dans une robe blanche ; il la photographia à nouveau pour son deuxième anniversaire. Le troisième cliché la montre en train de déposer des fleurs sur la tombe de sa mère. Justus tenait une boutique et un studio de photographe dans l'élégant quartier Strandvägen de Stockholm, à une centaine de mètres du Théâtre Royal. Ingrid était son modèle favori et il la photographiait dans des costumes différents à chaque séance. Elle adorait prendre la pose devant son père. À onze ans, elle annonça sa vocation au théâtre, pendant l'entracte : « Papa, Papa, voilà ce que je ferai [11]. »

Si l'on s'en tenait aux schémas de la mystification parentale, il faudrait ne voir ici qu'inceste sublimé : une fille qui incarne le fantasme de son père, de la même façon que la plupart des fils réalisent le rêve de leur mère. Le fantasme platonicien, quant à lui, dirait que l'âme d'Ingrid avait choisi exactement l'endroit et le père qui convenaient à son akène. Elle avait même jeté son dévolu sur la mère qu'il fallait, puisque le décès prématuré de celle-ci permit à la vocation d'Ingrid et au fantasme paternel de se fondre sans devoir affronter le triangle de la jalousie.

Le fantasme parental n'apparaît pas toujours aussi directement que dans le cas de Justus Bergman. Il peut se manifester par des rêves, de l'anxiété, des conflits au sujet de l'école, de la discipline, de la santé, le goût des romans à l'eau de rose, l'envie de regarder un film en pleine nuit. Le père, la mère (ou leur substitut) interprète le comportement de l'enfant en fonction de l'idée qu'il s'en fait. Quand la mère, par exemple, envoie son enfant jouer dehors pour qu'il se frotte aux autres gosses de la rue, le fait-elle parce qu'elle se figure que son garçon doit s'endurcir et devenir l'homme de la maison (manière de conjurer sa propre faiblesse et celle de son fils), ou parce qu'elle le trouve trop efféminé et ne veut pas « en faire un pédé », ou simplement parce qu'elle voit en lui un fonceur à l'œil vif et à la riposte éclair ? C'est moins le comportement encouragé ou interdit en l'occurrence par la mère, qui influence l'enfant, que le fantasme maternel inspirant le comportement en question.

Attendre de ceux qui s'occupent de l'enfant, des parents par exemple, qu'ils discernent l'akène au travers de l'enfant, qu'ils décèlent l'être qui se trouve *in nuce,* dans l'amande, et adoptent son point de vue – c'est trop demander. Cela, c'est la tâche du mentor ou du maître, cet être unique lui aussi dont nous nous éprenons instantanément, à moins que ce ne soit lui qui s'éprenne de nous, comme deux akènes appartenant à la même ramure se renvoyant les mêmes idéaux. Quel bonheur de trouver l'âme sœur qui nous incite à extérioriser ce qui nous est propre ! Nous l'avions cherchée depuis si longtemps, désespérant de pouvoir rencontrer quelqu'un qui nous regarde vraiment et nous dise qui nous sommes. L'un des principaux attraits d'un amour de jeunesse, comme d'une psychothérapie précoce, vient de ce besoin de rencontrer la personne qui saura vous voir (ou qui selon vous en sera capable, ou du moins peut y prétendre).

Le père de Greg LeMond, le grand coureur cycliste américain qui gagna le tour de France, lui avait donné de l'argent pour s'équiper et s'acheter des revues spécialisées. En outre, LeMond disposait d'un mentor, Roland Della Santa, un fabricant de cycles très réputé. « J'allais traîner dans son atelier une ou deux fois par semaine, dit LeMond. Il me racontait tout ce qu'il y avait à savoir sur les grandes stars européennes, leurs courses légendaires, les milliers de fans qui les acclamaient sur le bord de la route [12]... » Le mentor dispensait autant le savoir technique que le folklore, l'atmosphère du métier.

On ne peut être à la fois mentor et parent nourricier. La fonction diffère, comme les devoirs de la fonction. Les parents doivent déjà vous assurer le vivre et le couvert, et vous faire lever le matin pour aller à l'école. Cela suffit à leur tâche. Fournir un havre de sécurité, un endroit où l'on peut toujours se réfugier, n'est pas une mince affaire. Le mentor quant à lui n'a pas de telles obligations et peut se consacrer à sa tâche spécifique : discerner votre bagage invisible et s'en faire une idée qui corresponde à l'image inscrite dans votre cœur. L'erreur la plus douloureuse qu'on puisse commettre consiste à attendre de l'un de ses parents qu'il ait la vision, la bienveillance et l'exigence professionnelle d'un maître, ou au contraire, de chercher refuge et attentions personnelles auprès de son mentor. La mère de Van Cliburn, qui lui donna des cours de piano pendant des années, marquait une limite stricte entre les deux fonctions : « Quand je t'enseigne la musique, je ne suis pas ta mère [13]. »

Faute de savoir faire suffisamment la différence entre le rôle de mentor, avec les strictes limites que cela implique, et les responsabilités prosaïques de tous ordres de la fonction parentale – quand par exemple les parents tentent de jouer les instructeurs et les directeurs de conscience, ou quand un maître instaure des relations trop familières et familiales avec ses disciples –, on aboutit à d'amères ruptures. La raison de l'échec de la relation maître à disciple tient généralement à ce que la personne la plus jeune sollicite des attentions personnelles et recherche un substitut paternel ou maternel (selon une étude menée à Yale par Daniel J. Levinson et son équipe) [14]. Il y a également confusion des genres quand l'enfant prolongé reproche à ses parents de ne l'avoir jamais compris, de n'avoir jamais reconnu sa vraie nature.

Le reproche peut aussi refléter quelque chose de plus grave qu'une carence du côté des parents ou du maître. L'enfant n'a peut-être pas eu accès aux modèles historiques ou romanesques, ces mentors imaginaires qui continuent à servir de guides jusqu'à un âge avancé. Quand Truman voulut limoger MacArthur pour insubordination et incompétence, il se référa à l'image d'Abraham Lincoln qui avait limogé le général George McClellan et s'en était fait du même coup un adversaire, en dépit de toutes les conséquences politiques qu'une telle décision pouvait entraîner (McClellan embrassa plus tard la carrière politique et se présenta comme candidat à la présidence). Le parallèle était clair, le risque aussi. Mais Lincoln faisait figure de mentor [15]. Pour Diane Arbus, c'était *Jane Eyre* ; J. P. Morgan, quant à lui, se référait à Washington et Napoléon ; John Lennon à *Alice aux pays des merveilles*. Gary Gilmore, qui fut condamné à mort pour la série de meurtres qu'il avait commis, « avait étudié les figures légendaires de la violence... la vie de John Dillinger, de Bonnie and Clyde, sans oublier Leopold et Loeb... Barbara Graham, Bruno Hauptmann, Sacco et Vanzetti, les Rosenberg [...] Il rapportait à la maison des livres sur les hommes et les femmes qui avaient été condamnés à mort, et les lisait avec avidité [16] ».

Les livres aussi peuvent faire office de mentors, et même receler des instants initiatiques. Le philosophe R. D. Laing, qui a révolutionné la psychiatrie, raconte son expérience d'adolescent lors d'une visite à une petite bibliothèque municipale dans les années 1940. Il tomba sur Kierkegaard en :

> *avalant les rayonnages, je veux dire que je regardais tous les livres [...], m'avançant des A vers les Z [...]. Le premier ouvrage majeur de Kierkegaard que je lus [...] constitua l'une des plus grandes expériences de ma vie. Je lus le livre d'une traite, trente-quatre heures d'affilée, sans prendre le temps de dormir [...] Je n'avais rien lu sur l'auteur [...] rien qui pût me guider vers lui. Cela m'ouvrait d'immenses horizons [...] Ce qu'il écrivait m'allait comme un gant [...] Ce type-là avait réussi l'indicible. En somme, je sentis en moi la vie s'épanouir* [17].

Cet instant initiatique fait penser à un rituel d'adoption. Kierkegaard – au même titre que Marx, Freud et Nietzsche – devint l'un des pères spirituels de Laing, un membre de l'arbre familial qui alimentait son akène et ses fantasmes intellectuels. Vous n'en espérez pas tant de la part de vos parents naturels, et vous les supportez mieux dès lors que vous avez découvert l'autre arbre généalogique dont dépend l'existence de votre âme.

Le pire qui puisse arriver à votre daimon est de tenter l'aventure de l'existence dans une famille où les parents se refusent à *tout fantasme d'aucune sorte* à votre égard. Un tel environnement neutre, objectif, avec son mode de vie normatif et rationnel, ne produit que du vide, sans la moindre lueur. Ces parents-là croient bien faire en s'abstenant de s'imaginer quoi que ce soit à propos de leurs enfants. Chacun doit mener sa vie et prendre lui-même ses décisions. C'est cela être de « bons parents » : ne pas projeter sur l'enfant ses propres préjugés, ses jugements de valeur. Il suffirait d'être positif, de considérer le jeune individu avec une inconditionnelle bienveillance : « Je suis persuadé que tu réussiras tout ce que tu entreprends. » « Je suis avec toi, quoi qu'il arrive, quoi que tu fasses. » Le fantasme qui préside à ces inepties est celui de la distanciation, baptisé par euphémisme indépendance : chacun a sa chambre, son poste de télévision et sa propre ligne téléphonique. L'indépendance comme la distanciation trouvent leur expression chaque jour (ou chaque nuit) dans l'amour immodéré des Américains pour les longues distances et la phrase « je t'aime » qu'on se lance au téléphone. Ni idée, ni indignation, ni anxiété, ni fantasme, mais de l'amour en guise d'anesthésique. L'expression « je t'aime » que se renvoient sans cesse parents et enfants, peut recouvrir beaucoup de choses, mais certainement pas l'amour, car quand on aime on s'imagine des choses, on se fait des idées, on s'inquiète.

Si vous voulez une illustration de ce vide sidéral, regardez le reportage en douze épisodes intitulé *An American Family,* qui tient la chronique de la « vie » quotidienne des *Loud* au début des années 1970 à Santa Barbara, en Californie, une famille comprenant le père, la mère et cinq enfants. Le couple et le reste de la famille se désagrègent peu à peu sous nos yeux pour une raison manifeste : la cellule familiale ne vit aucun fantasme, ne cultive aucun idéal.

La grande différence entre ces citoyens californiens et les personnages des pièces de Tchekhov ou autres tableaux romanesques d'une famille sur le déclin – disons *Les Buddenbrook** – tient à ce que la vie familiale décrite par les grands romanciers bouillonne d'engagements sociaux, d'intérêts culturels, de monologues spéculatifs, de fureurs nostalgiques, de regrets et surtout de désespoirs. La littérature confère à la désespérance le parfum complexe de l'ironie et la beauté de la tragédie. Ces personnages de fiction ne se contentent pas de vivre leur vie de famille, ils vivent leurs fantasmes. Et cela rend la fiction romanesque bien plus réelle et vivante que cet univers fictif et dénué d'imagination vécu par les Loud.

> *S'il existe une culture négative, ou un moins culturel, ce sont les Loud qui en ont hérité. Le beuglement de la musique de rock constitue le summum de l'esprit créatif dans cette famille [...] On n'y connaît ni la religion, ni la crainte de Jehovah, ni la miséricorde de Marie, ni les spéculations éthérées du Talmud, ni le catéchisme, ni le mythe de Jupiter et d'Hera ; on n'y a pas d'esprit de vengeance, pas de morale bonne au mauvaise, aucun sens du bien et du mal.*

Le mari et la femme « assis dans le salon n'ont semble-t-il peur de rien – il n'y a pas de démons qui leur inspirent de mauvais

---

* Le premier grand roman de Thomas Mann (paru en 1901). (*N.d.T.*)

rêves, pas d'animaux sauvages sous leurs pas. Un feu de brous-sailles se propage dans la maison... Ils en parlent avec désinvolture. La maison peut brûler, elle est assurée ; rien ne les atteint ». Ils ne font partie d'aucun club, d'aucune organisation et n'ont pas de violon d'Ingres... « Pas de passion, pas plus pour le cinéma que pour la peinture, la lecture ou la couture. Quand ils sont chez eux, ils s'étendent près de la piscine. »

Anne Roiphe, dans son introduction au document qui a été publié à partir de ce reportage, affirme que « la culture, si elle a un sens, devrait signifier l'intégration de l'individu au tissu social [18] ». Les Loud, eux, étaient intégrés au tissu des consomma-teurs de rock, le tissu alcool-télé-voiture-santé-école-vêtements-affaires. De toute façon, le tissu social ne saurait suffire s'il appauvrit l'imagination individuelle. Ce qui entrait dans ce foyer n'aurait pu satisfaire les Loud, au demeurant insensibles à ce genre de frustration.

L'imagination nous est plus nécessaire que le tissu social. Et la famille Loud en manquait à un point extraordinaire. Ses mem-bres n'éprouvaient ni appréhension ni désir, ni colère ni ambition, ni pitié ni épouvante et ne possédaient ni le langage ni les images pouvant les exprimer. Le fantasme n'a pas nourri leurs émotions et leurs sentiments. Tout se passe comme s'ils avaient été assurés contre les risques de l'imagination. Ou, plus exactement, ils ont en commun un même et unique fantasme : celui de l'autruche. « Je trouve que nous sommes une famille bien adaptée », déclare Mme Loud à l'issue de son divorce. Elle a parfaitement raison, car les Loud sont effectivement adaptés au rêve américain avec leur piscine dans leur jardin ensoleillé et leur passivité hyperactive. La politique de l'autruche pour tout fantasme, la candeur pour idéal, le bonheur comme objectif.

Est-ce la caméra, en violant l'intimité de la famille Loud pen-dant sept longs mois, qui a introduit le virus qui devait la désin-tégrer ? Ou bien, en dépit de la vie en commun, cette intimité n'existait-elle tout simplement pas ? Les Loud se sont-ils séparés parce que leur vie réelle était transposée à la télévision – ou n'avaient-ils aucune vie réelle ? À moins que la caméra ne fût le verre grossissant qui activa le virus déjà présent dans la famille à l'état latent. En dépit des limites d'un tel reportage en tant que document anthropologique, celui-ci met en évidence la faille de la famille américaine d'aujourd'hui : l'absence de toute stimulation fantasmatique, de ce besoin de l'imaginaire qui fait tout le plaisir et l'angoisse de la condition parentale.

Jadis, les conflits familiaux reflétaient l'antagonisme entre les idéaux des différentes personnalités et générations : fallait-il prendre la succession du père dans son affaire ou faire des études ; rester à la campagne ou partir à la ville ; épouser celui ou celle qu'on avait choisi(e) pour vous, ou que vous aviez choisi(e) vous-même ? La vocation, en ces temps lointains, ne pouvait se manifester que par la résistance ou la rébellion ouverte contre le fantasme parental inscrit dans le code social collectif. Le code a changé, les pressions sociales sont d'une autre nature, mais le cœur doit encore trouver le courage de faire ses propres choix.

La première manifestation d'anticonformisme, le premier demi-pas dans la rébellion, consiste à se dire : non, je ne serai pas « le toutou à sa maman », « le rat de bibliothèque », « le cancre » ou « la bête à concours » de service. Le stéréotype que la famille s'est forgé à propos de l'enfant fait sortir ce dernier de ses retranchements et l'amène à arborer une tout autre personnalité. Chez les Loud, l'un des fils s'aventura même un peu plus loin : on le fit soigner ! Tout l'imaginaire familial refoulé avait reflué chez le fils, dans sa musique, son langage, sa manière d'être, son goût pour le travestissement.

Ce que les enfants fuient, au bout du compte, n'est pas tant l'autorité ou le chaos familial, que la vacuité d'une vie de famille se résumant aux achats, à l'entretien de la voiture et aux amabilités de convenance. Tout le prix du fantasme parental consiste à susciter chez l'enfant une prise de conscience de sa singularité, de son originalité, une rébellion contre l'ombre portée de leurs idées préconçues. Il vaut encore mieux que les parents qui désiraient un garçon baptisent leur fillette Harry, Sidney ou Clark et lui fassent porter les cheveux courts, que de n'avoir rien désiré du tout. Du moins ceux-là jettent-ils un défi à l'akène de l'enfant, donnent-ils prise à sa combativité en permettant à l'enfant de prendre conscience qu'il n'est pas conditionné par ses parents.

Le père ou la mère n'a pas plus à jouer le rôle du mentor que celui de l'original, ce personnage de vieil homme ou de dame excentrique qui, à mon sens, constitue l'une des conditions de l'épanouissement de l'akène. Il faut à la vocation une incarnation vivante de ses fantasmes, des gens réels dont la vie s'identifie aux personnages de cette littérature de gare qui fit nos délices, dont le comportement, le discours, l'habillement dégagent une bouffée de pure fantaisie. Je crois que ce qu'on appelle « la famille étendue » ne se réfère pas seulement aux pères et mères de rechange que peut fournir l'ensemble des proches. Cela signifie entretenir des rapports qui vont au-delà du périmètre ordinaire, une extension de la pensée du familier à l'imaginaire, de la réalité quotidienne à la fiction. Cela signifie entretenir des rapports avec des personnages dont on entend parler, dont on a entendu parler, mais qu'on ne voit jamais – qui vivent en prison, à l'étranger, ou vivaient à des époques révolues. La présence de tels compagnons fictifs permet de se forger une image des potentialités de l'akène. Des images qui se dressent parfois comme autant de préfigurations de la personnalité latente de l'enfant : l'oncle porté sur la bouteille qui n'en fait qu'à sa tête et de qui « vous tenez » ; ces cousins du Texas qui ne sont jamais allés voir ailleurs, ne se sont jamais mariés, mal fagotés et qui portent inscrit sur le front cet avertissement : « Si tu ne sors pas de ton trou, voilà à quoi tu ressembleras. »

De Mister Magoo à Big Bird, les personnages de bandes dessinées répondent à ce besoin de se frotter à des personnages fantasmagoriques. On laissera le docteur Spock aux parents. Les enfants regarderont Docteur Seuss. Les dessins animés de début de soirée introduisent ces drôles de voisins au comportement farfelu au sein du feuilleton familial, en étendant du même coup le cercle de famille au peuple exotique de la fiction de fantaisie. Il suffit de voir avec quelle impatience les enfants attendent que leurs parents changent de rôle, se déguisent pour Halloween de la façon la plus cocasse, la plus débridée. D'où vient la fascination pour le théâtre, la malle à déguisements, les masques, le maquillage et les fards ? S'agit-il d'échapper au visage qu'on m'a donné pour adopter d'un tour de magie celui qui me tient à cœur ? Puis-je libérer mon *genius* de la trappe de l'adaptation en lui donnant inopinément la vision d'un autre être ? L'enfant braque-t-il sur l'ordinaire un objectif qui le rend fantastique ?

Si ceux qui prennent soin de l'enfant ne peuvent adopter ni le rôle de mentor, ni celui de l'excentrique, du moins peuvent-ils laisser la porte ouverte aux personnages venus d'ailleurs, à ces extraterrestres de bon augure, ne serait-ce que pour rappeler à l'enfant qu'il est à la merci des anges.

Pour ce qui est de la troisième condition favorable à l'éclosion de la vocation – à savoir l'assouvissement des obsessions et passions enfantines –, je m'en remettrai aux fines observations de Mary Watkin sur l'imaginaire du rêve, des fantasmes, de la folie et de l'écriture romanesque et poétique, et, bien évidemment, sur l'imaginaire de l'enfant[19]. Quand l'imagination est à l'œuvre, vous êtes en quelque sorte en dehors de vous-même, dans une autre sphère. Il peut s'agir d'un état de rêve éveillé, contemplatif, d'une sorte d'absence ; du déroulement mental de tout un projet ; d'une terreur nocturne de type hallucinatoire ou au contraire de cette extase visionnaire que l'on attribue généralement aux saints. L'intensité de l'expérience est variable. Mais plus votre imagination prend le pas sur le reste, plus le fantasme prend corps et réalité, plus vous en percevez clairement les détails, les voix, les êtres, les sensations. Sa réalité s'empare de vous, et moins les mots « fantasme », « imagination », « vision » conviennent à la situation. La réalité de ce que vous ressentez est trop aiguë, prend trop d'importance. Les enfants de moins de dix ans, comme les adolescents, sans oublier les personnes très âgées, savent facilement expérimenter cet état pour échapper à la vie ordinaire.

Le travail de l'imagination exige une totale concentration. L'esprit qui s'aventure dans la sphère de l'imaginaire ne tolère pas d'être dérangé. Pas plus que s'il s'employait à réparer le circuit électrique, à ne pas laisser la sauce tourner, ou à rédiger un rapport pour le rendez-vous du lendemain matin. L'enfant pataugeant par terre au milieu de trois poupées et une casserole remplie d'eau, ou courant comme un fou à travers les buissons du jardin, est autant absorbé par sa tâche que vous l'êtes par la vôtre. Sans doute plus. Son travail, c'est de jouer. Le jeu, c'est le métier de l'enfant. Prendre l'enfant dans vos bras quand il joue, l'appeler pour qu'il s'habille et se débarbouille avant qu'il ait achevé sa tâche, c'est le déranger en plein travail. Votre obéissance à l'horloge et à ce niveau de réalité n'est pas la meilleure preuve de courtoisie à l'égard de l'imagination enfantine.

L'akène a l'intensité de la passion, de l'obsession. Elle n'est que concentration, quintessence, essence de parfum. C'est le comportement de l'enfant qui élabore cette condensation. L'enfant injecte dans ses jeux cette pulsion embryonnaire. C'est sa concentration qui permet à l'enfant de dégager l'espace suffisant aux agissements de l'homuncule figurant sa vérité innée. C'est l'activité obsessionnelle, répétitive, exhaustive, qui donne à cette vérité son style, sa forme et sa fonction. Elle mérite tous les égards. Frappez avant d'entrer.

8

Le déguisement

Mark Twain aurait observé que, plus il avançait en âge, plus il se rappelait nettement des événements qui ne s'étaient jamais produits. Mais les faux souvenirs peuvent survenir à n'importe quel âge, comme la tendance à la fabulation. Ils appartiennent à l'autobiographie de chacun, et lui sont peut-être indispensables. Tout se passe comme si nous éprouvions l'étrange besoin de falsifier, dénaturer, voire censurer le cours de notre existence.

Nous arrangeons les détails et les enjolivons ; il nous arrive même de nous approprier ce que d'autres ont vécu. Ou d'occulter le passé, comme Joséphine Baker qui détruisit la plupart de ses vieilles photos [1]. Selon Twain, c'est le roman de la vie qui prend alors le pas sur la vie elle-même. Mais quel est le conteur qui invente cette biographie fictive et dissimule la véritable ? Quel est cet éditeur qui demande qu'on édulcore la réalité et qu'on brode sur les faits ?

Eugène Delacroix disait à qui voulait l'entendre que son père « inconnu » n'était autre que Talleyrand, le grand homme d'État français [2]. Jung, quant à lui, aurait été l'enfant d'une des liaisons adultérines de Goethe. John Wayne racontait que son père possédait à Glendale un drugstore, ainsi qu'un commerce de crèmes glacées et de pots de peinture – ce qu'un vieil habitant de la ville connaissant bien la famille eut l'impertinence et la cruauté de démentir [3].

Le frère de Lyndon Johnson, Sam Houston Johnson, refusa de donner des détails sur les épisodes que le président racontait sur son enfance, pour la bonne raison, expliquait-il, que ceux-ci n'avaient jamais eu lieu[4].

Fidel Castro avait deux bulletins scolaires : un pour l'école, un autre qu'il remplissait lui-même et faisait signer à ses parents[5]. Georges Simenon, sans doute l'un des meilleurs auteurs de ce siècle – surtout de romans policiers – écrivit une autobiographie fictive, qu'il remania à nouveau sur le tard. Il faut dire que la mystification commença au premier jour de sa vie : comme il était né un vendredi 13, sa mère en conçut quelque inquiétude et fit faire à son mari une fausse déclaration à l'état civil en le déclarant venu au monde un 12 février[6]. « L'origine du prénom d'[Isadora Duncan] n'a jamais été établie. Elle s'appelait Dora Angela à sa naissance[7]. » Elle fut un temps à l'affiche sous le nom de Sara. Toujours est-il qu'elle passa sa vie à égarer son passeport et que son âge variait selon les circonstances.

Leonard Bernstein eut deux prénoms : Louis, le prénom officiel, qu'il troqua définitivement à seize ans pour celui de Leonard. Bernstein prétendait également que son père s'était toujours opposé à sa vocation et qu'il avait « vécu une enfance misérable », en insistant sur le fait que le lycée classique de Boston où il suivit toutes ses études secondaires, « ne permettait absolument pas de faire de la musique ». En réalité, Bernstein jouait du piano en soliste dans l'orchestre du lycée et était membre de la chorale. Pour ce qui est de la misère de son enfance, Leonard grandit entouré de servantes dans une famille disposant de deux voitures et à l'occasion d'un chauffeur faisant aussi fonction de major-dome ; le père possédait deux résidences et put payer à son fils des études à Harvard[8].

Henry Ford, lui, aurait démonté sa première montre à l'âge de sept ans.

À en croire ses mémoires et les innombrables anecdotes qu'il livrait lors des interviews, Henry Ford avait passé sa petite enfance à examiner et démonter tout ce qui lui tombait sous la main, en un mot à manifester tous azimuts son génie de la mécanique.

Il ne se lassait pas de raconter qu'il sortait en catimini à la tombée de la nuit pour récupérer montres et pendules chez les voisins, afin de les réparer à la maison.

Il réservait à ses interlocuteurs bien d'autres histoires du même style. Ce qui n'empêcha pas sa sœur Margaret de déclarer :

> « *Je n'ai jamais entendu parler de ces escapades nocturnes.* » *Elle démentit pendant des années la version apocryphe que donnait Henry de leur ferme natale. Il parlait d'un petit établi d'horloger situé dans ce qui était censé être sa chambre.*
> *Lequel établi n'avait jamais existé, insistait-elle*[9].

Henry Kissinger, dont le père fut privé de son poste de professeur à Furth, en Allemagne, parce qu'il était juif, déclarait en 1958 : « La vie que j'ai menée à Furth m'a très peu marqué. » En 1971, Kissinger récidivait : « Cet épisode de mon enfance n'a pas eu de conséquences particulières sur le reste de ma vie. Je ne me rendais pas compte de ce qui se passait. Les enfants ne prenaient pas trop au sérieux ces choses-là. » Ce furent pourtant des années de persécutions pendant lesquelles on tabassait les juifs, les chassait des écoles et des terrains de jeux, les privait de tous droits civiques, et où l'on interdisait tout rapport entre juifs et non-juifs. Les amis et proches du jeune Henry racontent que les enfants juifs n'avaient pas le droit de jouer avec les autres et devaient garder le silence quand ils s'amusaient dans le jardin. Les jeunes juifs ne pouvaient aller au bal, à la piscine ni fréquenter les salons de thé. « Il ne se passait pas un jour sans qu'on nous injurie dans la rue, sans invectives, sans qu'on entende des réflexions antisémites. » La mère d'Henry se souvenait particulièrement « de la terreur et de l'incompréhension de ses enfants au passage des défilés des jeunesses nazies hurlant des insultes[10] ». Ce qui n'empêchait pas Kissinger d'affirmer que « les enfants ne prenaient pas ces choses-là au sérieux », que « cet épisode de mon enfance n'eut pas de conséquences particulières ».

LA BIOGRAPHIE

Les écrivains n'aiment pas qu'on mette le nez dans leur vie. Henry James brûla tous ses papiers personnels dans son jardin. Charles Dickens également. À vingt-neuf ans (!), Sigmund Freud en fit autant ; il aurait dit : « Tant pis pour les biographes [...] Je ferai tout pour qu'ils fassent fausse route. » Il prit ensuite l'habitude de détruire ses lettres et autres documents personnels, et essayait de récupérer ce que d'autres personnes pouvaient détenir [11]. Lyndon Johnson laissa une note avec la consigne « à brûler » sur une pile de lettres sans importance qu'il avait écrites de Washington à d'anciens étudiants et amis. William Makepeace Thackeray, T. S. Eliot et Matthew Arnold se sont toujours refusés à ce qu'on écrive leur biographie. Leon Edel, qui a beaucoup réfléchi sur l'écriture biographique et lui-même un maître du genre, explique la chose suivante :

> *Certains considèrent [le genre biographique] comme un acte d'indiscrétion et de voyeurisme, voire de prédation. Les biographes sont « la plaie de la littérature anglaise » (George Eliot), de véritables « hyènes » (Edward Sackville-West), des « psycho-plagiaires » (Nabokov) ! La biographie serait « toujours superflue » et « le plus souvent de mauvais goût » (Auden)* [12].

Certains écrivains – comme J. D. Salinger – se refusent à toute interview et n'hésitent pas à brandir la menace de poursuites judiciaires. Willa Cather interdisait à quiconque de s'intéresser à sa vie, et Eudora Welty reste « très secrète, ne répondant à aucune question touchant à sa vie privée ou celle de ses amis [13] ». Autre exégète du genre biographique, Carolyn Heilbrun accuse Welty d'avoir « brouillé les pistes » dans ses Mémoires intitulés *Les Débuts d'un écrivain*, car « une véritable autobiographie aurait heurté son sens de la pudeur et de la discrétion » (Heilbrun elle-même a écrit sous le pseudonyme d'« Amanda Cross »). Heilbrun n'a pas la même notion de la vérité et du mensonge que Welty, pour qui la vérité est compatible avec une certaine tradition littéraire hostile au récit biographique. Certains écrivains sont prêts à mettre sous clef, voire à brûler en un rite sacrificiel tout ce qui les concerne personnellement, afin de défendre la vérité de leur œuvre. Ma vie, comme disait Auden, est « superfétatoire ». Vous voulez écrire ma biographie à cause de mes écrits, mais ce « moi » après qui vous courez se trouve précisément dans mes écrits et pas ailleurs.

Tous les subterfuges autobiographiques prennent un sens à la lumière des chapitres précédents. Quelque chose nous dissuade d'étaler certains faits de crainte qu'on ne les prenne pour la vérité, la seule vérité. Quelque chose s'oppose à ce qu'on vienne fouiner de trop près, à ce qu'on s'empare de ce qui a inspiré une vie de travail. C'est ainsi qu'on se voile de légendes. Quelque chose cherche à protéger l'œuvre des effets de la vie réelle, à mettre un écran entre le travail créateur, quelle qu'en soit la nature, et son contexte. La sœur de Ford et le frère de Johnson faisaient partie de ce contexte (même si eux-mêmes prenaient leur revanche en démentant âprement les propos de leurs frères respectifs) et la plupart des biographes se croient obligés de raconter la vie des témoins les plus proches.

C'est quoi, ce « quelque chose » ? L'akène, bien sûr. Quelque chose qu'on ne peut réduire aux rapports entre les gens, aux influences mutuelles, aux événements fortuits, au pouvoir du temps, à « ceci est survenu après cela au cours du développement », comme si la vie se résumait à la formule « une chose en amène une autre ». Quelque chose qui ne se résume pas non plus à l'intervention de la fortune. Inventer, arranger (et démanteler la réalité familière), travestir et escamoter tout ce qui peut faire l'objet de la curiosité d'autrui, c'est préserver la vision romanesque de l'existence.

La « falsification » biographique a la même valeur que les « faits » eux-mêmes dans la narration d'une existence. Qui est le mieux placé pour savoir « ce qui s'est vraiment passé » ? Henry Ford ou sa sœur Margaret, ou d'autres témoins de l'époque ? Ce qui est *réel*, c'est la légende d'Henry Ford illustrant la créativité de l'inventeur. Notre vie s'invente au fil des jours, en dépit de la contingence du quotidien. C'est le souvenir, la reconstitution des faits, qui donne sa cohérence au passé. L'enfance ne prend son sens que rétrospectivement. L'on n'aperçoit l'akène qu'après coup, par une vue plongeante sur l'arbre touffu de l'existence. Et les « faux souvenirs » dont parlait Twain ne seraient-ils pas une révélation, plutôt qu'une falsification ?

En outre, pourquoi faudrait-il accorder plus de crédit au biographe de Kissinger qu'à Kissinger lui-même ? Après tout, qui est l'auteur de sa vie ? Le biographe Walter Isaacson voit un déni de la réalité dans l'insistance de Kissinger à prétendre que l'antisémitisme rampant des années de son enfance n'a eu aucune influence significative sur sa vie ultérieure [14]. Isaacson prétend qu'il y a un lien insidieux entre le contexte de la jeunesse de Kissinger et son tempérament politique. Voilà bien le credo de la biographie investigatrice, de la théorie du développement, de la psychologie historique. Qu'on aime ou pas Kissinger, du moins peut-on lui accorder qu'en tant que sujet de sa propre biographie, il est plus convaincant que son biographe.

Mme Paul Kissinger, la mère d'Henry, voyait chez ses enfants « de la crainte et de l'incompréhension au passage des jeunesses nazies ». Mais Henry Kissinger, conseiller à la sécurité nationale et secrétaire d'État, acteur géopolitique d'exception, qui pouvait tenir tête aux enquêtes du Sénat, aux intrigues de la Maison Blanche, à Brejnev, à Mao, côtoyer Nixon et le regarder les yeux dans les yeux, ordonner des écoutes et proposer le bombardement massif de l'« ennemi » dans le Sud-Est asiatique, n'avait guère de quoi être effrayé par le défilé d'une poignée de blondinets en culottes courtes. « Les enfants ne prenaient pas trop au sérieux ces choses-là », disait-il car, à en croire son akène, Henry n'était pas l'enfant que sa mère voyait en lui.

La vérité du « cas » Kissinger ne consiste pas à savoir si les persécutions nazies ont affecté sa personnalité, ni dans quelle mesure les persécutions de son enfance ont influencé le style de sa pensée et de son action politiques. La vérité, c'est la résistance de Kissinger à la pensée réductrice ! Son « déni » de la réalité, c'est le refus de se voir décortiqué dans une biographie. Ses intrigues et stratagèmes d'homme de pouvoir n'ont rien à voir avec un délire de persécution. Si l'on considère la vie d'Henry Kissinger comme la manifestation de son akène, l'univers de Furth où débuta son existence devient un terrain d'entraînement pour sa carrière future. Il lui fallait dans les deux cas la même virtuosité pour l'intrigue, le même talent politique implacable qui, en élevant l'esquive et le refus de la réalité au niveau de l'art politique, lui ont permis de dominer les circonstances sans jamais s'y soumettre, sans jamais leur permettre d'avoir raison de lui.

Ce n'est pas Kissinger qu'il faut accuser de faire double jeu, mais l'autobiographie elle-même, tant il est vrai que l'*auto* et le *bio* ont deux histoires différentes, l'une ayant trait à l'akène et l'autre à la vie. Sans compter le troisième comparse du complot : l'acte d'écrire, le *graph*.

Car l'écriture est également un art qui se donne en spectacle. Le public vous attend toujours au tournant, sinon dans la tête de l'écrivain, du moins dans l'œil de l'éditeur. Isadora Duncan, raconte son biographe et vieil ami Victor Seroff,

> *me dit un jour que son éditeur* [celui de son livre autobiographique My Life] *avait insisté pour qu'elle raconte en détail ce qu'elle avait ressenti en perdant sa virginité. Elle était alors dans une situation financière désespérée et prit le parti d'accepter. Comme il s'agissait d'un épisode survenu bien des années plus tôt à Budapest, Isadora me demanda de lui jouer une des rhapsodies hongroises de Liszt, afin de lui remémorer « l'ambiance hongroise ».*
>
> [...] *Mieux, la musique de Liszt dégagea semble-t-il une « ambiance aphrodisiaque » qui lui fit écrire, allongée sur le sofa, les détails de l'aventure... Elle inventait de toutes pièces, tout simplement* [...] *L'épisode a dû être trop salace, y compris pour les éditeurs, qui firent réécrire le chapitre avant publication* [15].

La mémoire d'Isadora fut peut-être stimulée par la musique de Liszt, mais l'érotisme effréné de son récit, probablement fictif, correspond bien au style de sa vie toute dédiée à l'amour et à sa personnalité authentique.

Il serait vain de décrire le mécanisme de ces affabulations et autres faux souvenirs. Chaque personnalité individuelle a ses propres bizarreries. Mieux vaut comprendre la fonction récurrente de ce mécanisme.

La psychiatrie dispose d'un vieux terme toujours approprié, *pseudologia fantastica,* pour désigner la fabulation, le récit d'événements qui ne sont jamais arrivés (Twain), « de façon à éveiller la curiosité de l'interlocuteur [16] ». Ce comportement appartient à la catégorie des troubles dits « factices », c'est-à-dire n'ayant pas de fondement réel, authentique ou naturel. Dans leur forme extrême, ils touchent à la mythomanie, au « mensonge pathologique ». Quand la fabulation prend une forme physique prédominante – simulation d'une maladie conduisant à des hospitalisations inutiles – on parle de syndrome de Münchhausen, d'après le baron légendaire connu pour le récit de ses aventures extraordinaires, son talent pour le déguisement et ses apparitions théâtrales. Nous sommes plus familiarisés avec le comportement des personnes alcooliques atteintes du syndrome de Korsakoff, qui comblent leurs trous de mémoire par des propos incohérents. Même les enfants, dont le cerveau est pourtant parfaitement normal, sont sujets à de telles divagations (ce qui rend leur témoignage inutilisable devant les tribunaux). Ces différents phénomènes appartiennent à la zone d'ombre psychologique où deux univers entrent en collision : les faits et la fable, la réalité et la fiction. Selon les critères de la psychiatrie, la fable n'est qu'affabulation, simulation, mensonge pathologique.

Il est clair que la fable prend le pas sur le reste chez les personnages qui racontent des histoires à dormir debout, comme si la fiction biographique, le travestissement et l'escamotage signifiaient : « Je ne fais pas partie de votre réalité. Je ne laisserai pas le monde des faits s'approprier ma part d'étrangeté et de mystère. Il me faut inventer un univers dont l'illusion traduit avec plus de vérité ce que je suis que les "réalités" de mon entourage. D'ailleurs, je ne mens pas ni n'invente : mes élucubrations me viennent spontanément. On ne peut pas me reprocher de mentir car ce n'est pas vraiment moi qui raconte toutes ces histoires ; elles me viennent à mon insu. »

L'anglais a emprunté un terme à l'allemand pour désigner ce phénomène : l'effet *doppelganger*, l'effet sosie. Vous avez votre jumeau sur terre, votre alter ego, votre ombre, votre double, qui parfois semble tout près de vous comme un autre vous-même. Quand vous vous parlez à vous-même, vous faites des reproches, essayez de vous calmer, qui sait si vous ne vous adressez pas à votre sosie, mais un sosie qui serait dans la même pièce que vous, pas à l'autre bout du pays.

Les Inuits ont une autre façon de parler de cette âme jumelle, qu'elle habite votre corps ou fasse partie du monde extérieur où elle va, vient, apparaît et disparaît, hante les choses, les lieux et les animaux [17]. Les anthropologues qui ont fréquenté les Aborigènes d'Australie parlent de l'âme de la brousse (*bush-soul*), pour désigner cette autre âme.

Les contes de fées, les poèmes rumi et les histoires zen abordent souvent la question du double, cette étrange duplicité de la vie. Il y a deux oiseaux dans l'arbre se tenant côte à côte, l'un mortel, l'autre immortel. Le premier pépie, fait son nid, volette alentour ; le second regarde.

Chez de nombreux peuples, on doit soigneusement éliminer le placenta à la naissance, car il vient au monde avec vous et on ne doit pas le laisser pénétrer votre existence. Il doit rester mort-né et retourner dans l'autre univers, sous peine que votre sosie congénital devienne un fantôme maléfique.

La naissance de jumeaux est souvent considérée comme un mauvais présage, comme si une erreur s'était produite : les deux oiseaux, l'humain et le fantôme, l'univers terrestre et l'au-delà, se côtoient indûment dans le monde d'ici-bas. La gémellité matérialise le sosie, fait apparaître en même temps le visible et l'invisible. C'est pourquoi la légende, celle de Caïn et Abel ou de Romulus et Remus par exemple, raconte le meurtre sacrificiel de l'un des jumeaux pour le salut de l'autre. L'ombre, la créature immortelle, celle de l'autre monde, cède la place afin que la créature mortelle puisse entamer son existence.

NOMS ET SURNOMS

Le jumeau imaginaire fait une discrète apparition dans les prénoms et leurs rituels d'attribution : deuxièmes prénoms, prénoms doubles, fait de donner à quelqu'un le nom d'un disparu, d'un personnage biblique, d'un saint ou d'une célébrité afin de s'attirer leurs bonnes grâces.

Combien d'entre nous haïssons notre prénom, en voulons à nos parents pour nous avoir baptisés ainsi ? « Qui » ressent l'insulte ? L'idée égocentrique qu'on se fait de soi-même, ou l'akène ?

Les enfants se donnent des sobriquets. Comme les joueurs de foot, les musiciens de jazz, les gangsters et tout membre d'une bande. Le genius aurait-il un nom et l'individu un autre ? La manie des surnoms est-elle une façon discrète de rendre hommage au sosie, une façon de rappeler que c'est Fats qui est au piano et

Dizzy à la trompette, et non MM. Waller et Gillespie qui se contentent de lacer leurs chaussures et de prendre leur petit déjeuner ?

Le sobriquet contient une part de vérité intime qui peut être perçue avant que le genius l'ait révélée dans toute sa dimension, mais le surnom n'est pas seulement une façon affectueuse de signaler un défaut, de l'humaniser en quelque sorte. Ce serait pécher par sentimentalisme que de croire que le surnom n'est qu'une façon de ramener la star à des dimensions humaines, de donner accès au génie sans trop vouloir intimider. La sensiblerie cherche toujours à mettre à l'aise. Dans cette optique, le surnom est censé mettre tout le monde sur le même pied. Herman Ruth n'est plus que « Babe » ; Nelson et Floyd, les assassins dont la tête est mise à prix, ne sont plus que « Face d'ange » et « Gueule d'amour » ; quant au général cinq étoiles au double mandat présidentiel, c'était « Ike »*, tout simplement.

Mais supposez qu'au lieu de s'en remettre à cet humanisme confortable qui consiste à réduire le génie à la taille de nains de jardin, on considère ce que Jung appelait la personnalité « numéro deux » et Socrate le daimon, comme une image distincte qui mérite d'avoir un nom à elle si elle ne l'a déjà, puisqu'elle est douée d'une vie propre. Le diminutif n'est alors qu'un déguisement du daimon lui permettant d'échapper à l'humanisation et de protéger son pouvoir magique contre « l'indiscrétion fouineuse et prédatrice » des biographes. Les diminutifs, ces euphémismes qu'on utilise pour apprivoiser la magie du pouvoir et conjurer les craintes que celui-ci inspire, ont toujours la même fonction dans le mythe et le conte de fées. C'est ainsi que « le petit », qu'on indique en russe, en français ou en allemand par un suffixe diminutif, ou tout autre surnom affectueux, devient l'intelligent sauveur doté de pouvoirs magiques. Le petit elfe du bord du chemin, le petit nain à capuche, la cadette des douze enfants – autant de petits personnages ayant le don de commander aux événements parce qu'ils sont les envoyés de l'autre monde dans celui-ci.

Il suffit de lire *The World Almanac*[18] pour connaître la métamorphose des noms des stars : Madonna Louise Ciccone en

---

* Dwight David Eisenhower (1890-1969). Nommé en 1943 commandant en chef des forces alliées en Europe, coordonne le débarquement de Normandie. Élu président des États-Unis en 1952, son mandat est renouvelé en 1956. (*N.d.T.*)

Madonna ; Diana Fluck en Diana Dors ; Cheryl Stoppelmoor en Cheryl Ladd ; Roy Scherer, Jr, en Rock Hudson ; Borge Rosembaum en Victor Borge ; Sophia Scicoloni en Sophia Loren ; Thomas Mapother en Tom Cruise ; James Stewart en Stewart Granger ; Albert Einstein en Albert Brooks ; Anna Maria Italiano en Anne Bancroft ; George Alan O'Dowd en Boy George ; Ramon Estevez en Martin Sheen ; Annie Mae Bullock en Tina Turner. Et quand on nous dit qu'il s'agit de plaire au public et de s'assurer un succès commercial, nous n'avons que le côté humain de l'explication. L'autre raison du changement de nom, c'est qu'on ne peut être une star à la fois mortelle et immortelle. Il faut deux noms qui puissent désigner deux personnes, un double jeu inhérent au tandem de l'akène et de son hôte.

Mais avons-nous tous un nom qui nous est propre ? Quand Barbara McClintock, prix Nobel de médecine en 1983 pour ses travaux de génétique, se présenta à son examen de fin d'études en géologie, à Cornell, il lui arriva une chose étrange :

> *On nous avait distribué les cahiers bleus sur lesquels on devait rédiger l'épreuve. Il fallait mettre son nom sur la page de garde. Bon, ce n'était pas le moment. Je voulais voir les questions tout de suite. Je me mis à rédiger immédiatement – j'étais enchantée. J'y pris un plaisir immense. Tout se passait parfaitement, mais quand il me fallut écrire mon nom, je ne pus me le rappeler. Aucune association d'idées qui pût me sauver, rien. J'attendais. Je me voyais mal demander mon nom à quiconque, on m'aurait cru cinglée. La nervosité me gagnait jusqu'à ce que, finalement (cela dura une vingtaine de minutes), mon nom me revînt. Je crois que c'était mon existence corporelle qui me gênait. Ce qui se passait, ce que je voyais, ce que pensais, et le plaisir que j'en retirais, étaient tellement plus importants* [19].

Oublier son propre nom ! Un tel incident serait-il une preuve de génie ? Le genius invisible de McClintock aurait-il pu venir faire le travail, de sorte que le corps de la lycéenne ne pût signer ce qu'elle n'avait pas fait elle-même ? McClintock attribue cette étrange absence à sa distanciation par rapport à son corps, à sa façon d'exister par l'esprit. « Le corps, c'était ce qu'il fallait traîner avec soi [...] J'aurais toujours voulu être un observateur objectif et pas ce qu'on appelle "moi". »

Mais si « l'autre nom », qui n'est pas inscrit à l'état civil, désigne « l'autre », de qui est-il question dans la biographie ? Et si c'était tout le charme *du genre* biographique, de mettre en relation les deux âmes, ce que les biographes appellent la vie et l'œuvre, l'homme et le génie ? Serait-ce pour cette raison que les biographies exercent sur nous une telle fascination ? Elles exposent les rapports intimes entre les deux personnages. Et c'est en étudiant comment d'autres ont spectaculairement réussi leur vocation, malgré les pièges et les tragédies de l'existence, que nous avons un aperçu de notre propre genius et de la façon dont nous pourrions lui rendre hommage.

Il ne s'agit pas de se conformer à des modèles ou des héros, ni de s'évader dans d'autres existences, mais de résoudre le mystère fondamental de la double naissance de chacun, de partir à la recherche de ce sosie, cet ange étrange dont on guette les indices dans les récits biographiques faute de l'avoir encore trouvé soi-même. Voilà pourquoi, sans doute, les innombrables superstitions et obscures pratiques relatives au placenta, aux elfes, au sosie, et à toute la faune des esprits et des noms qui leur sont attachés, tournent autour du même thème : nous ne sommes pas seuls au jour de notre naissance. Nous faisons notre entrée dans le monde accompagnés d'un double venu d'ailleurs, doté de pouvoirs magiques, qui n'est pas censé être là où nous sommes, quand nous y sommes.

Il fallut une vingtaine de minutes à Barbara McClintock pour se souvenir de son nom. Ses deux âmes lui apparaissaient comme « un moi corporel », et « un moi qui observe ». Sa double naissance lui fut un fait acquis dès le départ, en ce sens qu'on commença par l'appeler Eleanor. Puis « on décida que "Barbara" conviendrait mieux à une fille qui manifestait un aplomb si peu ordinaire ». On lui changea son nom à quatre mois !

Chez les Inuits, votre nom usuel vous quitte quand vous tombez malade. Il « s'en va ». Et l'on vous donne un autre nom. Si vous mourez, c'est ce dernier nom, celui de l'âme d'un défunt, qui meurt à nouveau ; si vous guérissez, votre premier nom revient et c'est celui de l'âme du défunt qui « part ». L'on dit alors : « C'est l'ancien moi qui revient. » Le statu quo antérieur est rétabli.

Cet « autre » peut vous rendre visite quand vous dormez ou êtes dans un état second, pendant un jeûne ou une retraite solitaire, ou à un instant critique quand la mort semble imminente (« en tombant de la paroi, j'ai vu défiler toute ma vie »). Le double éternel peut saisir toute l'existence en un instant, puisque lui-même est hors du temps.

Comment ces phénomènes se manifestent-ils dans l'univers psychologique de notre civilisation ? Sous différentes formes, le plus souvent marginales, en tout cas très biaisées. Au niveau pathologique, dans les hallucinations induites par la drogue et les multiples troubles de la personnalité ; par le sentiment d'un intrus vivant sa propre vie pendant une maladie, « d'une présence étrangère dans son corps » comme le rapportait John Updike à propos de son psoriasis dans son essai autobiographique *Self-Consciousness* (« La Conscience de soi »). Un sentiment que rapportent volontiers les personnes souffrant de dépression, de crises d'anxiété, de bouffées délirantes ou d'états obsessionnels compulsifs. Ces phénomènes se manifestent également sous des formes socialement plus acceptables : les amis imaginaires de l'enfance, les phénomènes « para »-psychologiques, les techniques thérapeutiques d'autosuggestion, les portraits et personnages des œuvres d'art. Sans oublier les inexplicables hallucinations hypnagogiques (précédant immédiatement l'endormissement) lors des interventions chirurgicales, où l'on se voit soi-même au-dessus de la table d'opération.

Autant de phénomènes inopinés dont la bizarrerie témoigne surtout de la façon dont notre civilisation marginalise l'invisible. Quand la philosophie d'une culture ne laisse pas assez de place à l'au-delà, ne croit pas au monde invisible, celui-ci s'insinue dans le système psychique sous une forme dénaturée. Ce qui laisse penser que certains troubles psychiques devraient plutôt être imputés au regard biaisé que portent sur le monde ceux qui les diagnostiquent.

En guise de dernier témoin du double jeu autobiographique, j'appellerai à la barre Leopold Stokowski, le chef d'orchestre le plus contesté, le plus original, le plus populaire et aussi le plus « caractériel » du XXᵉ siècle. Toute une série d'excellents écrivains de bonne volonté, aux intentions irréprochables, ont tenté de convaincre Stokowski de collaborer à la rédaction de sa biographie. Il les a mis à la porte les uns après les autres.

Évidemment, cela n'a pas empêché la parution de biographies qui expliquaient que Stokowski n'était pas polonais, qu'il était né en Angleterre d'une mère anglaise elle-même issue de parents anglais et protestants, et d'un père né à Londres, dont la mère était également anglaise et de confession protestante. Seul le grand-père de Stokowski, côté paternel, était authentiquement polonais. Peu importe. Stokowski, qui ne se rendit en Pologne qu'à un âge avancé, a toujours parlé avec un accent d'Europe de l'Est.

L'accent n'était qu'un déguisement. « Quiconque tentait de fouiller dans son passé avait fort à faire, car Stokowski adorait inventer [...] Ceux qui l'interviewaient finissaient toujours par publier des informations fictives. » La fiction devint contagieuse. L'*Oxford Companion to Music* et la revue *Time* rapportèrent qu'il était probablement juif ou à moitié juif. Selon le *Grove Dictionary of Music and Musicians,* qui fait autorité, son vrai nom serait Leo Stokes. Selon la fille de Stokowski, son père et sa mère auraient « signé un accord en bonne et due forme » pour qu'aucune lettre ou papier personnel le concernant ne soit publié. Sa mère « avait détruit toutes leurs lettres »[20]. Les inconséquences et les anachronismes abondent à son sujet. Stokowski a prétendu que Sir Charles Hubert Parry fut l'un de ses premiers professeurs de composition. Or Parry avait cessé d'enseigner deux ans avant que Stokowski s'inscrive à l'école en question.

L'une des plus belles histoire du maestro a trait à la manière dont il acquit son premier violon :

> *« Je me souviens de l'âge que j'avais car un homme était entré un soir dans ce club* [polonais] *avec un petit objet à la main* [...] *Je dis à mon père :*
> *— Qu'est-ce que c'est ?*
> *— Un violon, répondit-il.*
> *Puis je m'adressai à mon grand-père :*
> *— Je veux un violon...*
> *Et il m'acheta effectivement ce qu'on appelle "un quart", et c'est ainsi que je commençai le violon à sept ans et c'est resté mon instrument favori* [...]. »

Le premier problème que ce récit nous a posé fut que le dit grand-père était mort trois ans avant la naissance de Leopold. Ensuite, son frère nous a écrit : « Leo n'est jamais allé en Poméranie ni à Lublin [où les faits étaient censés se dérouler], *et n'est d'ailleurs jamais sorti d'Angleterre avant l'âge adulte. Il n'a pas étudié le violon dans sa jeunesse, ni plus tard, à ce que je sache. »*

L'histoire du violon de Stokowski réapparaît à plusieurs reprises et il le signale comme son instrument usuel lors de son adhésion à l'Union des musiciens en 1909. Mais son biographe, Oliver Daniel, affirme qu'il n'a jamais rencontré une seule personne ayant vu Stokowski jouer du violon.

Souvenirs fictifs, escamotages, fausses confidences... Stokowski fut toujours considéré comme une énigme, lui le maestro qu'on surnommait *misterioso,* en dépit de l'étalage extravagant qu'il fit de lui-même toute sa vie. Son mode de raisonnement semble clair : « Je pense que chacun doit cultiver ses souvenirs [...] et ses oublis. » La vie de Stokowski avait toujours besoin d'une vie homologue (pour reprendre l'expression de Philip Roth), de s'inventer un passé romanesque.

Stokowski était toujours vert à quatre-vingt-seize ans. « Les derniers jours de sa vie, il brûla la plupart des lettres qu'il avait reçues de gens célèbres, comme Stravinsky. Il ne voulait pas qu'on l'enregistre [21] (sauf bien sûr lorsqu'il dirigeait un orchestre, ce qu'il fit jusqu'à sa mort, et dont on garde des disques extraordinaires). » Les dieux eux-mêmes semblent avoir voulu encourager et même prolonger la mythomanie de Stokowski et respecter son origine fictive, sa jeunesse inventée, ses dates fantaisistes, ses trous de mémoire. Car après sa mort, en Angleterre,

les tableaux acquis par Stoki [...], les dessins et les peintures qu'il avait lui-même exécutés, ses cahiers, ses talismans, ses agendas et la plupart des objets personnels acquis durant sa longue vie furent chargés dans un immense container pour l'Amérique. Il y eut une forte tempête sur l'Atlantique... et le container passa par-dessus bord [22].

Michael Holroyd, l'un des biographes de George Bernard Shaw, a décrit la résistance acharnée qu'un auteur peut opposer au récit de sa propre vie. Il trace une frontière entre la vie et l'œuvre et résume bien le sentiment populaire à ce sujet :

> *À partir du moment où un homme d'imagination devient le sujet d'une biographie, il prend le risque de voir tarir son inspiration. Car, explique-t-on généralement, la vie n'est que l'enveloppe de l'œuvre créatrice [...] À l'inverse de Midas, le biographe transformerait en poussière toutes les pièces d'or qu'il touche. Si vous attachez de la valeur à votre travail, ne laissez pas un biographe traîner dans les parages, dit le préjugé populaire[23].*

Holroyd plaide pour les biographes et combat l'hostilité dont ils sont victimes, mais ne va pas assez loin. Il néglige la vérité émotionnelle qui se dégage du point de vue des adversaires du genre biographique. Il oublie de tenir compte de l'antagonisme structurel existant entre la vie et l'œuvre, et de la nécessité de la dissimulation. Le facteur antibiographique, c'est le genius lui-même, lui que tout offense dans la vie terrestre en dépit de ses efforts pour s'intégrer au monde. Car le genius ne s'humanise jamais complètement.

Le biographe n'a pas seulement pour adversaire le sujet de son livre, la famille dudit sujet, les fidèles amis de celui-ci, leurs cachettes secrètes où ils serrent lettres, journaux intimes et autres mémoires, la rétention d'information, la mise sous scellé des documents comme s'il s'agissait de secrets d'État. Le genius est lui aussi l'ennemi des explications rationnelles dont par définition il ne veut pas être la victime. Le grand dissimulateur, c'est le daimon. Il continue d'ailleurs à hanter les descendants de la personne célèbre et à pérenniser leur instinct protecteur des années après sa mort.

Raconter la vie des gens, c'est une « profession impossible », comme disait Janet Malcom en parlant de la psychanalyse. Impossible, parce que l'individu dont on est censé parler n'est pas qu'*un* individu. Le biographe se trouve dans la même situation que l'analyste qui doit travailler avec la psyché invisible de son patient ou sa patiente. Les auteurs de biographies écrivent des histoires de

197

fantômes, et doivent aimer les fantômes pour savoir débusquer l'invisible des réalités visibles de la vie. La biographie peut se contenter de cerner les faits au plus près. Mais elle peut également tenter d'y voir plus clair en décelant les traces de l'invisible dans les bizarreries et les faits fantasmagoriques de l'existence dont il lui faut rendre compte, et ce faisant faire par hasard des découvertes heureuses. Jung s'essaya à cet art en mettant au centre de son autobiographie deux personnalités. À la manière d'un vieil Esquimau, il y inclut ses rêves, y compris dans le titre de l'ouvrage*.

Un penseur contemporain a écrit, à propos du genre biographique : « La biographie n'a jamais bénéficié d'une terminologie reconnue ni de règles qui lui soient propres, ni d'une esthétique qui puisse l'imposer et la faire respecter [24]. » Cette incertitude sur le contenu se double d'une ambivalence de territoire, et c'est ainsi que le biographe trouve sa meilleure récompense dans la désillusion. Pas une désillusion à l'encontre du personnage qui l'occupe, ce dépit souvent exprimé à propos de ses cachotteries et de sa prétendue déloyauté. Non, il s'agit plutôt d'une désillusion roborative envers le monde des faits purs et durs, susceptible de convertir le biographe à une illusion plus heureuse : celle de la réalité du daimon. Cette illusion-là donne-t-elle du moins de l'inspiration à la vie et à l'œuvre – y compris celles du biographe. La théorie de l'akène aura-t-elle ainsi apporté sa contribution à la philosophie de l'écriture biographique.

Le poids relatif de l'œuvre et de la vie, du genius et de la personne, donne le sentiment de ne jamais pouvoir cerner et jauger sa propre personnalité. Le jeu constant de la vanité et de l'humilité se traduit par ces états qu'on dit maniaques ou dépressifs. Les expositions donnent des rétrospectives ; les académies distribuent des prix, des hommages, des titres honorifiques ; les critiques estiment l'œuvre, l'évaluent, essaient d'être justes. Mais la difficulté de se « jauger » soi-même, c'est ce que les habitants de Bella Coola expriment en parlant de l'image de l'âme, « minuscule, mais dotée de grands pouvoirs ». « L'âme du cœur, c'est la graine du fruit »,

---

* *Ma vie, souvenirs, rêves et pensées* (*Erinnerungen, Träume, Gedanken*), de C. G. Jung, paru en 1961 en allemand, puis en 1966 en français aux éditions Gallimard. (*N.d.T.*)

disent les habitants de San Juan[25]. La taille minuscule de la graine comme ses pouvoirs sont tout autant ressentis par l'individu. Cette contradiction irréductible est l'un des sujets majeurs de polémique entre biographes, qui passent leur temps à grandir et à dénigrer tout à la fois leur sujet. Mais il est vain de vouloir revêtir le genius d'une ombre humaine. L'une des biographies de D. H. Lawrence s'intitule *Portrait of a Genius, but...* (« Portrait d'un génie, sauf que... »). Mais qu'est-ce qui importe le plus au biographe, comme à ses lecteurs ? Un aperçu sur le génie, sur le genius, sur Dizzy et Fats, pas sur MM. Gillespie et Waller.

Voilà ce que dit le daimon : les histoires que je raconte sur le bricolage des montres (Ford) ou le fait que je me sois sorti de la misère tout seul (Bernstein) *sont* réelles. Ce sont elles qui disent le mieux qui je suis. Mes histoires donnent leur relief aux événements, car je lis la vie à rebours. Je raconte l'histoire du genius, pas celle du petit Lyndon, du petit Lenny ou du petit Leopold. Ceux-là, ce sont les personnages que l'image du cœur pousse en avant, faisant sortir leur enfance de l'ordinaire, et je suis bien forcé de parler de choses extraordinaires si je veux dire la vérité. L'histoire que je raconte doit convenir au caractère exceptionnel du génie. Le repas d'une famille juive de banlieue (Lenny B.), les foins dans la ferme paternelle (Henry F.), les querelles et bondieuseries de village (Lyndon J.) ne font tout simplement pas l'affaire. L'ange s'y sentirait déplacé, mal à l'aise.

Stokowski a passé sa vie à protéger cet ange, à empêcher qu'on raconte à son sujet des inepties qui auraient pu l'anéantir. Freud lui-même, à vingt-neuf ans, avant d'avoir la moindre idée de ses théories ultérieures, connaissait déjà l'art du camouflage. Qui fait jaillir l'étincelle de ce feu salvateur/dévastateur, sinon le pressentiment de ce qui arrivera ? Si l'on veut protéger le génie, il faut lui ménager une histoire au sein de laquelle il peut vivre, faute de quoi il risque de prendre son invisibilité à la lettre, sombrer dans le silence et finalement disparaître de crainte de devoir sombrer dans la médiocrité.

Nous avons besoin de ce type d'imagination, de celle qui sait discerner la graine minuscule, quand les bavardages de l'adolescence nous exaspèrent. Les mensonges et les vantardises ne sont pas que camouflages, rêves éveillés et folie des grandeurs. Ils révèlent la crainte d'être la victime, le colonisé, l'esclave du système normalisateur qui, en capturant mon image dans une biographie conventionnelle, peut s'emparer de mon âme.

Certes, la tâche du biographe consiste à fouiner et mettre son nez partout, dans la mesure où il est en quête de l'invisible – non pas invisible parce que je dissimule, mais à cause de la nature intrinsèque de la graine. « La nature aime se travestir » disait Héraclite. L'akène de la nature humaine aussi. Elle se cache dans tout ce qui est visible, se manifestant dans ces mêmes déguisements qui la dissimulent. Le biographe peut atteindre l'invisible en faisant le tri parmi tous ces faux-semblants, à condition toutefois de le rechercher vraiment et d'apporter à sa quête autant de passion que la nature en met à se cacher. Et peut-être faut-il du génie pour déceler le génie.

9

Le destin

DESTIN ET FATALISME

« Mais si l'âme choisit son daimon et sa vie, quel pouvoir de décision nous reste-t-il ? » demandait Plotin [1]. Où est la liberté ? Tout ce que nous vivons et croyons nôtre, en un mot ce libre arbitre qui nous est si cher, doit en réalité être prédéterminé. Nous sommes empêtrés dans un voile illusoire où nous croyons être les acteurs de notre vie alors que l'histoire de chaque existence a été écrite dans l'akène et que nous nous contentons d'en exécuter le plan secret. Notre liberté se bornerait ainsi à opter pour les instructions de l'akène.

Pour ne pas tomber dans une telle conclusion erronée, faisons le point sur ce que fait et ne fait pas le genius. Soyons plus précis sur la portée des pouvoirs de l'akène. En quoi sont-ils effectifs, en quoi sont-ils limités ? Si l'akène est la cause du comportement de l'enfant, qu'entendons-nous par « cause » ? Si elle a l'« intention » d'une vie spécifique – jouer sur scène, se livrer à des spéculations mathématiques, faire de la politique – qu'entendons-nous par « intention » ? L'akène a-t-elle un dessein irrévocable, une idée précise du déroulement de la vie qu'elle a choisie, y compris de la date de la mort ? Si elle a le pouvoir de *déterminer* un renvoi de l'école ou de rendre l'enfant malade, qu'entendons-nous par « déterminisme » ? Enfin, si c'est l'akène qui nous donne le sentiment que les choses ne peuvent se passer autrement, que le malheur lui-même est *nécessaire*, qu'entendons-nous par « nécessité » ?

Les réponses à ces questions sont au cœur de notre sujet. Car si l'on ne résout pas cette problématique, autant nous réfugier dans le fatalisme et laisser ce livre à ses spéculations.

Le fatalisme est la face séduisante de l'ego héroïque arborant les larges épaules de la civilisation du fais-tout-par-toi-même et du bonheur-au-vainqueur. Plus le fardeau est lourd, plus vous avez envie de le laisser à plus grand et plus fort que vous, au Destin par exemple. Le héros, c'est l'Amérique en personne. Il accoste à Plymouth Rock*, s'aventure à l'intérieur des terres au côté de Daniel Boone muni d'un fusil, d'une bible et d'un chien, se dresse de toute sa taille à Tombstone au côté de John Wayne, et défend son entreprise contre la concurrence de la planète entière. Cette image héroïque de l'ego se fraie son chemin dans la forêt hostile en dépit des concurrents et des prédateurs.

Jusqu'au Petit Chaperon rouge, qui doit cheminer seule en butte au harcèlement du grand méchant loup. Cette malédiction d'une destinée solitaire qu'on doit se forger soi-même dans un monde hostile transforme la vie en une lutte infernale. Si je ne repousse pas les obstacles et n'avance pas, je ne « suivrai » pas à l'école et deviendrai le mauvais élève qu'on enverra consulter pour le sortir de son « blocage » psychologique. Depuis la maternelle, il faut que j'aille de l'avant ! Je dois me développer, grimper, me défendre, me protéger pour simplement exister, car c'est cela la définition héroïque de l'existence. Pas le temps de s'amuser en somme. Que le Petit Chaperon rouge s'arrête pour cueillir les fleurs qu'elle ajoutera aux provisions destinées à sa mère-grand, et le loup se lèchera les babines.

Le fatalisme offre une soupape de sécurité à cette définition paranoïaque de la vie – où il faut toujours lutter pour survivre, considérer l'autre comme un allié ou un ennemi. Il suffit de s'en remettre au ciel et à son plan divin ; quoi qu'il arrive, c'est pour le mieux dans le meilleur des mondes possibles (*Candide,* de Voltaire). Je n'ai plus à porter le monde sur mes épaules, puisque

---

* Le rocher sur lequel les pèlerins du *Mayflower* sont censés avoir touché terre en 1620 pour fonder le premier établissement européen en Nouvelle-Angleterre. (*N.d.T.*)

c'est le Destin qui s'en charge et que je peux me réfugier dans le giron des dieux, exactement selon les instructions du mythe de Platon. Je vis la destinée particulière conçue par la Nécessité. Dès lors, peut importe mon libre arbitre. De toute façon, je ne choisis pas réellement ; le choix est une illusion. La vie est entièrement prédéterminée.

Seulement, ce mode de pensée fataliste n'a rien à voir avec le destin. Il s'apparente à la pensée religieuse, à l'idéologie de la résignation, pas aux Moires de la mythologie grecque (les Parques des Romains) qui dans le mythe de Platon présidaient aux destinées et acheminaient le daimon vers notre venue au monde. Ces divinités grecques ne décidaient pas des détails de l'existence comme on dresse un étal d'épicier.

L'idée que se faisaient les Grecs de la destinée serait plutôt celle-ci : des événements surviennent dans la vie des individus ; « ces derniers ne peuvent en comprendre la raison, mais puisque l'événement est là, c'est qu'il était "nécessaire" »[2]. *Post hoc, ergo propter hoc**. Après l'événement (*post hoc*), nous en expliquons la raison (*ergo propter hoc*). Il n'est pas écrit dans les étoiles que la bourse devait s'effondrer en octobre 1987. Mais, après le krach boursier, nous trouvons les « raisons » de l'effondrement des cours à ce moment précis.

Les Grecs rendaient le destin responsable des événements fâcheux. Mais le destin provoque uniquement les événements qui ne s'accordent pas avec l'ordre des choses, qui tranchent bizarrement sur le reste. Il n'y a pas de plan divin qui définit chaque détail du cours de la vie. Ce type d'explication exhaustive conduirait au fatalisme propre au mode de pensée paranoïaque ou occultiste (avec son tableau des correspondances symboliques), et aux conduites passives/agressives combinant la soumission la plus abjecte au destin, aux invectives les plus amères.

Il est donc préférable d'imaginer le destin sous la forme d'une « variable » éphémère et capricieuse. Les Allemands utilisent le terme *Augenblicksgott* pour désigner les divinités mineures qui se manifestent de façon fugitive et dont les effets sont passagers. La religion parlerait d'anges intercesseurs. Le destin n'est pas un com-

---

* « À la suite de cela, donc à cause de cela ». (*N.d.T.*)

pagnon fidèle qui marche à vos côtés, vous parle et vous tient la main à chaque écueil de la vie quotidienne. Il intervient inopinément au seuil des bifurcations étranges de l'existence en vous lançant un coup d'œil espiègle ou en provoquant une forte embardée.

Vous vendez vos actions après avoir étudié le marché. Le lendemain même on annonce le rachat d'une entreprise et le cours des titres que vous avez vendus monte de 30 %. Juste avant la ligne d'arrivée, le vent tombe – et le bateau concurrent vous bat d'une seconde. Que vous vous retiriez du marché, cachiez votre or dans votre matelas parce que vous n'avez pas l'âme d'un boursicoteur, que vous décidiez ne pas avoir été en mesure de remporter la course nautique, voire de naviguer, que la chute du vent était le présage indiquant que les éléments vous étaient hostiles, de vendre votre bateau, d'abandonner la voile pour vous adonner à l'alpinisme, ou de sombrer dans la mélancolie – autant de décisions qui vous appartiennent, autant de choix que vous faites en fonction de la signification que vous avez donnée au vent de la bourse ou du large. Voir la main du destin dans ces événements fâcheux leur donne une importance exagérée et mérite qu'on y réfléchisse. Le fatalisme, c'est croire que votre vie dépend d'un aléa de la bourse et d'une seconde de retard. C'est de tout mettre sur le dos du destin. Plus besoin de voter, de militer pour le contrôle des armes ou de rejoindre le mouvement des mères contre l'alcool au volant, plus besoin non plus de caserne de pompiers puisqu'on est dans la mouise et que c'est le destin qui veut ça. Il ne vous reste plus qu'à jouer au Mikado : la disposition des bâtonnets vous dira ce que le sort vous ordonne de faire. C'est cela, le fatalisme.

Guetter le clin d'œil du destin est un acte conscient, réfléchi. Le fatalisme est un sentiment qui exclut la réflexion, l'analyse, le raisonnement. Au lieu d'examiner les choses en détail, on s'en remet aux caprices de la destinée. Le fatalisme donne une explication globale de l'existence. Il suffit de dire que tout ce qui arrive fait partie de la condition de l'individu, de son parcours, de son développement. Le fatalisme est rassurant car il ne soulève pas de questions. Pas besoin d'examiner la façon dont les événements s'insèrent dans la condition humaine.

Le mot grec qui désigne le destin, *moira*, signifie littéralement une part, une portion. Le destin ne possède qu'une part de ce qui arrive. C'est ainsi que le daimon, autrement dit la forme personnelle, intériorisée du moira, ne dispose que d'une portion de notre existence. Il l'inspire, il ne la possède pas[3].

Moira dérive de la racine *smer* ou *mer,* qui signifie réfléchir, penser, méditer, considérer, prêter attention[4]. C'est un terme dont la profonde connotation psychologique nous invite à distinguer soigneusement la part de l'existence qui nous vient d'ailleurs et sur laquelle nous n'avons pas prise, et la part qui nous appartient en propre en examinant ce que nous avons fait, ce que nous aurions pu faire, pourrions faire. Je ne puis m'en remettre aux divinités, ni au bon plaisir de mon daimon et de mon akène, pour ce qui est de mes actes, mes aptitudes et leur réalisation, mes frustrations et mes échecs. Le destin ne me décharge pas de mes responsabilités. Il exige même plus. Il en appelle à nos capacités d'analyse.

Par analyse, je n'entends pas la démarche réductrice de la psychanalyse. Il ne s'agit pas de faire porter la responsabilité de ses actes à qui ou quoi que ce soit et de se répandre en récriminations : « C'est le daimon, c'est le destin. Mon père ne s'est jamais occupé de moi ; ma mère jetait l'argent par les fenêtres ; on ne m'a jamais donné d'argent de poche quand j'étais gosse et je n'ai jamais appris à gérer mon budget. J'ai un tempérament autodestructeur... et ainsi de suite. » Comme s'il fallait s'en prendre à un enchaînement de causes et d'effets pour remonter, bien entendu, à la mystification parentale.

Quand les Grecs voulaient comprendre la signification d'un événement fâcheux ou obscur, ils allaient voir l'oracle et lui demandaient à quelle divinité ils devaient faire un sacrifice pour conjurer telle maladie, tel désir, tel problème d'argent[5]. D'abord pour bien cibler le problème ; ensuite pour se concilier les dieux de façon plus efficace. Ce type d'approche tente de découvrir à quel destin spécifique, quelle volonté divine particulière il faut se référer.

Nous faisons la part du destin quand nous terminons nos phrases par « *Deo concedente* » (à la grâce de Dieu), ou « si Dieu le veut » comme disent les Irlandais, chaque fois que nous projetons quelque chose, prendre le train le lendemain par exemple. « Donc, on se retrouve à la gare – si Dieu le veut. » Je compte bien aller à la gare. Je prends mes dispositions. Mais il peut toujours y avoir un contretemps – c'est pourquoi je fais la part du destin et j'ajoute : *Deo concedente*. À moins que je ne préfère toucher du bois. Les vieux juifs religieux ne prononcent pratiquement jamais une phrase sans invoquer l'éventualité d'un contretemps ou d'une opposition à leur projet.

Toucher du bois, c'est se rappeler l'intervention toujours possible mais imprévisible du destin, ce qui nous ramène au daimon. Celui-ci se met en travers de mes projets par ses interventions. Cela peut se manifester par un soupçon d'hésitation, parfois par un engouement soudain pour quelqu'un ou quelque chose. Cela donne une impression fugitive, irrationnelle, qu'on peut balayer de la main, ou dont on préfère tenir compte et qui nous fera dire ensuite : c'était le destin.

TÉLOS ET TÉLÉOLOGIE

Le fatalisme donne le sentiment que ce qui arrive dans l'existence vise un but lointain et brumeux. Je suis l'objet d'une « intention ». Celle-ci me destine à être chanteur ou torero. À avoir du succès, ou à être malheureux, malchanceux, du mauvais côté du manche, ou à mourir d'une certaine façon au jour dit. L'image avec laquelle je suis né ne se contente pas de se manifester dès le premier jour ; elle pousse également vers un objectif. Le terme de « téléologie » signifie que les événements visent une fin, un but bien défini.

Le mot grec *télos* (ou *téléo*) signifie le but, la fin, ou l'achèvement. Le télos s'oppose à la cause dans l'acception qu'on donne aujourd'hui à ce dernier terme. La causalité pose la question : « Qui est à l'origine de ceci ? » Elle considère que les événements sont propulsés par le passé. La téléologie pose la question : « Quel est l'enjeu ? Quel est le but ? » Elle considère que les événements sont orientés vers un but.

Le finalisme, un autre terme pour téléologie, prétend que chacun d'entre nous, tout comme l'univers, se meut vers un but final. On peut concevoir ce but de différentes façons – comme un retour à Dieu avec pardon de tous les péchés ; comme une entropie conduisant lentement à la stase ; comme l'hypertrophie de la conscience et la dissolution finale de la matière dans l'esprit ; comme l'accès à une vie meilleure, ou infernale ; comme l'apocalypse ou la rédemption divine.

La télé*ologie* donne une logique à la vie. Elle offre une explication rationnelle de l'objectif à long terme de l'existence. La téléologie considère tout événement comme une confirmation de cette vision à long terme – elle y voit une preuve de la volonté divine, du plan divin.

Si on laisse tomber le suffixe *logie* pour ne garder que *télos*, l'on peut remonter au sens originel du concept (formulé par Aristote) : « la chose pour laquelle[6] ». J'entre dans ce magasin pour acheter du pain et du lait. Pas parce que j'y suis poussé par amour de l'humanité ; pas à cause d'une philosophie qui détermine tous mes actes, y compris le fait de m'être marié, d'avoir eu des enfants, loué une voiture pour leur acheter dans un magasin ce dont ils ont besoin – et autres réponses téléologiques imparables à la question « pourquoi ? ». Le télos donne une raison limitée, spécifique pour laquelle j'agis de telle ou telle façon. Chaque acte a un but, mais ce n'est pas un but à tout faire conditionnant l'action en général, à moins de tomber dans la télé*ologie* et le final*isme*.

Pour le *télos,* il suffit d'affirmer que je suis allé dans ce magasin pour le petit déjeuner de la famille. On peut se passer de philosopher sur la tartine de confiture. Qu'on nous épargne la théologie de l'éducation, le symbolisme du repas matinal, l'éthique des devoirs, la pseudopolitique des « valeurs familiales », la psychologie des besoins et des désirs, l'économie des coûts alimentaires, la physiologie du métabolisme matinal. Les philosophies de pacotille ne manquent pas qui satisfont une vision téléologique de la vie. Nombreuses sont les divinités invitées à la table du petit déjeuner. Mais le télos – le but – du pain, du lait et des courses, n'est jamais que le petit déjeuner lui-même. Mangez d'abord, vous parlerez ensuite.

L'akène semble se conformer à cette fonction bien délimitée. Elle ne s'abandonne pas à la philosophie du long terme. Elle trouble le cœur, provoque des colères intempestives, comme ce fut le cas pour Menuhin. Elle émeut, appelle, exige – mais propose rarement un dessein grandiose.

Le but se manifeste violemment ; vous pouvez vous en sentir imprégné. Mais son contenu reste imprécis, comme les moyens d'y parvenir. Le télos peut être double, voire triple sans savoir si vous devez choisir entre le chant ou la danse, l'écriture ou la peinture. Le but ne se manifeste généralement pas comme un objectif aux contours bien définis, mais plutôt comme une vague aspiration qui, pour être floue, n'en est pas moins impérieuse.

Deux histoires évoquant l'enfance du metteur en scène suédois Ingmar Bergman donnent une assez bonne idée de ce déterminisme flou de l'akène. Bergman raconte qu'il avait tendance à mentir étant enfant et ne faisait généralement pas la différence entre l'imaginaire et la réalité – ou, pour reprendre ses termes : « entre la magie et les flocons d'avoine ». À l'âge de sept ans on l'emmena au cirque, un événement qui « me plongeait dans un état d'excitation fébrile ».

Ce soir-là, épuisé par tant d'émotions, je m'endormis et je me réveillai en entendant une merveilleuse musique : une jeune femme vêtue de blanc montait un immense étalon noir.

Je fus saisi d'amour pour cette jeune femme. Elle entra dans mes jeux imaginaires et je l'appelai Esmeralda (peut-être était-ce son nom). Mes fables finirent par opérer le passage toujours hasardeux du rêve à la réalité quand je confiai, sous le sceau du secret, à mon voisin de banc à l'école, le prénommé Nisse, que mes parents m'avaient vendu au cirque Schumann et que bientôt on allait venir me chercher et que j'allais recevoir tout un entraînement pour devenir acrobate et partenaire d'Esmeralda. Esmeralda, réputée être la plus belle femme du monde. Le lendemain ma fable traînait partout, outragée, souillée..

L'institutrice trouva la chose si grave qu'elle écrivit une lettre indignée à ma mère. Le procès fut épouvantable. Cloué au pilori, humilié, je devins un objet de scandale tant à la maison qu'à l'école.

Cinquante ans plus tard, j'ai demandé à ma mère si elle se souvenait de l'épisode de ma vente au cirque. Elle se le rappelait très bien [...] Quelqu'un aurait pu se demander pourquoi un enfant de sept ans désire quitter sa maison pour être vendu à un cirque.

Mère m'a répondu que père et elle s'étaient déjà fait à plusieurs reprises beaucoup de soucis à cause de mes mensonges et de mes fabulations. Angoissée comme elle l'était, mère avait consulté le célèbre pédiatre. Il avait alors souligné à quel point il était important pour un enfant d'apprendre à faire à temps la différence entre imagination et réalité. Puisqu'on se trouvait devant un mensonge aussi impudent que flagrant, il fallait châtier cet enfant d'une manière exemplaire.

Quant à mon ex-ami, je me suis vengé tout seul en le pourchassant dans la cour de récréation, avec le couteau de mon frère. Comme une institutrice s'interposait entre nous, j'ai essayé de la tuer.

On m'a renvoyé de l'école et on m'a beaucoup battu. Et puis ce faux ami attrapa la polio et mourut, ce qui me fit plaisir. [...]

Je laissai quand même toujours mon imagination tourner autour d'Esmeralda. Nos aventures devenaient de plus en plus scabreuses et notre amour de plus en plus passionné[7].

Le contenu de ce seul incident est extrêmement riche : l'importance cruciale d'un lieu réel (le cirque) où les deux royaumes, celui de la magie et de la réalité, puissent se combiner ; la première rencontre avec l'*anima*, la femme à la robe blanche sur le cheval noir, la passion amoureuse (dont la vision romanesque est intemporelle, et l'âge d'Ingmar importe peu en présence d'un archétype émotionnel éternel) ; une question de vie ou de mort, car on peut tuer et mourir pour une vision ; les mesures de rétorsion disciplinaires de la part du monde « réel » des enseignants, médecins et parents ; l'importance du « secret » et la catastrophe cosmique de la trahison qui fait voler en éclats l'union du fantasme et de la réalité, du ciel et de la terre, des flocons d'avoine du petit déjeuner et d'Esmeralda.

L'anecdote a une grande portée, c'est flagrant, et témoigne de la personnalité de Bergman et de sa vocation. Mais elle ne fait rien entrevoir de sa future carrière et ne porte aucun message. Il n'est pas question de téléologie, de déterminisme ni de finalisme.

La deuxième histoire, évoquant plus directement la vocation de Bergman, a trait aux images animées.

Ce que je désirais par-dessus tout, c'était un cinématographe. Il y avait un an que j'étais allé au cinéma pour la première fois et que j'avais vu un film qui parlait d'un cheval, Black Beauty. [...] C'est alors que pour moi tout a commencé.

J'ai attrapé une fièvre qui dure encore. Les ombres silencieuses tournent leurs pâles visages vers moi, et de leurs voix inaudibles elles parlent à mes sentiments les plus secrets. Soixante ans ont passé, rien n'a changé, c'est toujours la même fièvre.

Vint le jour de Noël :

La distribution des cadeaux se faisait autour de la table de la salle à manger. On apportait les corbeilles, père officiait avec un cigare et un verre de punch, on lisait les vers rimés qui accompagnaient les cadeaux, on les applaudissait et on les commentait : sans bouts-rimés pas de cadeaux.

Alors arrive cette histoire du cinématographe. Le cinématographe c'est mon frère qui l'a eu.

Je me suis mis aussitôt à hurler, on m'a grondé, j'ai disparu sous la table où j'ai continué à tempêter, on m'a dit de me taire, au moins. Je me suis précipité dans la chambre des enfants, j'ai juré, j'ai maudit, j'ai échafaudé des projets d'évasion et j'ai fini par m'endormir de chagrin.

La fête se poursuivait.

Plus tard, le soir, je me suis réveillé. [...] Sur la table blanche avec ses rallonges, il y avait, au milieu des autres cadeaux de Noël de mon frère, le cinématographe avec sa cheminée recourbée, son élégante lentille de cuivre et le dispositif pour les rouleaux de films.

Ma décision fut immédiate, j'ai réveillé mon frère et je lui ai proposé une affaire. Je lui offrais mes cent soldats de plomb contre son cinématographe. Comme Dag avait une grande armée et qu'il était toujours impliqué dans des activités guerrières avec ses amis, l'accord fut conclu à la satisfaction des deux parties.

Le cinématographe était à moi.

[...] Une boîte violette rectangulaire accompagnait l'appareil. Elle contenait, d'une part, quelques images sur verre et, d'autre part, un bout de film sépia (35 mm). [...] Il était indiqué sur le couvercle que le film s'appelait Frau Holle. *Qui était cette « Frau Holle », personne ne le savait, mais il*

s'avéra plus tard qu'elle était un équivalent populaire de la déesse de l'amour dans les pays méditerranéens.

Le lendemain matin, je me retirai dans l'immense penderie attenante à la chambre des enfants, je posai l'appareil sur une caisse, j'allumai la lampe à pétrole et je dirigeai le faisceau de lumière sur le mur peint en blanc. Puis, je chargeai le film.

L'image d'un pré apparut sur le mur. Sur ce pré, une jeune femme dormait dans une robe apparemment folklorique. Quand je tournai la manivelle (il m'est impossible d'expliquer ça, je ne trouve pas de mots pour décrire mon excitation, mais je peux, à n'importe quel moment, me rappeler l'odeur du métal chaud, de l'antimite et de la poussière dans la penderie, la manivelle dans ma main et ce rectangle qui tremblotait sur le mur).

Je tournais la manivelle, la fille se réveillait, elle s'asseyait, elle se levait lentement, elle étendait les bras, elle se retournait et disparaissait à droite. Si je continuais à tourner la manivelle, la fille était de nouveau couchée, elle se réveillait et elle refaisait exactement les mêmes gestes.

Elle bougeait[8].

L'histoire de l'appareil de projection met bien en lumière la différence entre la causalité (le fait d'être propulsé par le passé) et la téléologie (être tiré vers un but). À la question pourquoi ce petit garçon désirait si désespérément ce cinématographe, pourquoi il proposait une armée entière en échange, la causalité répond : il en avait déjà vu un et cela avait piqué sa curiosité. Quand son frère le reçut en cadeau, la rivalité fraternelle, remontant aux toutes premières années, excita son envie. Il y avait d'abord eu l'épisode du cheval noir du cirque renforçant le souvenir de son premier film, *Black Beauty,* qui lui donnait l'occasion de se libérer (« être vendu », c'était une façon passive de rejoindre le cirque) de l'atmosphère morale oppressante de la maison de son père, le pasteur. À moins qu'il n'ait eu le désir d'exercer son pouvoir sur sa mère, sur La femme, qu'il pouvait manipuler à sa guise en faisant tourner la manivelle.

La causalité, ou ce que les philosophes classiques (Aristote) appelaient « la cause efficiente », tente de répondre à la question

« qu'est-ce qui est à l'origine d'un mouvement ? », en remontant toute une série de connexions hypothétiques, une chaîne d'événements dont on suppose qu'ils sont liés, chacun étant induit par le précédent. À supposer même que ces chaînons existent vraiment, un événement poussant l'autre comme dans un bricolage fantastique, le tout premier chaînon est relié à une pure conjecture : pourquoi choisir l'image du cheval noir, celle de la séduisante Esmeralda, celle du cirque ? Et à quoi cette première passion, spontanée, laissant un souvenir si durable, fut-elle elle-même reliée ? Nous répondons quant à nous : demandez au destin.

Le destin donne la réponse suivante : Ingmar Bergman, que son akène voyait déjà comme cinéaste, eut cette vision à l'âge de sept ans, voire avant. Il ne le savait pas, ne pouvait le prédire, mais un daimon sélectionna les épisodes qui rendirent Esmeralda si irrésistible et l'acquisition ultérieure du cinématographe si indispensable. Le destin n'a pas de plan téléologique, n'a pas en tête *À travers le miroir, Le Silence,* ou *Sourires d'une nuit d'été.* Même si la vision inspirée par le daimon instillait une émotion particulière à certains épisodes – suspense, excitation fiévreuse, déconvenues, le destin de Bergman n'était pas scellé, mais suggéré.

Une fois de plus, laissez-moi tenter de distinguer la notion plus limitée de télos du concept de téléologie, bien plus large, dans la mesure où la première est la plus utile quand le second ne l'est généralement pas. La notion de télos donne de la valeur à ce qui arrive en accordant à chaque événement un but particulier. Ce qui arrive remplit une certaine tâche. Cela recouvre une intention. Ingmar, le petit garçon, ne se contentait pas de mentir ; ses histoires évoquaient un style de vie et une carrière professionnelle où les « mensonges » ont non seulement un sens mais portent l'illusion indispensable à ce type de travail. Il mettait déjà sa vie en scène comme au théâtre avant de disposer d'une scène et d'un scénario. Si l'on examine les épisodes de son enfance au travers d'une lentille subjective et intentionnelle, les mensonges, caprices et envies compulsives se transforment en manifestations nécessaires de l'âme. Le télos donne aux événements leur valeur.

Mais le seul fait d'ajouter « logie » à « télos » est une façon d'annoncer la valeur dont il s'agit. Cela dévoile ce que les colères et le désir obsessionnel signifient. C'est oser énoncer solennellement le but en question. Mais c'est faire preuve de présomption que de se risquer à de telles prédictions. Après tout, le mensonge de Bergman aurait pu annoncer la vocation d'un escroc ou d'un camelot. Le cheval noir aurait pu l'emmener dans bien des directions ; Esmeralda, Mme Holle et l'image animée sur l'herbe projetée par le cinématographe auraient pu tout aussi bien suggérer une vocation de peintre ou de souteneur, de créateur de mode ou de travesti. Rien de plus présomptueux que de se prononcer sur un avenir précis comme si une fin téléologique avait poussé Bergman vers celui-ci – « le but de ton existence, c'est de faire carrière dans le théâtre, c'est d'aimer les femmes, c'est de faire profession d'imaginer, et tu dois y veiller ». En outre cela ne tient pas debout. Car, en donnant un objectif au symptôme, on le prive de son intention propre. Vous n'avez pas respecté son but spécifique et du même coup vous en avez amoindri la valeur.

Le système théorique de Freud pouvait prétendre dévoiler pleinement la signification d'une obsession enfantine, mais Freud lui-même disait que la pratique thérapeutique exigeait de la retenue, la capacité de s'abstenir et la plus grande circonspection. Il ne permettait pas qu'on transforme la pratique psychanalytique en téléologie, même s'il considérait que tous les phénomènes observés par l'analyste avaient un télos.

L'akène agit moins comme un guide personnel vers un objectif à long terme, que dans un style fluide, par une dynamique intérieure qui donne l'impression que les occasions qui se présentent ont un sens. Vous avez l'impression qu'il se passe quelque chose d'important : que cet instant apparemment anodin a une signification, alors que les événements « importants » ne le sont pas autant qu'on le croit.

Disons que l'akène se préoccupe plus du côté spirituel des événements, est plus attentive à ce qui *lui* semble favorable, qu'à ce qui *vous* paraît favorable. Cela permet de mieux expliquer pourquoi le daimon de Socrate lui ordonna de se soumettre à la prison et à la peine de mort. Sa mort faisait partie de l'intégrité de son image, de son essence. La façon de mourir peut mieux convenir à votre image et à sa trajectoire qu'à vous-même et vos projets, qu'elle survienne dans une arène de corrida, sur un siège de toilette ou lors d'un accident de voiture.

LES ACCIDENTS

Le plus simple, évidemment, c'est de suivre sa trajectoire avec docilité. Nous ressentons souvent ce que nous devons faire. L'image inscrite dans notre cœur peut être très exigeante et nous demander d'avoir la foi. Le plus difficile est d'accorder foi aux accidents malheureux, à ces bourrasques de l'existence qui vous mettent hors course et vous empêchent d'arriver en temps voulu au port de la téléologie. Ces contretemps sont-ils fortuits, ou chacun a-t-il son objectif particulier ? Se combinent-ils pour faire avancer le bateau – peut-être vers un autre port ? Vous ne trouverez jamais le moindre intérêt à un incident fâcheux si l'aiguille de votre boussole se bloque vers un point lointain de l'horizon et si votre vision téléologique sait à l'avance où vous devez aller, ce que vous devez faire pour y parvenir, et où vous en êtes à ce moment précis.

Mieux : ce qui importe n'est pas tant de savoir si le contretemps en question a ou non un sens ; c'est d'avoir un regard porteur de sens, c'est d'attribuer de la valeur à l'imprévu. Un tel regard part du principe que les événements en question peuvent être effectivement accidentels. Le monde doit autant à la sagesse qu'à l'extravagance, à l'ordre qu'au chaos, mais, et ce « mais » a une immense portée, la contingence peut receler quelque chose d'intéressant. S'en remettre au dessein cosmique ou au hasard cosmique aboutit à la même attitude fataliste et téléologique. Pour donner un sens aux choses, il suffit d'examiner l'événement lui-même, comme il se présente, en cherchant ce qu'il exprime sur lui-même. L'âme lui donne alors sa forme authentique.

Ce jour-là Bette Davis faisait le père Noël à l'école. Elle avait sept ou huit ans. L'arbre de Noël était éclairé de vraies bougies. L'on avait entassé tous les cadeaux en dessous. En voulant s'approcher de l'arbre, la manche de la petite Bette s'enflamma à une bougie. Le costume prit feu, y compris la barbe de coton.

J'étais en feu. Je me mis à hurler. J'entendis des voix, sentis qu'on m'enveloppait dans une couverture... Quand on l'enleva je décidai de garder les yeux fermés. L'actrice, encore et toujours ! Je voulais qu'on croie que j'étais aveugle.

« Ses yeux ! ». Je ressentis un frisson de plaisir. Je maîtrisais complètement la situation [9].

Ce n'est pas l'akène qui avait mis le feu, mais Bette Davis savait mettre en scène la situation. Son personnage inné intégrait l'accident. Le destin, c'est le caractère.

Voici l'enfance de deux grands gastronomes. Pierre Franey, dans son village de Bourgogne, attrapait les truites à la main dans la rivière, puis les mangeait pochées relevées d'une mayonnaise aux fines herbes ; il élevait des lapins, tuait lui-même les poulets ; il partait au petit matin dans les champs chercher des pousses de pissenlits protégées par la terre des taupinières, encore blanches et dénuées de toute amertume. Bref, il avait grandi « en entretenant des rapports intimes [10] avec ce que nous mangeons ». Tous les garçons du village partageaient ce savoir-faire naturel, mais la vocation de Franey consista à le transcender dans la sophistication de la grande cuisine. Le cuisinier James Beard, conseiller et écrivain gastronomique, gourmet d'exception, pesait six kilos à la naissance. Un phénomène ! Sa mère, qui allait sur ses quarante ans, n'en attendait pas tant ! Tout s'était passé comme si l'âme de Beard avait jeté son dévolu sur ce corps de nouveau-né afin d'y incorporer pleinement les goûts et les odeurs qui allaient constituer son style de vie. Sa première aventure marquante fut d'ailleurs sa « première expérience gastronomique. J'avais rampé à quatre pattes dans la caisse à compost et m'étais installé sur un oignon gigantesque que je me mis à manger, avec la peau et tout. Cela a dû me marquer pour la vie [11] ». Franey et Beard : ou comment le daimon sait tirer parti des circonstances.

À dix-huit ans, Churchill se fit une fracture du crâne et éclater un rein au cours d'une bagarre pour rire particulièrement brutale. « Il trouva sa vocation intellectuelle [...] pendant sa convalescence [12]. » Non seulement la personnalité garde l'empreinte de l'accident, mais elle s'en nourrit.

Le frère aîné de James Barrie se fit une fracture du crâne à la patinoire et en mourut. La mère de Barrie sombra dans la prostration et vécut en recluse pendant des années à pleurer la mort de son fils préféré. Jamie (qui n'avait alors pas plus six ou sept ans) tenait compagnie à sa mère et essayait de la dérider : elle lui faisait le récit de sa vie, il lui racontait des histoires, inventées pour la plupart[13]. L'akène adapta l'accident, le deuil et le confinement à la personnalité du futur écrivain J. M. Barrie* et à l'atmosphère enchantée de son univers romanesque.

L'accident qui rendit borgne James Thurber** alors qu'il était petit garçon, et finit par lui faire perdre son deuxième œil (son frère lui avait tiré dessus avec une flèche) n'a jamais perturbé le cours de sa vie. Sa personnalité s'en accommoda et y trouva même de l'inspiration, comme en témoignent ses talents précoces d'écrivain satirique et ses caricatures au style « amateur »[14], avec leur bizarre perspective et leurs proportions surdimensionnées.

Le président Richard M. Nixon adorait tout particulièrement *Tom Sawyer*. On signale rarement cet ouvrage comme la lecture favorite des enfants américains. Mais Nixon lisait et écrivait avec passion à un âge très précoce. « Nixon aimait tant l'épisode où Tom fait une blague à Ben Rogers en lui faisant blanchir sa barrière à la chaux, qu'il l'avait appris par cœur. Près de cinquante ans plus tard [à la Maison Blanche] [...] Nixon récitait le passage sans faute[15]. » L'âme sait donner un sens aux futilités (?) de l'enfance.

Coco Chanel, qui inventa en 1924 la « petite robe noire » de base, passa toute son adolescence dans un orphelinat religieux très austère. Elle s'y sentit en prison et en effaça de sa mémoire (et de ses Mémoires) toutes les traces. « Ne m'en parlez pas [...] Vous pouvez mourir plus d'une fois dans votre existence, vous savez », dit-elle un jour[16]. Mais le classicisme austère de ses tailleurs, leur symétrie parfaite, son recours constant au noir, au blanc et au gris, reproduisaient la période sombre de son existence, l'eût-elle bannie de son souvenir. L'âme fait feu de tout bois et utilise ce dont elle a besoin. C'est étonnant à quel point, dans la pratique, elle fait preuve de sagesse en cas de malheur ou d'accident.

En grec, la sagesse se dit *sophia,* comme dans « philosophie » qui signifie aimer la sagesse. *Sophia* a un sens plus pragmatique se référant à l'origine à un savoir-faire, en particulier l'art de

* James Matthew Barrie (1860-1937) : romancier écossais auteur de *Peter Pan, ou le petit garçon qui ne voulait pas grandir* (1909). (*N.d.T.*)
** James Grover Thurber (1894-1961) : écrivain et dessinateur satirique américain, l'un des principaux collaborateurs de la prestigieuse revue littéraire *New Yorker*, dès 1926. Surtout connu en France pour son recueil de nouvelles *La Vie secrète de Walter Mitty* (1942). (*N.d.T.*)

l'homme de barre sur un navire. Le sage timonier manœuvre bien ; sa sagesse se manifeste dans son aptitude à procéder à des ajustements mineurs en fonction de l'état de la mer, du vent et du poids de la cargaison. Le daimon enseigne cette sagesse qui consiste à apprécier et évaluer constamment les circonstances qui pourraient vous faire dévier de votre destination. C'est aussi un tempérament philosophique : aimer corriger par petites touches, assimiler les détails qui dérangent. Les philosophes disent parfois, en parlant de cette sollicitude envers le singulier et l'imprévu, qu'ils « privilégient le phénomène » par rapport à la ligne théorique de la spéculation métaphysique.

Ces écarts accidentels n'entravent pas le projet principal, pas plus qu'ils ne le favorisent. En fait, ils le refaçonnent, comme si la réactivité de l'âme aux accidents de l'existence restructurait à la fois le bateau et sa trajectoire. S'intégrer au monde est tout un art : cela consiste à considérer les choses en gardant un œil sur leurs effets.

Cette idée d'ajustements constants et mouvants n'a rien de nouveau ni d'étrange. Aristote concevait déjà l'âme à la fois comme la forme et le mouvement du corps. La forme vous est donnée dès le départ comme l'image de votre condition, et elle se transforme au fur et à mesure qu'on se met en mouvement. Cette forme, pour laquelle nous utilisons de nombreux termes équivalents – image, daimon, vocation, ange, cœur, akène, âme, modèle, personnalité – reste fidèle à elle-même.

Il peut arriver qu'un accident submerge le bateau, et anéantisse la forme. Ce fut le cas de « l'effet d'obus » comme on appelait le stress post-traumatique durant la Première Guerre mondiale ; c'est ce qui se passe avec l'état de choc consécutif à un viol sous la menace d'un couteau, à un accident de voiture, à des tortures physiques répétitives. Certaines âmes s'en remettent ; d'autres restent engluées dans l'horreur en dépit de tous leurs efforts, comme en témoignent les cauchemars des vétérans de la guerre du Vietnam. Ces accidents ont-ils endommagé l'akène à un point tel que sa forme en garde des blessures inguérissables, comme une gestalt ne pouvant se refermer, comme si le gouvernail ne répondait plus aux instructions de l'homme de barre ?

Ce sont les divinités qui en décident, répond le fatalisme. Il y a un but caché et cela fait partie de votre destin, répond le finalisme téléologique. Assumez vos cauchemars ou chassez-les, oubliez le passé et allez de l'avant, répond le point de vue héroïque. Dans chacune de ces réponses, l'événement contingent se dissout dans l'idéologie extensive qui lui est propre.

À mon sens, il vaut mieux faire de l'événement accidentel une catégorie spécifique suscitant une réflexion sur l'existence. Un vrai malheur exige une réponse. Qu'est-ce qu'il signifie, pourquoi est-il survenu, quelles sont ses exigences ? La réévaluation constante de ce qui s'est passé fait partie intégrante du traumatisme consécutif au drame. On peut ne jamais assumer l'événement, mais les cicatrices de la catastrophe peuvent ajouter à l'authenticité de l'âme par plus de complexité, de sensibilité, de vulnérabilité.

La théorie du développement considère les accidents de l'existence chez Churchill, Chanel, Thurber ou Barrie comme des traumatismes de jeunesse assez typiques, qui peuvent être sublimés, métamorphosés et intégrés au cours du temps. Le temps guérit toutes les blessures.

La théorie de l'akène, quant à elle, dit que la chute de Churchill, la perte de l'œil de Thurber, le deuil de la mère de Barrie ou l'adolescence monastique de Chanel conviennent parfaitement à leur vocation respective. Ce n'est pas l'akène qui avait décidé de ces accidents de jeunesse comme s'ils faisaient partie d'un plan divin, pas plus que les événements en question n'ont été déterminants pour leur carrière ultérieure, en l'obligeant à suivre une voie définie. Disons plutôt qu'il s'agissait « d'accidents nécessaires », à la fois nécessaires et contingents. Ils ont été les vecteurs de la vocation, le mode de manifestation permettant à l'akène de donner forme à leur vie. Dans le cas de Churchill, cela prit la forme d'un choc brutal et d'une longue convalescence ; chez Barrie ou Chanel, d'une longue réclusion. Chanel apprit la discipline à l'orphelinat, de la même façon que Barrie apprit à raconter des histoires à sa mère malade, et que l'instinct de Richard Nixon sut sélectionner précisément chez Tom Sawyer une certaine virtuosité dans l'art de gruger les gens.

LA NÉCESSITÉ

Reste notre vedette préférée, celle que Platon a placée au centre de son mythe : la Nécessité, qui tourne le fuseau sur lequel se file le cours de la vie.

Souvenez-vous de l'histoire : la déesse Ananké, ou Nécessité, est assise sur son trône au milieu des Parques, ses filles, mais aussi compagnes et assistantes. Mais c'est elle, Ananké, qui décide de la *nécessité* de la condition humaine choisie par l'âme. Il ne s'agit pas d'une condition fortuite, accidentelle, ni d'un bon ou mauvais sort, ni d'une destinée garantie d'avance, mais simplement nécessaire. Ce que nous vivons doit nécessairement être vécu. Nécessaire à qui ? À elle, la déesse de la Nécessité. Nécessaire parce que nécessaire ? Ce n'est guère une réponse. Il nous faut réfléchir plus avant.

Qui est Ananké ? Que représente-t-elle ? En premier lieu, c'est l'une des forces principales du cosmos. Platon ne cite que deux grandes forces du cosmos : la Raison (le *nous,* ou esprit) et la Nécessité (*ananké*) [17]. La Raison englobe ce que nous pouvons comprendre, ce qui découle de ses lois et de ses règles. La nécessité a la fonction d'une causalité « variable » – ce que l'on traduit parfois par cause « erratique », « vagabonde », « aléatoire ».

Si quelque chose semble déplacé, bizarre ou étrange, heurte le bon sens, il faut le plus souvent y voir la main de la Nécessité. C'est elle qui détermine votre sort, mais son mode d'action est irrationnel. C'est pourquoi il est si difficile de comprendre les ressorts de l'existence, même de sa propre existence. Le destin de votre âme vient d'un principe irrationnel. Il suit la loi de la Nécessité, aléatoire et erratique. C'est ce qui nous attire tant dans les biographies et autobiographies : on y découvre à quel point la nécessité peut intervenir de façon irrationnelle dans la vie humaine. La loi de la Nécessité est impérative et irréversible, mais son déterminisme n'est pas déterminé. Elle est imprédictible.

Nous avons déjà été confrontés à cette notion de cause irrationnelle dans différents chapitres précédents : en évoquant la causalité génétique s'inspirant de la théorie du chaos (chapitre 6), les enfants qui sortent des sentiers battus et se plongent avec délices dans les mystères et fantasmagories de la littérature policière ou à l'eau de rose (chapitre 7) ; le « je-ne-sais-quoi » qui nous fait changer d'avis, comme chez Ella Fitzgerald qui se met à chanter alors qu'elle avait l'intention de danser sur scène, ou nous trouble comme chez Barbara McClintock qui oublie son propre nom. La cause aléatoire, nous la voyons souvent à l'œuvre à l'occasion d'un renvoi de l'école ou du lycée, dans la soudaine perception de la beauté d'un élève ou de ses aptitudes (chapitre 5). En réalité, nous avons constamment suivi la foulée vagabonde de la Nécessité au cours de ces pages, à l'affût de ses manières de faire et sous le charme de son pouvoir inexplicable.

Les allégories de l'Antiquité mettent en évidence ce pouvoir indéniable, et l'étymologie du mot *ananké* en apporte une preuve supplémentaire. *Ananké* dérive d'une racine que l'on retrouve dans les vieux termes égyptien, akkadien, chaldéen et hébreux désignant « étroit », « gorge », « étrangler », « serrer », ainsi que le joug et les anneaux que l'on fixait au cou des esclaves [18]. L'*Ananké* vous prend par la gorge, vous tient prisonnier et vous mène comme un esclave.

Les images mythologiques et les troubles pathologiques entretiennent d'étroits rapports. L'aphorisme célèbre de Jung est explicite : « Les dieux sont devenus des maladies. » La main divine se fait sentir de façon particulièrement brusque et impérative dans la douleur oppressante de l'angine de poitrine comme dans l'état d'angoisse, vous ôtant toute liberté de mouvement. Or les deux termes, « angine » et « angoisse », dérivent de *ananké*.

Le problème, c'est qu'on ne peut échapper à la Nécessité. Elle ne cédera pas, elle ne se soumettra pas : *ne + cedere*. Pour Kant, l'équivalent allemand de nécessité, *Notwendigkeit*, signifiait « ce qui ne peut être autrement ». Une définition qui facilite de façon remarquable la compréhension de l'existence : quoi que nous soyons, nous n'aurions pu être autrement. Il n'y a pas de regrets à avoir ; nous n'avons ni fait fausse route, ni fauté. L'œil de la nécessité révèle que nous n'aurions pas pu agir autrement.

> *Ce qui aurait pu être est une abstraction,*
> *Une simple éventualité,*
> *Un objet de spéculation.*
> *Ce qui aurait pu être et ce qui fut*
> *Avaient le même but,*
> *Lequel est toujours le présent.*
>
> (T. S. Eliot [19])

Quand nous agissons, décidons quelque chose, nous croyons avoir le choix. Option personnelle, libre arbitre, choix, décision, autant de slogans chers à l'Ego. Mais si nous essayons un instant de prendre un peu de hauteur et réfléchissons, le sourire implacable de la Nécessité nous rappelle que, quel que soit notre choix, c'est celui qu'elle exigeait. Nous n'aurions pu en faire un autre. Au moment où tombe la décision, celle-ci devient nécessaire. Avant la décision, tout est ouvert. C'est pourquoi, étrangement, la Nécessité ne se porte garante que du risque. Toute décision est un risque à prendre, même si le choix final devient immédiatement nécessaire.

En affirmant que la Nécessité met le doigt sur chaque moment décisif de l'existence, je peux justifier tout ce que je fais. Tout se passe comme si je me débarrassais du harnais de la responsabilité – comme si tout était écrit dans les cartes ou les étoiles. Et, pourtant, cette divinité intraitable, cette maîtresse femme, me fait trembler à chacune de mes décisions, car ses caprices sont imprévisibles. Il me faut du recul pour m'accrocher à une certitude, pour me dire qu'il ne pouvait en être autrement. Quelle vie étrange que cette prédestination imprévisible !

Alors, où est l'erreur ? Comment peut-on mal agir et se sentir coupable ? Si tout ce qui arrive est nécessaire, à quoi bon le remords ?

Puisque la nécessité préside à tous les choix de chacun, on doit la concevoir comme un principe adaptatif intégrant tous les actes de l'existence, quels qu'ils soient. Nous avons tous un collier, mais le collier est adaptable. Le joug de la Nécessité donne l'impression que quelque chose se met en travers de notre volonté, qu'on est pris au dépourvu, victime des circonstances en quelque sorte. On a envie de se libérer. Je peux savoir que ce qui est arrivé devait arriver, tout en éprouvant du remords. Car le remords est également nécessaire et fait partie du joug que nous impose la Nécessité. Lequel remords ne s'applique pas forcément à ce que vous avez réellement fait ou devriez avoir fait.

Cette conception de la Nécessité transforme les fautes en tragédies plutôt qu'en péchés dont on devrait se repentir, qu'en accidents auxquels il faudrait remédier. Les choses ne pouvaient pas, n'auraient pu se passer autrement. Tout est dans l'ordre des choses, le malheur comme le reste, et la nécessité suit son cours jusqu'à ce que la corne du taureau atteigne vos entrailles.

Il faut être de bonne composition pour accepter des chaînes aussi serrées. La plupart du temps nous rejetons les signes irrationnels de la destinée. La raison tente d'ignorer ce qui nous gêne – jusqu'à ce que le cœur lui fasse remarquer que quelque chose d'important, peut-être nécessaire, s'est produit. L'esprit est le dernier à se soumettre, et le plus souvent on assiste à un bras de fer entre l'intuition du cœur et les projets de l'esprit, un conflit qui reproduit chez chaque être humain les deux principes platoniciens du *nous* et de l'*ananké,* de la raison et de la déraisonnable nécessité.

Certes, l'esprit peut repousser l'appel du cœur, le refouler et s'en débarrasser. Vous n'en serez pas pour autant puni ou damné. Le daimon n'est pas forcément un démon vengeur, ni le chien de garde du paradis chrétien. La vengeance n'est pas l'une des filles de la Nécessité. En fait, la Nécessité n'a trait qu'à ce qui ne pourrait être autrement, ce à quoi vous ne pouvez échapper. La fuite n'est pas un péché, car la Nécessité ne fait pas de morale. Le tempérament de votre âme peut être destiné à l'évasion, ou au contraire à tenir tête et à prendre la flèche en plein cœur.

Harry Houdini a construit sa carrière sur l'évasion de la réalité. C'était sa vocation. « Il n'a jamais cessé d'inventer » sa propre vie, s'acharnant toujours à s'évader d'une prison pour rejoindre une « vérité pédantesque » [20]. Il se débrouilla toujours pour éviter les pièges qu'on lui tendait, y compris ceux des faits – son véritable lieu de naissance (dans le Wisconsin ou en Hongrie ?), sa date de naissance (24 mars ou 6 avril ?), son prénom (Ehrich ou Erik ?) ; il finit même par échapper à son nom de famille (Weiss) en s'inventant le nom de « Houdini » après avoir lu, à dix-sept ans, la vie de Robert Houdin, le grand magicien français du XIXᵉ siècle.

Houdini trompait la nécessité partout, par les plus joyeux tours de passe-passe. La misère, le chômage, les préjugés, l'échec – aucun dieu malfaisant ne put avoir raison de lui. Il s'échappait de la camisole de force, de la prison, de la salle des coffres. Il s'enfermait, ficelé et enchaîné, dans un cercueil de métal immergé dans l'eau glacée, pour en sortir à l'air libre, à la stupéfaction du public.

S'il savait s'échapper des cercueils, il succomba à une appendicite, sans pouvoir s'évader de la lente agonie de son corps d'athlète anéanti par l'infection.

N'en est-il pas de l'histoire d'Houdini, ou de celle de Manolete, comme de celle de chacun d'entre nous ? L'appendicite attendait Houdini comme le taureau attendait Manolete. La Nécessité inexorable portait ombrage à cette extraordinaire combativité dont son akène l'avait doté – jusqu'à ce dernier jour où, sur son lit de mort, il dit à son épouse : « Je me sens fatigué, je ne peux plus me battre. »

Même l'illusionniste finit par être confronté à la nécessité. Les chaînes d'Ananké sont à la fois visibles et invisibles. Et c'est encore la théorie de l'akène qui rend le mieux compte des mécanismes de la vie, quand survient le « cela ne pouvait être autrement ».

Plus vous êtes sincère avec votre daimon, plus vous êtes proche de la mort que vous réserve la destinée. Nous attendons du daimon qu'il ait un pressentiment de la mort, avant un voyage en avion ou quand survient la maladie grave. Est-ce là mon destin, que va-t-il se passer désormais ? Et quand les exigences du destin se font pressantes, la mort fait à nouveau son apparition : « Si je fais ce que je dois vraiment faire, j'en mourrai ; et si je ne le fais pas, je mourrai aussi. » Être ou ne pas être le destin, c'est la question, encore et toujours.

Cette intimité de la vocation et du destin explique peut-être pourquoi nous évitons le daimon et la théorie qui lui accorde une telle importance. Nous préférons inventer des théories qui nous font dépendre du pouvoir parental, du conditionnement sociologique ou génétique ; cela nous évite de nous pencher de plus près sur les pouvoirs de la mort. La mort seule parachève la tâche de la Nécessité qui décide de l'existence que les Parques, ses filles, ont filée. La longueur de cette existence et la direction irréversible qu'elle a prise sont une seule et même chose, et il ne peut en être autrement.

10

La mauvaise graine

UNE VOCATION D'ASSASSIN ?

L'âme des grands ou petits criminels, escrocs, sadiques violeurs et autres assassins, est-elle passée, elle aussi, sur les genoux de Nécessité ? En son temps Plotin posait déjà la question : « Comment les dieux peuvent-ils créer les méchants[1] ? » Est-on prédestiné à tuer ? Est-ce l'akène qui abrite la mauvaise graine, ou le criminel psychopathe qui a perdu son âme s'il en a jamais eu une ?

Le problème de la mauvaise graine, c'est celui de la nature du mal. Pour l'élucider, nous allons étudier le cas du plus grand criminel psychopathe des temps modernes, sinon de tous les temps : Adolf Hitler (1889-1945).

D'autres tueurs et tortionnaires soulèvent autant de questions, mais nous choisissons Hitler parce que son étude offre plusieurs avantages. Elle s'en tient d'abord à la méthode que nous avons choisie : examiner les cas extrêmes afin de comprendre les plus ordinaires. Il suffit de ce cas unique mais exemplaire pour faire ressortir la manière dont le daimon apparaît dans les traits de caractère comme dans le comportement quotidien. Enfin, les atrocités de Hitler nous font réfléchir à celles d'aujourd'hui. Les citoyens que nous sommes sont toujours concernés par le phénomène hitlérien. Car il s'agit d'un phénomène d'une autre nature que les crimes d'un Charles Manson, Jeffrey Dahmer, John Wayne Gacy et autres criminels dont « la violence individuelle a causé des ravages... insignifiants comparés aux holocaustes résultant d'un système qui repose sur la crédulité collective[2] ».

Le citoyen conscient de l'ère post-hitlérienne ne peut se contenter de se pencher sur l'histoire de la première partie du XXe siècle, l'époque de Hitler. Un nouvel Hitler peut encore surgir au sein du monde occidental. Cette éventualité diabolique existe bel et bien. Réfléchir au cas de Hitler, ce n'est pas seulement étudier le cas d'un psychopathe ou d'un tyran politique, ni faire du psychopathe un sujet littéraire à la manière de Norman Mailer, Truman Capote ou Jean-Paul Sartre. C'est un acte rituel d'éveil psychologique, aussi indispensable à l'être humain conscient que de garder en mémoire l'Holocauste et de réfléchir à la Seconde Guerre mondiale. Étudier Hitler est également un acte de contrition pour la participation inconsciente de la psyché occidentale aux méfaits du dictateur. Enfin, c'est un acte propitiatoire envers le démon particulier qui a choisi d'habiter Hitler. Puisse ce démon qui s'est déchaîné ainsi une fois, ne plus jamais nous aveugler à nouveau ! Notre enquête entend bien décrire ce qui rend le daimon démoniaque, et le génie malfaisant.

Le grand inconvénient de se concentrer ainsi sur le pire, serait d'oublier les voyous de moindre importance et les criminels plus ordinaires. Nous pourrions étudier le cas de Hitler, et oublier les démons plus proches de nous : ces conseils d'administration et fonctionnaires anonymes qui prennent des décisions détruisant des communautés, ruinant des familles et dévastant la nature ; ces déséquilibrés qui plaisent aux foules et gagnent les élections ; cette télévision qui fait écran et dont la versatilité de caméléon dispense froideur et distance par rapport aux événements, en suscitant la même fascination que les tenues de parade dont aiment à s'accoutrer les autorités du monde politique, judiciaire, religieux et économique. Notre époque est mentalement malade, et quiconque s'élève dans ce monde qui idolâtre la réussite doit être suspect. Seulement, les psychopathes ne se faufilent plus sournoisement dans les sombres ruelles à la façon des salauds des films en noir et blanc des années 1930. Ils paradent sur les boulevards dans des limousines aux vitres blindées, dirigent des nations et envoient des délégués à l'ONU. Hitler est vieux jeu et pourrait nous empêcher de voir le démon d'aujourd'hui ou de demain, qui porte un masque différent. Le diable n'a pas d'âge mais s'habille à la dernière mode pour mieux s'avancer dans le monde et tuer plus efficacement.

Le comportement personnel de Hitler, tel qu'il a été rapporté par des informateurs fiables et transmis par les historiens et biographes, manifeste une complète identification à son daimon, comme s'il s'agissait d'une véritable possession. La grande différence entre Hitler et les personnages que nous évoquons dans ce livre réside dans son caractère, bien sûr, mais aussi dans la nature de son daimon – une mauvaise graine dans une personnalité incapable de lui résister ou même d'éprouver le moindre doute.

La théorie de l'akène explique le phénomène de Hitler de façon aussi crédible que toutes les autres théories, que je résumerai d'ailleurs plus loin dans ce chapitre. La notion de démon ou de mauvais génie aide à comprendre comment il a pu en appeler au plus sombre substrat du *Volk* allemand, lui inculquer un esprit de corps, l'aveugler par ses visions démoniaques et les lui faire accepter et exécuter. En voyant comment une seule graine dota un Hitler d'un pouvoir de fascination capable de transformer des millions de gens en un démon collectif, on comprend plus aisément comment des assassins psychopathes comme Jeffrey Dahmer, Andrei Chikatilo, Dennis Nilsen, Peter Sutcliffe et Juan Corona ont pu tenir sous le charme une longue série de victimes dociles. En vérité, le mystère est peut-être plus dans l'innocence, que dans le mal !

HITLER

Pour exposer la personnalité de Hitler, qui a pesé si lourdement sur le destin de notre civilisation, nous procéderons en deux étapes. Nous dresserons d'abord la liste des traits spécifiques symbolisant traditionnellement le mal, la mort et la destruction ; puis nous analyserons une série de caractéristiques à première vue moins évidentes, mais qui révèlent plus directement la présence de l'invisible dans la vie de Hitler.

1. *Un cœur froid*
Près de la fin, en s'adressant pour la dernière fois à ses généraux, Hitler lança : « Advienne que pourra, mon cœur reste de glace. » Lors d'une conférence d'état-major, il manifesta son admiration pour Goering qui, selon lui, « a montré son sang-froid [...] Il était auprès de moi durant les jours difficiles, toujours froid et impassible. Chaque fois que ça allait réellement mal, il demeurait de glace[3] ».

Le dernier étage de l'enfer, selon Dante, est un royaume de glace hanté par les grands criminels : Caïn, Judas et Lucifer. Les légendes, les superstitions et le dogme de l'Inquisition à la fin du Moyen Âge et à la Renaissance, prétendaient que le pénis du Diable était glacé et son sperme tout froid[4].

Le trait psychologique qui accompagne un cœur de glace est la rigidité, l'incapacité à s'abandonner, à s'épancher, à se laisser aller. Waite rapporte des témoignages sur quatre moments différents de la vie de Hitler, tous concordant sur le fait qu'« il y a chez lui quelque chose de résolu, inflexible, inamovible, obstinément rigide [...] Adolf ne pouvait tout simplement pas changer d'idée ou de nature[5] ». Tout à la fin, à Berlin, en 1945, « quand un collaborateur suggéra qu'il eût été possible de faire certaines choses différemment, Adolf Hitler éperdu d'angoisse s'écria : "Mais vous ne voyez donc pas que je ne peux pas changer !" ». Il affichait un comportement répétitif et routinier dans tout ce qu'il faisait : sa façon de porter les mêmes vêtements jusqu'à ce qu'ils tombent en guenilles, de se brosser les dents, dans ses goûts musicaux, cinématographiques, sa façon de se plier à certains horaires. Il promenait son chien tous les jours à la même heure, lui lançait le même morceau de bois exactement du même endroit dans la même direction[6].

2. *Le feu de l'Enfer*

On représente plus communément l'enfer par le feu. Le daimon a longtemps été associé au feu. Le genius d'un individu était représenté par exemple par une auréole de flammes autour de la tête, comme un halo. Le daimon de Hitler avait recours au feu : incendie du Reichstag, qui marqua son accession au pouvoir ; images incendiaires de ses discours ; destruction par le feu des villes européennes ; fours crématoires et cheminées des camps de la mort ; son propre corps enfin, arrosé d'essence dans le bunker de Berlin. Une conversation avec Hermann Rauschning, alors un des dirigeants du parti nazi qui fit défection plus tard (il publia ses notes *avant* la guerre), montre que Hitler savait déjà en 1932 quelle serait sa fin et celle de l'Allemagne. Il y disait : « Nous pouvons être détruits, mais si nous le sommes nous entraînerons le monde avec nous – un monde en flammes[7]. » Puis il se mit à fredonner un thème de *Götterdämmerung* (« Le crépuscule des dieux ») de Wagner.

Le feu symbolise bien des choses : la métamorphose, le baptême ou l'initiation, la force qui réchauffe, civilise et dissipe les ténèbres. Pour Hitler, les vertus du feu se limitaient à la destruction. C'est d'ailleurs ainsi que le démon de la mort se vengea d'un peuple et d'une culture enflammés par l'appel du diable : un déluge de feu réduisit Dresde en cendres.

3. *Le loup*

Hitler dans sa jeunesse se faisait appeler *Herr Wolf* (Monsieur Loup), et imposa à sa sœur de changer son nom pour *Frau Wolf* (Mme Loup). Durant ses derniers jours dans le bunker, il prenait soin lui-même d'un chiot dénommé Wolf qu'il ne permettait à personne de toucher. Cet esprit du loup apparut quand, encore enfant, il prétendit faire dériver son nom, « Adolf », de « Athalwolf » qui signifie « noble Loup ». Il baptisa trois de ses quartiers généraux Wolfsschanze, Wolfsschlucht et Werwolf. Ses chiens favoris étaient des *wolfshunde,* des chiens-loups alsaciens. « Il appelait ses SS "ma meute de loups" [...] Souvent, sans même y penser, il sifflait "Qui a peur du grand méchant loup ?" [8] »

La puissance archétypique de cette identification au loup affecte encore notre vie aujourd'hui même. Elle est à l'origine de la guerre froide et de la division de l'Europe entre Est et Ouest. Pendant la guerre en effet, les services secrets américains en étaient venus à croire qu'une armée de « loups-garous » hitlériens, disposant de réserves de gaz toxiques et d'armes secrètes, marquaient les maisons dont ils voulaient tirer vengeance du vieux signe runique qui désigne le loup. Ces « loups-garous », selon eux, s'étaient installés dans un repaire des montagnes de Bavière d'où Hitler et ses complices comptaient se livrer à une action terroriste. C'est ainsi que le général Omar Bradley orienta les armées américaines vers le sud de l'Allemagne afin de s'attaquer à cet illusoire pouvoir du loup, et que le commandement allié, au grand étonnement de Staline, laissa les troupes russes prendre Berlin [9].

Je me garderai de condamner le loup réel, et d'oublier que la louve est le symbole de la mère nourricière, protectrice des enfants perdus. Mais il faut noter que de nombreuses cultures fort éloignées les unes des autres, et pas seulement d'origine germanique, rangent traditionnellement le loup parmi les abominables démons de la mort [10].

4. *L'analité*

Hitler se donnait lui-même des lavements. Ses flatulences l'incommodaient énormément. Il nourrissait des idées obsessionnelles sur le contact corporel, les régimes alimentaires, la digestion et la propreté personnelle. Des témoignages fiables révèlent qu'il prenait plaisir à être souillé par ses partenaires sexuels féminins [11].

Encore une fois il y a là un rapport avec le démon. Le diable est censé entrer dans le corps par l'anus : la sodomie est considérée comme un péché ; la propreté rapproche de Dieu ; les odeurs sulfureuses sont le propre de l'enfer ; les gravures du Moyen Âge montraient la face du diable peinte sur son arrière-train. Les purges violentes de la médecine traditionnelle avaient une raison théologique : il fallait se débarrasser des substances maléfiques. Le marquis de Sade, cet Antéchrist en matière de pratiques sexuelles et amoureuses, affectionnait l'érotisme anal. Les coups, le fouet, les marques au fer rouge sur les fesses, les plus cruelles tortures que les chrétiens infligeaient aux êtres qu'ils disaient malfaisants, trouvaient leur justification dans la nécessité de chasser le diable de son repaire corporel.

L'imagination anale va très loin. Chez Hitler l'analité est bien plus qu'une étape du développement de sa personnalité, expliquant sa rigidité et son sadisme. Si l'anus est la zone érogène qui abrite les mauvais esprits, l'obsession anale dépasse la simple fixation sur le contrôle des sphincters. Elle entretient la présence constante du démon, en accordant une attention rituelle au lieu qu'il occupe symboliquement.

5. *Les suicides de femmes*

Six des femmes – et il n'y en eut pas beaucoup d'autres – avec qui, de source à peu près sûre, Hitler eut des relations intimes, ou dont il fut « amoureux », se sont suicidées ou ont tenté de le faire [12]. Parmi elles, une adolescente, Mimi Reiter, dont Hitler s'éprit à l'âge de trente-sept ans et qui tenta de se pendre après qu'il eut brutalement rompu ; sa nièce Geli Raubal, qui fut « l'amour de sa vie ». Eva Braun se tira une balle dans le cœur en

1932 mais survécut, et mourut avec lui dans le bunker selon le pacte qu'ils avaient conclu.

On peut en déduire que Hitler était psychologiquement attiré par des femmes psychiquement faibles, ce qui expliquerait leurs pulsions autodestructrices. À moins de penser que son dysfonctionnement sexuel et une éventuelle coprophilie de sa part aient fait naître chez ces femmes un tel dégoût d'elles-mêmes qu'elles ont choisi « la mort plutôt que le déshonneur ». Mais nous pouvons aussi imaginer que l'intimité diabolique avec le loup, le feu de l'enfer et le cœur de glace leur a rendu la vie impossible. Ces femmes eurent-elles l'intuition qu'elles avaient aimé un démon ?

6. *Les monstres*

L'atmosphère de cirque avec costumes, parades, cérémonies et gestes théâtraux (pas de l'oie, salut le bras tendu) était renforcée par une série de personnages difformes. Le chauffeur personnel de Hitler était si petit qu'il fallait surélever son siège pour qu'il puisse voir par-dessus le volant. Le dirigeant des Chemises brunes, qui succéda à Ernst Röhm après l'assassinat de ce dernier, était borgne ; Joseph Goebbels avait un pied-bot ; le photographe officiel était bossu et alcoolique ; l'attaché de presse de Hitler, Max Amann, ainsi que son premier trésorier étaient manchots ; Amann était également un nabot. L'assistant d'Amann était sourd comme un pot. Martin Bormann était alcoolique, Rudolf Hess paranoïaque, Hermann Goering morphinomane ; Robert Ley, le maître des camps de travail, était bègue [13].

À la suite de la Grande Guerre, on vit dans toute l'Europe des années 1920 et 1930 des hommes défigurés, estropiés ou aveugles mendier au coin des rues et sur les places publiques. L'art expressionniste, l'humour de cabaret et les bordels avaient mis le difforme sur le devant de la scène. Il y avait tout de même une certaine incongruité à trouver aux premiers rangs de la société la collection de handicapés formant l'entourage de Hitler, au moment où l'on exterminait systématiquement leurs semblables dans les camps de la mort.

Ce n'est, après tout, peut-être pas si étrange. Dans l'histoire de la démonologie, c'est le personnage à demi humain qui brandit une menace inhumaine à l'encontre du monde normal. C'est le pirate avec son bandeau sur l'œil et son crochet, le poursuivant boiteux ou le bossu des fantasmes et des films. Les deux films favoris de Hitler, qu'il ne se lassait pas de revoir, étaient *King Kong* et *Blanche-Neige et les sept nains*. Les deux tournaient autour de personnages monstrueux ou difformes.

On peut se féliciter que l'esprit démocratique américain ait permis de promulguer des lois qui intègrent les handicapés dans la société, et que celles-ci soient effectivement appliquées. L'intégration des « anormaux » n'est pas un simple geste de compassion et une preuve de civilisation. C'est une façon d'éloigner la malédiction symbolique dont souffrent les accidentés et les handicapés, que tant de cultures imaginent encore comme les représentants d'un monde souterrain, sinistre et diabolique.

7. *Le manque d'humour*

Les monstres, les costumes, le théâtre, les parades – mais pas la comédie. « Hitler n'avait aucun humour », disait Albert Speer, son architecte et ministre de l'Armement. Une secrétaire qui avait travaillé quotidiennement avec lui a pu affirmer : « Je dois dire que je ne l'ai jamais entendu rire de bon cœur » ; et un compagnon de jeunesse d'ajouter : « il ne savait absolument pas se moquer de lui-même [...] Il était incapable [...] de passer sur une peccadille avec le sourire ». Au front, au milieu des soldats, « il ne riait jamais ». Il avait horreur qu'on se moque de lui ; il ne plaisantait jamais et interdisait qu'on le fît en sa présence [14].

Le diable peut jouer des tours, montrer de l'esprit, faire le clown, danser la gigue et dire des blagues, mais faire preuve d'humour et donc d'humilité – jamais. Le mot humour, qui vient de humus, implique douceur et humidité, et donne à la vie une touche de familiarité ; le terme bannit le grandiose, nourrit la réflexion sur soi, empêche d'attacher trop d'importance à sa propre personne. L'humour remet à sa place et permet de s'adapter au monde, d'y prendre racine (voir chapitre 2). Rire de sa propre place dérisoire dans la comédie humaine a la même fonction que l'ail ou la croix qu'on brandit pour repousser le diable. *Le Dictateur* de Chaplin a fait bien plus que tourner Hitler en ridicule ; il a souligné combien l'enflure du démon était absurde, triviale et tragique.

PRINCIPALES CARACTÉRISTIQUES DU DÉMON

Pour mieux comprendre comment se développe la mauvaise graine et mieux la déceler, voici maintenant les traits spécifiquement démoniaques présents chez Hitler.

August Kubizek, l'un de ses camarades de classe, affirmait que les yeux de Hitler faisaient peur à sa mère – bleu clair, d'une intensité inquiétante, sans cils. Un professeur de lycée a dit de ses yeux qu'ils « luisaient ». Kubizek écrit aussi : « Si on me demande en quoi, dans sa jeunesse, l'on pouvait déjà percevoir les qualités exceptionnelles de cet homme, je ne peux que répondre "ses yeux". » Hitler considérait que ses yeux ressemblaient à ceux de sa mère qui « lui rappelaient ceux de la Méduse » d'un tableau de son peintre préféré (Franz von Stuck). Hitler s'entraînait à « jeter des regards perçants à son miroir » et jouait à « dévisager fixement de haut » ses interlocuteurs. Le vieux fasciste anglais (et beau-fils de Wagner), Houston Chamberlain, lui a écrit : « On dirait que vos yeux sont dotés de mains, tant ils savent agripper un homme et le tenir ferme... Du premier regard vous avez transformé mon âme. »

Vers 1909, Hitler rencontra un de ses mentors intellectuels, Georg Lanz, un antisémite extravagant qui avait produit des œuvres délirantes et écrit des pamphlets aux titres évocateurs comme *Théozoologie, ou les contes de l'homme-singe de Sodome* [...] ou *Des dangers de donner des droits aux femmes et de la nécessité d'une éthique masculine chez les maîtres*. Ce Lanz écrivait : « La force érotique la plus importante et la plus décisive chez les peuples de race supérieure est dans *l'œil* [...] L'érotisme héroïque consiste à faire l'amour avec les yeux [15]. » L'un de ceux qui furent ainsi fascinés par « l'érotisme héroïque » de Hitler racontait : « Je le regardai dans les yeux, il me regarda dans les yeux, et je ne souhaitai plus qu'une chose : me retirer chez moi, seul avec cette formidable et écrasante expérience [16]. »

Le vieux dramaturge allemand Gerhart Hauptmann eut enfin l'occasion de rencontrer Hitler. « Le Führer lui serra la main et le regarda dans les yeux. C'était le fameux regard qui fait trembler tout le monde... Plus tard Hauptmann dit à ses amis : "Ce fut le plus grand moment de ma vie." [17] »

Si, comme le veut la tradition, les yeux sont le miroir de l'âme, alors le pouvoir irrésistible des yeux de Hitler était-il celui du démon ? Ou ses yeux ne révélaient-ils que le vide intérieur, les abysses glacés, la totale absence d'âme ? Personne ne peut répondre, mais nous ne pouvons pourtant pas attribuer la raison de l'étrangeté de ces yeux à l'environnement. Et même si les lois de la génétique en ont déterminé la couleur, leur pouvoir paralysant tenait-il seulement aux chromosomes ?

Nous l'avons déjà noté dans de nombreuses biographies : quand l'akène suscite d'ardentes certitudes la vie semble entre les mains d'une puissance supérieure. « Je poursuis le chemin que la Providence a tracé pour moi, avec toute l'assurance d'un somnambule », déclara Hitler dans un discours de 1936. Il était choisi, destiné, exceptionnel. Dans les tranchées de la guerre de 1914-18 (où il ne fut blessé qu'une seule fois et légèrement gazé une autre, ce qui affecta principalement ses yeux) les autres soldats le regardaient comme « le merle blanc », intouchable, à part. Ses camarades avaient l'impression qu'un charme protégeait sa vie « Son régiment participa à 36 batailles importantes [...] La mort a rôdé autour de Hitler durant plus de mille jours. Qu'il ait pu l'éviter reste un mystère [18]. » « D'innombrables fois il a semblé courtiser la mort, mais quand les balles touchaient un camarade, lui s'en sortait sans une égratignure. Après une rude attaque qui avait décimé le régiment, quelqu'un se tourna vers Hitler et lui lança : *"Mensch, für dich gibt es keinen Kugel"* ("Mon camarade, il ne doit pas y avoir de balle à ton nom") [19]. » Durant le « putsch du Palais de la bière » qui échoua en 1923, le garde du corps de Hitler « bondit devant lui et reçut la demi-douzaine de balles qui lui étaient destinées » [20]. La tentative d'assassinat courageuse et soigneusement planifiée de juillet 1944 échoua : Hitler fut sauvé, comme par miracle, par la grâce d'une goupille défectueuse et d'un pied de table trop épais.

Une fois, la chance lui fit défaut. Il avait dix-sept ans. Il faisait des plans grandioses après avoir acheté un billet de loterie. Il ne gagna pas et entra dans une colère noire. La « Providence », Moira, Fortuna ou Dame la Chance, en qui il avait une confiance absolue, l'avait laissé tomber. Moira, rappelez-vous, est aussi le nom du daimon.

Il parlait du destin, de la destinée et de l'histoire comme de déesses. *Mein Kampf* s'ouvre sur sa version du mythe platonicien.

Il déclare que la ville de Brunau, en Autriche, a été choisie par le destin pour sa venue au monde.

Hitler se croyait appelé par sa destinée à faire des incursions de somnambule dans un autre monde. Par autre monde il faut entendre celui des dieux eux-mêmes. Il avait la conviction d'avoir toujours raison. Cette absolue certitude lui permit de convaincre la nation allemande et d'accomplir ses forfaits. Une totale conviction, une certitude absolue – ce sont bien là les signes du démon.

À sept ans déjà, d'après son demi-frère Alois, « Hitler était autoritaire et prompt à la colère et n'écoutait personne », exactement la même attitude qui plus tard l'amènerait à refuser d'écouter ses généraux [21]. Aucune femme n'eut jamais son oreille ; il n'entendait que son daimon, le seul vrai compagnon qu'il ait jamais eu. Nous voyons ainsi comment le pouvoir corrompt : la voix de la conscience devient celle du démon et couvre toutes les autres. La mauvaise graine apporte avec elle une mystérieuse connaissance a priori. Mais si dieu est omniscient, l'homme n'est jamais qu'un cuistre prétentieux. C'est ainsi que Hitler ne sentait nul besoin d'échanger avec d'autres. Personne ne pouvait lui apprendre quoi que ce fût.

Pour montrer qu'il savait tout, il mémorisait des masses de faits – position des régiments et des réserves, tirant d'eau et blindage des navires, différents types des véhicules – dont il se servait pour surclasser ses interlocuteurs et embarrasser ses officiers. Cette information « prouvait » sa supériorité et masquait son manque d'idées et de réflexion comme son incapacité à tenir une conversation. Le démon ne discute pas. Il préfère noyer les idées sous les détails et le jargon.

Notre république devrait en tirer une leçon : nous pourrions bien un jour élire un champion de l'un de ces jeux télévisés de questions-réponses, qui ferait croire à nos enfants que les autoroutes de l'information sont le chemin de la connaissance. L'esprit trivial s'exprimant par des formules qui sonnent bien trahit souvent le psychopathe. De la même façon, l'éducation qui privilégie les faits au détriment de la réflexion, les « valeurs » patriotiques, politiques ou religieuses politiquement correctes au détriment du jugement critique, peut produire une nation de bacheliers psychopathes.

La transcendance du daimon en fait une entité intemporelle qui ne s'insère dans le temps qu'en s'enracinant quelque part. Pour décrypter le daimon dans la chronologie d'une existence, nous devons lire la vie « à rebours », par l'intuition (voir chapitre 4). L'intuition saisit l'ensemble d'un seul coup. Le temps étire toute chose en une chaîne d'événements successifs qui conduisent à un point final. Mais les projets et les pouvoirs de Hitler ne se sont pas développés dans le temps ; ils étaient là dès sa jeunesse, préfigurant sa mort au milieu de ruines wagnériennes.

Hitler se sentait lui-même piégé par le temps. Il a souvent répété : « Le temps [...] travaille toujours contre nous. » Il n'a jamais porté de bracelet-montre, et quand à l'occasion il portait une montre de poche, il oubliait de la remonter. Il ne voulait voir aucune différence entre le jour et la nuit, tirant les rideaux le jour, laissant les lampes allumées la nuit durant. Selon lui, le royaume qu'il érigeait sur terre devait durer mille ans, et les personnages avec lesquels il s'identifiait appartenaient à une autre époque : Frédéric le Grand, Bismarck, le Christ. Il était notoirement insomniaque.

La structure de la graine donne tout d'emblée, immédiatement, et incite à tout formuler simultanément. Vous voulez tout tout de suite, parce que vous sentez et voyez tout d'un seul coup. C'est une sorte de perception transcendantale, celle d'une divinité omniprésente. Comme l'enseignaient les vieux prédicateurs : Dieu a créé le temps pour que tout n'arrive pas en même temps. Le temps ralentit les choses ; les événements se déroulent l'un après l'autre, et nous-mêmes, dotés d'une conscience temporelle, croyons que chacun d'eux est la cause de celui qui suit. Mais pour le daimon le temps ne peut être la cause de ce qui ne serait pas déjà présent dans l'image originelle. Le temps ne fait que ralentir et retenir un moment l'accomplissement, favorisant par là « l'enracinement ».

La tendance de l'akène à s'abstraire du temps et à vouloir que tout arrive d'un seul coup est l'indice d'une possession par un daimon qui se transforme en démon. La mauvaise graine n'a pas la notion qu'il y a un temps pour tout, qu'il faut laisser faire le temps et, aussi, qu'on a toujours le temps. Avec une impulsivité et une hâte maniaques, elle ne souffre pas de délais (d'où l'invention hitlérienne du Blitzkrieg et les colères du Führer contre tout ce qui se dressait sur son chemin). Les alchimistes disaient « votre âme est dans votre patience » et « toute hâte vient du diable ».

Voici un dernier témoignage d'une intrusion démoniaque, peut-être du diable en personne :

> *Un homme qui le fréquentait quotidiennement m'a rapporté l'anecdote suivante. Hitler se réveille une nuit en poussant des cris stridents et convulsifs [...] Il tremble de peur, à en faire vibrer son lit [...] Debout dans sa chambre, il se balançait d'avant en arrière, hagard. Il suffoquait : « C'était lui. C'était lui. Il était là ! » Il avait les lèvres bleues. La sueur lui coulait sur le visage. Tout d'un coup il se mit à dévider des chiffres, des mots étranges et des bouts de phrases entièrement vides de sens. C'était horrible. Ses mots n'étaient pas de l'allemand, ses phrases bizarrement construites. Puis il redevint plus calme, les lèvres seules continuant à remuer. On lui fit un massage et on lui offrit à boire. Puis, subitement, il explosa.*
>
> *« Là, là ! Dans le coin ! Qui est-ce ? »*
>
> *Il piétinait et hurlait à sa façon habituelle. On lui démontra qu'il n'y avait rien d'extraordinaire dans la pièce. Il retrouva alors progressivement son calme* [22].

HUIT EXPLICATIONS POSSIBLES

Alice Miller, qui rapporte cette anecdote, pense que Hitler est en train d'imaginer les châtiments que son père lui fait subir. Cette vue conventionnelle réduit le démon que voit Hitler à un père qu'elle sort de son chapeau pour l'occasion. Elle croit que le jeune Hitler, en jouant avec ses camarades aux Indiens ou aux Boers, ces malheureux perdants, livrait bataille contre l'oppression paternelle. De plus, pour Alice Miller, Hitler ne s'est pas contenté de s'opposer au père répressif, il s'est identifié à lui en réprimant à son tour ; la cause première de l'horreur hitlérienne n'était pas du tout un daimon mais l'intériorisation de l'image du père [23]. C'est ainsi que la mystification parentale permet d'exorciser le mal.

Les parents sont aussi en cause dans le cas de Charles Manson, ce terrifiant personnage qui depuis trois décennies hante l'imagination occidentale, comme Jack l'Éventreur au siècle dernier. La responsable serait sa mère qui « l'aurait vendu à une serveuse de bar pour un pichet de bière ». Manson raconta cette histoire à son biographe pour expliquer pourquoi « il s'était toujours senti en marge [24] ». La psychologie vulgaire ne sait expliquer la solitude démoniaque originelle d'un Hitler ou d'autres graines d'assassins, que par les théories de la responsabilité parentale et la psychologie du développement.

Woody Harrelson, tenant le rôle du psychopathe dans le film d'Oliver Stone, *Natural Killers*, déclare sans ambages qu'il est « né pour tuer », fournissant ainsi l'explication de ses actes et le titre du film. Il n'en reste pas moins que Quentin Tarentino, qui écrivit le script, et Stone, qui réalisa le film, semblent incapables d'en accepter les implications. Ils privilégient des « explications » psychologiques éculées, à l'aide de retours en arrière mettant en scène des abus sexuels. Non seulement l'insertion incongrue de ces scènes transforme le psychopathe en victime, mais brouille l'idée importante que le film développe par ailleurs. Les principaux thèmes du film donnent les vraies raisons d'une « conduite insensée » en évoquant la combinaison de trois motivations irrésistibles : la solitude et les comportements antisociaux engendrés par la boursouflure typiquement américaine du sentiment amoureux ; la transcendance illusoire qui s'attache aux feux des médias ; et la mauvaise graine qui pousse au crime.

Cette mauvaise graine ne peut sans doute se manifester plus clairement que dans le cas de Mary Bell de Newcastle en Angleterre. En 1968, à trois mois d'intervalle, cette petite fille de dix ans étrangla à mains nues Martin, quatre ans, et Brian, trois ans. Gitta Sereny étudia les premières années de Mary Bell : la mère de celle-ci, une schizophrène aux penchants destructeurs, n'avait jamais voulu du bébé – en fait elle avait essayé de s'en débarrasser plusieurs fois. Ce qui aboutit à conclure que les deux garçons assassinés étaient les victimes du meurtre de l'âme de Mary Bell par sa propre mère. Les parents cruels sont la cause de la cruauté de l'enfant. L'objectif du livre de Gitta Sereny est de militer pour l'amélioration des conditions sociales et de discréditer la théorie de l'akène et de la mauvaise graine. « Sommes-nous encore au temps où les enfants malades étaient considérés comme des monstres et où l'on croyait en la méchanceté innée [25] ? »

Il y a pourtant certains incidents dans les premières années de Mary Bell qui donnent une idée de l'étrange destin qui allait être le sien. Elle était détestée et maintenue à distance par les autres enfants : « Personne ne voulait jouer avec moi. » À l'école primaire ses maîtres la jugeaient rusée, effrontée et retorse ; elle racontait sans arrêt des histoires dans lesquelles il était difficile de distinguer le vrai du faux. Au tribunal, « elle suscita une impression de dégoût involontaire et ambiguë, non seulement chez ses avocats mais parmi l'assistance ». Quelque chose en elle empêchait les autres de s'en sentir proches.

C'était déjà le cas lorsqu'elle était bébé. La sœur de son père, qui s'était un temps occupée d'elle, déclara : « C'était encore un bébé, mais elle ne voulait déjà rien des autres. Elle ne laissait personne l'embrasser ou la prendre dans ses bras. Ça a toujours été comme ça. Elle détournait la tête. ». Gitta Sereny remarque simplement à propos de la mère de Mary « qu'elle avait une grande réserve d'amour disponible pour Mary. Mais toutes deux semblaient incapables de l'accepter[26] ».

Et puis, la mort l'attirait : en quatre occasions différentes, avant l'âge de quatre ans, Mary fut bien près de mourir. Elle découvrit du poison et des pilules, et faillit se tuer en tombant d'une fenêtre. L'akène savait-elle déjà qu'elle n'aurait pas sa place en ce monde ? Rendant visite à sa grand-mère, « une femme très responsable », Mary – qui n'avait pas plus d'un an – parvint à s'emparer des pilules de la vieille dame. « Pour les atteindre, le bébé avait dû trouver l'aiguille à tricoter [qui ouvrait la cachette], se dresser près du gramophone [la cachette], l'ouvrir, retirer la bouteille soigneusement dissimulée, dévisser le bouchon puis prendre et avaler assez de ces petites pilules amères pour se tuer. »

Quant aux meurtres par strangulation : « *mort, meurtre, assassinat,* cela ne voulait rien dire pour Mary [...] Pour elle tout avait été un jeu[27] ».

Le cas de Mary Bell nous amène directement à nous interroger sur les causes. Il est clair que Gitta Sereny pense que, si la mère de Mary avait reçu des soins psychiatriques appropriés, s'il y avait eu un meilleur suivi à l'école et des conditions sociales et économiques moins déplorables, Brian et Martin n'auraient pas été assassinés.

Alice Miller serait d'accord avec Gitta Sereny, puisqu'elle déclare tout aussi nettement que « toute conduite absurde trouve ses racines dans la petite enfance » et que « Hitler en fait a réussi à transférer le trauma de sa vie familiale sur la nation allemande tout entière[28] ». La « psycho-histoire » de Helm Stierlin,

Adolf Hitler : A Family Perspective, corrobore cette interprétation. Il semble que tout le cours de l'histoire mondiale aurait pu être changé par une intervention thérapeutique faite à temps dans cet obscur foyer autrichien. Vingt millions de victimes russes, six millions de juifs, sans parler de toutes les victimes des autres pays et les morts allemands, auraient pour cause les coups reçus par Adolf au cours de son enfance et la conduite de sa mère, etc.

Même s'il y a quelques brins de vérité chez Gitta Sereny et Alice Miller, nous continuons à nous interroger : n'y a-t-il pas certains facteurs génétiques « familiaux » dans la pathologie criminelle ? Certaines personnes sont-elles démoniaques et inhumaines par nature ? Prospero, chez Shakespeare, semble être le porte-parole des frustrations des thérapeutes quand il décrit le monstre Caliban :

> *C'est un démon, un démon né !*
> *Jamais sur sa nature aucune éducation*
> *Ne tiendra : les efforts que j'ai faits pour son bien,*
> *En toute humanité, sont tous perdus, tous, sans retour.*

> *(La Tempête,* acte IV, scène 1, vers 189).

L'étrange froideur, cette pulsion de mort que nous constatons chez Hitler comme chez Mary, semble avoir une autre cause que l'éducation ou l'hérédité. Il semble qu'il y ait eu chez eux une carence de l'âme, ou qu'il leur ait manqué tout simplement une âme.

Voici donc, ci-dessous, les principaux schémas d'explication que l'on peut donner de la mauvaise graine. J'en dresse la liste et les étudie séparément les uns des autres, mais il va sans dire que dans la réalité ils sont inextricablement mêlés et réagissent les uns sur les autres. Chacun des huit modèles pourrait servir d'hypothèse de départ à n'importe quel autre. Aucun d'entre eux ne peut prétendre à l'unique vérité.

La présentation particulièrement stricte de ce chapitre tient sans doute à son sujet principal, Hitler. L'image est si dangereuse, si explosive, qu'elle demande à être maniée avec précaution. Chaque pièce à conviction et chaque accusation doit être soigneu-

sement étiquetée et traitée séparément. Il y a une certaine justification aux méthodes laborieuses et obsessionnelles héritées de
l'Inquisition, employées lors des procès de Adolf Eichmann en
Israël et de Klaus Barbie en France, et au procès de Nuremberg
même. Un contrôle rationnel, soigneux, pas à pas, doit être opposé
à la force démoniaque que l'on veut contrer. Imaginons qu'on fasse
le procès de la mauvaise graine elle-même : chacun des huit
modèles esquissés ci-dessous donnera une explication de base de
la conduite de l'accusé.

1. *Les traumatismes de la tendre enfance*

Un entourage mauvais, brutal et négligent durant votre petite
enfance et vos premières années a fait de vous ce que vous êtes [29].
Peut-être avez-vous souffert de complications périnatales, de mal-
nutrition ou de traumatismes crâniens. Vous n'étiez pas désiré et
vous n'avez connu qu'une atmosphère brutale et violente dans
laquelle vous avez dû survivre. Les messages que l'on vous trans-
mettait étaient doublement contraignants : ils déniaient la réalité
et vous soumettaient à des humeurs imprévisibles et à l'arbitraire.
Chaque instant de votre existence vous laissait dans l'angoisse ;
sans force face à la tyrannie, dépouillé de toute dignité, vous vous
êtes conformé très tôt à un modèle qui par la suite n'a fait que se
développer. Vous êtes allé de mal en pis.

2. *La tare héréditaire*

Il y a chez vous un dysfonctionnement physiologique structurel : trop de testostérone, pas assez de sérotonine, un déséquilibre
hormonal, des ratés du circuit électrique, une insensibilité du système nerveux, des anomalies génétiques. Au siècle dernier, l'idée
que le comportement était déterminé par une tare physique a eu
un grand succès en psychiatrie. Cette théorie était fondée sur l'histoire de différentes familles qui d'une génération à l'autre montraient des traces de dégénérescence dans la forme des oreilles ou
des mains. Les manuels de psychiatrie présentaient une galerie de
portraits de dévoyés et dégénérés grotesques dont la vitalité et la
viabilité « substantielle » avaient décliné parce que leurs grands-
parents buvaient ou avaient des tendances sexuelles bizarres. L'on
considérait le psychopathe criminel comme le résultat de forces
biophysiques qui, à l'instar des génies et des artistes, avait hérité

d'une physiologie particulière fortement influencée par la libido sexuelle [30]. Fondamentalement, une telle condition ne peut être changée sauf par des moyens physiques, ce qui justifie des « traitements » comme l'incarcération à vie dans des institutions pour « fous criminels », la castration, les électrochocs, la lobotomie, et, sous le régime nazi, la vivisection et l'extermination. Le modèle physiologique actuel recommande plus subtilement le recours à l'arme pharmaceutique pour maîtriser votre comportement : avalez donc ces jolies petites pilules.

3. *Le comportement grégaire*

La nature biologique et les conditions sociales ont pu préparer le terrain, mais votre milieu a été le facteur déclenchant, en particulier celui de toute votre adolescence depuis votre puberté. Les habitudes de la rue, les règles de la bande, les lois non écrites de la prison, l'endoctrinement des forces spéciales, l'idéologie de la milice, le monde du camp de concentration, l'*omertà* de la famille mafieuse : les conventions du groupe avec lequel vous vous identifiez déterminent le système de valeurs qui façonnent votre conduite. Les façons qui vous ont été inculquées expliquent vos réactions dès que surgit une menace, que ce soit à My Lai* ou quand on « se paie votre tête » dans votre quartier. La criminalité et la violence font partie de la morale de groupe – celle des premières bandes des troupes d'assaut de Hitler par exemple. Brûler, piller et violer fait partie de la conduite des armées victorieuses après la bataille. Tout cela est relativement indépendant des facteurs physiologique ou de l'environnement de l'enfance. En bande, vous hurlez avec les loups.

Un biographe d'Al Capone, l'impitoyable patron du crime de Chicago, invoque les mœurs des bandes du Brooklyn de son enfance à l'appui de la vocation criminelle du gangster :

> *Quel jeune garçon aurait voulu rester un instant de plus que nécessaire dans ces deux ou trois pièces humides, froides et misérables où huit, dix ou douze personnes mangeaient,*

---

* Le village vietnamien martyr qu'une escouade de soldats américains brûla après avoir violé femmes et jeunes filles et s'être livrée au massacre en règle de la population. (*N.d.T.*)

dormaient, se lavaient et s'habillaient ; dans ces couloirs puants transformés en égouts, remplis d'excréments et infestés par la vermine grouillant sur les ordures qu'on avait jetées par la fenêtre ; on y gelait ou on y suffoquait ; les adultes, en pleine détresse, s'invectivaient sans cesse, vous fouettaient à la moindre peccadille.

La bande était le moyen d'y échapper [...] Ces garçons formaient leur propre société, indépendante du monde des adultes, en opposition à celui-ci. Conduits par un garçon plus âgé, plus costaud, ils partageaient les émotions de l'aventure, les joies des chahuts, l'excitation de l'exploration, du jeu, du chapardage, du vandalisme, de la cigarette, de la drogue, de l'alcool, d'un rituel secret, des saletés faites en groupe, des combats contre les bandes rivales[31].

4. *Le mécanisme du choix*

Vous avez le choix de votre conduite, et vous l'avez toujours eu. Certes vos choix sont eux-mêmes conditionnés par votre physiologie, vos premières années, les mœurs du groupe auquel vous avez appartenu adolescent, mais cela n'empêche pas que chacun de vos actes criminels a été décidé plus ou moins consciemment en pesant le pour et le contre. En clair, chaque fois vous avez estimé que vous en tiriez un avantage. Votre façon de compter est simple : le rapport peine/plaisir du calcul utilitaire de Jeremy Bentham ou le concept plus moderne punition/récompense proposé par James Q. Wilson et Richard Herrnstein[32]. Pour une personnalité comme la vôtre, si le bénéfice que vous retirez d'avoir agi selon vos pulsions ou d'avoir tué avec préméditation est plus grand que la punition hypothétique, vous passerez à l'acte automatiquement et machinalement. De plus, si vous vous en tirez chaque fois avec succès, comme le fit Hitler toute une décennie, vous serez d'autant plus convaincu que c'est le destin qui vous indique cette voie.

5. *Karma et Zeitgeist*

Vous revivez là une partie de votre passé. Vos chromosomes portent peut-être une tare héréditaire, mais c'est le karma qui l'y a mise. La mauvaise graine est le signe de ce que vous devez subir personnellement tout en étant en rapport avec l'histoire du monde, son *zeitgeist*. Que vous alliez grossir les rangs d'une bande de gamins des rues, ou que vous soyez initié par les adorateurs de Kali, ou encore que la physiologie de votre corps produise des réactions anormales – tout cela procède de votre karma tel que vos incarnations précédentes l'ont décidé. C'est un mystère métaphysique qui dépasse les limites de la raison humaine. Même la pire des mauvaises graines a sa place dans le modèle cosmique de la zeitgeist. Le karma personnel de Hitler entrait dans un tel plan universel.

6. *L'ombre de l'âme*

Les facteurs biologiques et environnementaux mis à part, tous les êtres humains ont une tendance à la destruction. L'âme humaine traîne la violence, le crime, le meurtre et la cruauté dans son ombre. La Bible a accordé toute la considération nécessaire à cette ombre en interdisant, dans cinq des dix commandements, le vol, le meurtre, l'adultère, le mensonge et l'envie. Ces tendances universelles, latentes en chacun, justifient les formes que se donne la société pour se protéger, l'organisation de l'État comme les contraintes morales. Si l'âme humaine ne traînait pas cette ombre, qui aurait besoin d'hommes de loi, de criminologues et de confesseurs ? À n'importe quel moment cette ombre peut reprendre son autonomie comme un docteur Jeckyll qui se transforme en Mister Hyde, ou dans les situations extrêmes prendre tranquillement la prééminence, comme dans *Sa Majesté les mouches* de William Golding. Le « tueur né » n'est jamais que trop humain. Puisque l'ombre des êtres humains atteint les profondeurs de l'inconscient collectif, c'est une force archétypique qui pousse au comportement meurtrier. Hitler connaissait trop bien cette ombre : il s'y abandonnait, il en était obsédé et essayait de s'en débarrasser ; mais il ne pouvait l'admettre pour *lui-même* et n'en voyait que la projection chez les juifs, les Slaves, les intellectuels, les étrangers, les faibles et les malades.

7. *Une lacune*

Une chose fondamentale et inhérente à l'être humain vous manque. Il y a une brèche dans votre personnalité, votre caractère. Vos crimes s'expliquent moins par la *présence* de l'ombre (puisque que chacun est soumis à cet archétype universel) que par une carence spécifique, l'absence du sentiment d'humanité. Pour Adolf

Guggenbuhl-Craig [33], il s'agit d'une déficience fondamentale de l'éros. La théologie catholique parle de *privatio boni,* un défaut de bonté, au sens du langage courant comme quand on dit que « ce garçon est mauvais ».

D'autres traits de caractère peuvent couvrir ce vide : l'impulsivité (vous « sautez les plombs »), la courte vue (la gratification immédiate prend le pas sur les conséquences à long terme), la rigidité incapable d'innovation, la carence des émotions, le retard intellectuel, l'absence du sentiment de culpabilité ou de remords (qui, comme l'on sait, attache aussi peu que le Téflon !), la projection sur d'autres ou le refus des autres – tous ces traits peuvent être observés, mais le plus fondamental est cette lacune de l'éros, cette froideur, cette incapacité à ressentir quelque chose pour une autre créature vivante, à comprendre ce qu'elle ressent.

Quand le tueur en série britannique Dennis Nilsen conserve des garçons morts dans sa chambre pour dormir avec, les caresser et leur faire l'amour, ou quand Jeffrey Dahmer mange la chair de ses amis de rencontre, ils ressemblent aux figures des démons tels que nous les ont peints les arts chrétien, tibétain et japonais dans leurs tableaux de l'enfer. Les tueurs pathologiques essaient peut-être de se frayer un chemin qui les sorte du vide où ils sont exilés, une voie pour retourner dans le monde des humains. L'élément sexuel du crime n'en est pas la cause ; ce n'est que le symptôme d'une tentative de rallumer le feu éteint, d'éveiller une force de vie, d'entrer en contact, rétablir un lien, avoir un échange avec une chair humaine.

8. *La vocation démoniaque*

Vous ne pouvez pas échapper à la destinée particulière qui est la vôtre. Nos connaissances et nos théories ne nous permettent pas de comprendre quels rapports il y a entre vos vies passées, votre corps présent et le développement du zeitgeist dans l'histoire du monde. La destinée transcende la vie terrestre de l'individu : Judy Garland devait jouer la comédie, Patton faire la guerre, Picasso peindre. Les potentialités sont données avec l'akène, que ce soit pour l'art et la philosophie ou pour le crime démoniaque.

> [...] *les gens ne comprennent pas* [...] *Nous n'avons rien à faire d'une maison avec pelouse et jardin ou de merdes de ce genre. Nous, les gens du spectacle. Les gens qui veulent*

en jeter plein les yeux. Arriver avec la plus belle voiture, la plus belle femme, les plus belles fleurs. Écouter les gens parler de vous. Voir comment le silence se fait dans le bar quand vous entrez. Là, vous faites quelque chose avec rien [34].

Ici, la transgression est identifiée à la transcendance : vous sortez de vous-mêmes, êtes doté du pouvoir « d'en jeter plein les yeux », à l'unisson avec ce que votre destinée exigeait de vous.

Dans la dernière scène de la tragédie *Othello*, quand on découvre que Iago est à l'origine des meurtres et de la ruine du personnage noble et crédule d'Othello, celui-ci demande : « Pourquoi a-t-il donc piégé mon corps et mon âme ? » Shakespeare fait répondre à Iago : « Ne me demande rien : tu sais ce que tu sais. » Ce sont les derniers mots de Iago qui laissent planer le mystère sur ses motivations. Mais cette déclaration de l'archétype du scélérat chez Shakespeare n'est pas du tout énigmatique. Iago dit en substance : « Tu sais déjà, Othello. Dans les lignes qui précèdent tu m'as déjà appelé diable par deux fois. » Iago a provoqué le drame pour rien – par sport, par jeu.

La mauvaise graine prend plaisir à la malfaisance, elle aime détruire. Mary Bell a déclaré à la psychiatre qui l'interrogeait sur le meurtre de Brian : « J'ai bien ri ce jour-là. » Le seul témoin, une fillette de treize ans, a affirmé : « Elle a dit qu'elle y avait pris plaisir [35]. » En se livrant à des actions démoniaques il y a une satisfaction, une gratification qui peut être accompagnée de plaisir sexuel chez les hommes pubères, mais cela ne peut certainement pas entrer en ligne de compte dans le cas de Mary Bell.

Le matérialisme ne peut pas expliquer cette pulsion. Hitler n'a pas dressé sa nation au meurtre pour des raisons économiques. Le coût des infrastructures des camps de la mort, alors que la guerre était perdue, fut sans commune mesure avec les propriétés confisquées et l'or récolté. La pauvreté matérielle ne peut pas davantage expliquer la mauvaise graine – ou ce que le sociologue Jack Katz appelle la « dérive dans la déviance » – même si la misère peut être un des facteurs déclenchants essentiels.

Les explications de Katz reposent sur des concepts philosophiques (tirés en particulier de *La Symbolique du mal* du penseur français Paul Ricœur) qui donnent une signification à des actes qui ne sont pas simplement « insensés ». Le passage à l'acte criminel permet de combler le fossé entre l'existence prosaïque et le monde divin. Violer tous les commandements vous libère des servitudes de la condition humaine, permet d'accéder à un monde surhumain qui confond dieu et diable.

Le mysticisme radical, avec la célébration des messes noires, les pratiques juives frankistes*, les cultes chrétiens sataniques et antinomiens**, les pratiques tantriques*** brisent rituellement les tabous qui maintiennent le sacré dans la sphère morale. Le sacrilège est élevé à la hauteur du sacré par les actes les plus sacrilèges qu'on puisse imaginer.

Les crimes des psychopathes ne sont pas seulement jugés insensés parce qu'ils sont irrationnels, arbitraires et de motivations obscures, mais parce qu'ils tombent dans le « vertige de la déviance » : le crime permet le plongeon ou l'ascèse qui aboutit à une métamorphose, à l'« apothéose » [36]. Katz précise que l'insanité prend son sens non du point de vue de la personne que vous êtes ou étiez, mais de celle que vous pouvez devenir par de tels actes.

Il se produit un bouleversement des sens pendant l'acte criminel. Brian Masters conclut à propos du tueur psychopathe (il s'était penché sur le cas de Dennis Nilsen, meurtrier de quinze jeunes gens) qu'« au moment du meurtre la raison du tueur est engourdie [37] ».

L'assassin allemand Jürgen Bartsch, qui torturait les petits garçons avant de les tuer, déclarait : « Depuis un certain âge (autour de treize ou quatorze ans) j'ai toujours eu le sentiment de ne plus avoir de contrôle sur ce que je faisais [...] J'ai prié, en espérant que cela au moins me ferait quelque bien, mais ce n'a pas été le cas [38]. » Il s'est tourné vers Dieu parce qu'il avait le sentiment que son problème se situait bien au-delà de la sphère humaine. Jeffrey Dahmer, qui découpait des jeunes gens en morceaux et mangeait leur chair, ne s'expliquait pas ce qui lui était arrivé. Il choisit de plaider non coupable parce qu'il « voulait comprendre exactement

---

* Les frankistes, ou zoharistes, d'après Jacob Frank, un hérésiarque juif polonais du XVIIIᵉ siècle, fondateur de la secte sabbatienne. Frank fit brûler le Talmud par l'autorité catholique tout en se proclamant lui-même le messie. (*N.d.T.*)

** De la secte chrétienne qui recommandait la seule foi en dieu, en invitant ses fidèles à mépriser la morale et les lois. (*N.d.T.*)

*** De *Tantra,* les recueils de formules rituelles appartenant au culte hindou de la Sakti (la divinité féminine supérieure de certaines sectes). (*N.d.T.*)

ce qui l'avait poussé à faire tant de mal [39] » ; il attendait cet éclaircissement de son procès, disait-il.

Pendant le procès, en 1992, son père, Lionel Dahmer, se souvenant de sa propre jeunesse, fut frappé par le parallèle entre celle-ci et celle de son fils : le « goût » du pouvoir et le désir de puissance ; les expériences délibérément destructrices ; la froideur des sentiments et la distanciation ; la tentative de séduction d'une petite fille – et, entre huit et vingt ans, des cauchemars dans lesquels il commettait d'horribles meurtres. Au réveil, les crimes semblaient réels : « J'étais littéralement suspendu entre le fantasme et la réalité, terrifié devant ce que j'avais fait. Je me sentais perdu, comme si j'avais fait quelque chose d'horrible sans arriver à me maîtriser. »

Lionel Dahmer se reproche de n'avoir pas été le père qu'il aurait fallu, « fuyant, sans discernement ». Mais il va au-delà de la thèse défendue par Alice Miller et d'autres au sujet de la responsabilité des parents de criminels. Il introduit un mystérieux élément. Ce père assume une sorte de *participation mystique**, une part des virtualités démoniaques de son fils. Lui aussi connaît la réalité et la toute-puissance de l'intervention du démon. Jeffrey n'avait pas plus de quatre ans quand la mauvaise graine donna libre cours à sa furie.

La famille était en train d'évider des citrouilles et de leur donner un visage pour Halloween (la nuit où se montrent les démons, les diables, les sorcières et les morts de notre entourage, d'ordinaire invisibles). On était sur le point de tracer un sourire sur l'une d'elles. Jeffrey se mit à hurler : « Je veux qu'il fasse peur. » Comme on essayait de le persuader qu'un sourire était préférable, « il se mit à frapper du poing sur la table, répétant d'une voix suraiguë et véhémente, "non, je veux qu'il fasse peur !" ».

Le tueur en série qui compte sans doute le plus d'assassinats, Andrei Chikatilo, fut finalement arrêté dans le sud de l'Ukraine après avoir tué une cinquantaine d'adolescents, pour la plupart des adolescentes. Il déclara durant son interrogatoire : « C'était comme si quelque chose me dirigeait, quelque chose en dehors de moi, quelque chose de surnaturel. Je ne me contrôlais absolument pas

---

* En français dans le texte.

quand j'assassinais, quand je poignardais des gens, quand je commettais toutes ces atrocités. » Dans ses confessions il répète les mêmes phrases : « J'étais dans une sorte de fébrilité animale et ne me rappelle que vaguement certains de mes actes [...] Au moment du crime je voulais tout mettre en pièces [...] Je ne sais pas ce qui m'arrivait [...] J'étais saisi d'une pulsion incontrôlable [...] Complètement submergé [...] Je me mettais à trembler [...] Je tremblais violemment [...] Je me mettais littéralement à trembler [...] [40]. »

L'akène n'apparaît pas seulement sous les traits d'un ange qui guide, avertit, conduit, conseille, inspire et suggère. Elle utilise aussi des forces implacables, comme celles qui terrifiaient Hitler, le laissant tremblant dans le noir, alors que le même Hitler ne manifestait pas la moindre peur en d'autres circonstances – dans les tranchées, après la tentative d'assassinat de juillet 1944, durant les derniers jours dans son bunker. On ne peut comparer cette crise qu'à celles qu'il piquait à la tribune, quand il se tordait de fureur pour fasciner les foules, ou aux colères démentes qu'il opposait à ceux qui le contredisaient.

QUELLE PRÉVENTION ?

Vient enfin l'inévitable question : si Hitler est une illustration monstrueuse de la mauvaise graine, comment empêcher l'apparition de futurs Hitler ?

La graine était présente dès l'enfance, cela semble évident. Son ascendance incertaine et les contes apocryphes de ses débuts soulignent l'héritage démoniaque. Le pangermanisme fervent qu'il manifestait à douze ans, alors qu'il était autrichien, annonçait ce qui allait venir. À dix ans, il prenait déjà la tête de ses copains d'école qui jouaient aux Boers « contre les Anglais ». À onze ans, Hitler était le « champion », le chef des plus jeunes, distant mais déjà fanatique. Le théâtre, le mythe, l'opéra, Wagner ont nourri son romantisme d'adolescent.

Plus jeune encore, à sept ans, il se couvrait les épaules d'un tablier, « grimpait sur une chaise de cuisine et délivrait de longs et fervents sermons ». À quatorze ou quinze ans il lui arrivait de déclamer des tirades extraordinaires aux quatre vents, sans rapport avec sa personnalité du moment, « prenant des allures presque menaçantes », possédé par la voix d'un autre être. « Il *fallait* qu'il parle », dit un ami d'enfance[41].

Son livre *Mein Kampf*, qu'il écrivit en prison la trentaine passée, esquisse le projet visionnaire qu'il avait l'intention de réaliser. Qui savait lire y trouvait résumé le désastre futur. Pourtant, ni les juifs, ni les hommes d'État occidentaux, ni les intellectuels, ni les démocrates, ni l'Église n'en ont perçu le contenu démoniaque. Le regard de ceux qui savent habituellement discerner le mal était aveuglé par la croyance au progrès humain, à la bonne volonté, par l'espoir de paix.

Sans un sens profond de la psychopathologie et la forte conviction que le démon est toujours parmi nous – et pas seulement sous ses formes criminelles les plus extrêmes – on ne peut que fermer les yeux sur la porte béante donnant sur le pire. L'ingénuité coûte cher. Encore une fois, il faut noter que la tyrannie politique vit de la crédulité populaire. L'innocence attire le mal.

Les biographies de Hitler, qui évoquent son enfance et ses premières années d'adulte, livrent quelques indices pouvant faciliter le diagnostic : yeux froids et cœur glacé, manque d'humour, certitude, arrogance, inflexibilité, pureté, projection fanatique de ses propres maux sur autrui, décalage avec l'époque, sens mystique de la chance, rage et furie face au premier obstacle, en particulier quand il se croyait trahi ou dédaigné, exigence paranoïaque de confiance et de loyauté, attrait pour les mythes et les symboles du « mal » (loup, feu, apocalypse), extases, crises d'hystérie et moments de démence et/ou crises mystiques, crainte de montrer sa faiblesse – sa médiocrité, son ignorance ou son impuissance.

À propos de ce dernier point, la peur de montrer sa faiblesse, nous devons faire clairement la distinction entre carence et impuissance. Attribuer la folie de Hitler au fait qu'il n'aurait été doté que d'un seul testicule – comme attribuer les crimes de Chikatilo, Gilmore et Nilsen à un dysfonctionnement sexuel – c'est mettre la charrue avant les bœufs. L'animal qui conduit l'attelage, c'est la peur terrible d'être incapable de répondre aux exigences du daimon. Cette peur afflige tous les êtres humains quand ils prennent conscience des implications de leur vocation. La propension démoniaque provient non d'un dysfonctionnement sexuel réel ou supposé, mais d'une perturbation de la relation au daimon. En nous efforçant de réaliser pleinement sa vision, nous refusons nos limites humaines – en d'autres termes, nous développons une mégalomanie.

La disproportion entre les possibilités de l'individu et les exigences du daimon donne naissance au sentiment de ne pas être à la hauteur. Mais le « concrétisme » propre à la plupart des pathologies psychiques réduit ce sentiment d'infériorité à un sentiment de déviance sexuelle. (Le *concrétisme* est le mot clef de la psychopathologie : le psychopathe confond en effet littéralement ce qui est du domaine de la psychologie – illusions, hallucinations, fantasmes, projections, sentiments, désirs – et la réalité concrète. Par exemple, le fantasme de l'éradication des « faiblesses » de l'Allemagne qui auraient conduit à la défaite de la Première Guerre mondiale et le désir de redresser la nation, pris au pied de la lettre par Hitler, se sont traduits par les mesures concrètes des camps de la mort et du réarmement. La même pensée concrétiste convainc les tortionnaires d'enfants et les violeurs récidivistes d'avoir recours à la castration pour se soigner, car ils pensent que le crime sexuel ne relève que de la sexualité.)

Il n'y a pourtant que dans la psychologie occidentale que la queue fait frétiller le chien. Nos théories pèchent par la même imagination concrétiste que les pathologies qu'elles entendent expliquer. Elles aussi sont obsédées par les fantasmes sexuels qui imprégnaient notre culture bien avant Freud, qui remontent peut-être même à saint Paul. Nos explications des psychopathologies étant elles-mêmes pornographiques (en témoignent le voyeurisme et la complaisance des récits de cas), elles sont aussi dégradantes pour l'âme et le daimon que la pornographie commerciale dénoncée par les puritains.

Réduire la mauvaise graine à une absence de testicule – ce qui reste d'ailleurs à prouver puisque Hitler ne permettait pas à ses médecins de l'examiner en dessous de la ceinture – est une façon de passer à côté du sentiment d'infériorité réel, celui de ne pas être à la hauteur de son daimon et de sa vocation, de sa vision et de ses pulsions. Le « remède » n'est pas de retrouver la puissance sexuelle – c'est-à-dire d'avoir « plus de couilles » – mais de guérir du concrétisme qui consiste à réduire grossièrement la puissance de l'akène au « petit sac et son contenu », comme Freud baptisait le scrotum.

Pour Judy Garland, il était impossible de ne pas chanter,

même quand sa voix ne trouvait pas le ton juste ou quand elle ne se souvenait pas des paroles ; ou pour Manolete de ne pas entrer dans l'arène, même le jour où il avait un mauvais pressentiment. Le psychopathe peut tout aussi difficilement résister à une vocation potentiellement criminelle, que Garland et Manolete à la leur. Les crimes sont moins la résultante d'un choix que de la nécessité bien qu'ils puissent être parfois repoussés, inhibés, écartés ou sublimés, comme l'espèrent parfois les psychiatres et les criminologues. La vocation du psychopathe, c'est d'exercer son pouvoir par le regard, la voix, le charme, le mensonge, la duplicité, mais aussi par les moyens physiques qui masquent la faiblesse fondamentale de la personnalité. Et ce pouvoir étant celui de l'akène et non celui de l'individu qu'elle habite, ce dernier peut être, comme Hitler, un vagabond, un désaxé, un demi-illettré aux appétits grossiers, même quand il a quelques dons artistiques et une imagination développée (comme Capote, Mailer et Sartre l'ont souligné à propos des criminels psychopathes qu'ils ont étudiés).

Dans ce cas la contradiction entre la personnalité de l'individu et la vocation est si grande qu'il semblerait presque que la créature choisie par le daimon ait pour seule fonction de nourrir la graine. L'être humain, de plus en plus étriqué et, de fait, « inhumain », part alors en quête de sang comme ces personnages des mondes inférieurs de la Grèce antique qui mendiaient du sang auprès de ceux qui s'aventuraient dans ces enfers (auprès d'Ulysse par exemple). La mauvaise graine – mais c'est sans doute le cas, bien qu'à un moindre degré, de n'importe quelle akène – agit en parasite sur la vie de celui qu'elle a choisi d'habiter, le laissant le plus souvent désemparé, névrosé, sans attrait, dépourvu d'éros et incapable de se lier aux autres. Le type même du solitaire.

Mais le solitaire n'est pas seul. Il ou elle est en communion avec le daimon, coupé de l'humain par l'invisible inhumain, s'efforçant de créer un monde irréel et imaginaire de grandeur et de gloire. Le solitaire se prend pour une divinité transcendante, incapable de faire la distinction entre monothéisme et monomanie, dans une parodie du dernier et célèbre passage des *Ennéades* de Plotin : « Ceci est la vie des dieux ou des saints[...], une vie qui ne prend nul plaisir aux choses de ce monde, passant d'une solitude à une autre [42]. »

La grande passion de Hitler n'était ni le Reich allemand, ni la guerre, ni la victoire, ni même sa propre personne. C'était l'architecture monumentale. Tous les empereurs mégalomanes, de Nabuchodonosor et des pharaons égyptiens à Napoléon et Hitler en passant par les empereurs romains, ont voulu transformer en édifices de pierre les visions que leur inspirait leur daimon. La mégalomanie guette tout véritable architecte. La mise en garde nous vient de la Bible : la tour de Babel ne retrace pas seulement l'histoire de la différenciation des langues mais souligne aussi la mégalomanie inhérente à toute tentative de concrétiser les fantasmes de grandeur, en particulier en architecture. Les populations tribales, quant à elles, veillent généralement à ce que leurs autels soient transportables et à ce que leur architecture reste modeste ; seules leurs visions appartiennent à l'au-delà.

PRÉVENTION ET RITUEL

La prévention consisterait essentiellement à corriger le déséquilibre entre la faiblesse de la psyché et le potentiel du daimon, entre la vocation transcendante et la personnalité sur laquelle elle s'exerce. Se forger une personnalité est une tâche psychologique qui dépasse largement le simple « renforcement de l'ego ». La structuration de la psyché ne se réduit pas non plus au *Bildung*, la conception allemande de l'éducation culturelle et morale. Josef Mengele, le pire des médecins des camps de concentration, qui pratiquait de cruelles expériences sur les prisonniers, avait une excellente éducation, aimait la musique et étudiait Dante[43]. Chikatilo, le tueur en série ukrainien, était enseignant ; Hitler a peint et dessiné des plans d'architecture jusqu'à ses derniers jours ; Manson compose de la pop musique et écrit des chansons en prison ; Mary Bell écrivait des poèmes ; Gary Gilmore était bon peintre et son frère Gaylen, un délinquant criminel ayant fait de longs séjours en prison, lisait les bons auteurs et écrivait de la poésie[44]. Mais, nous l'avons vu, la tâche psychologique consiste à s'épanouir au monde, à « s'enraciner ».

Cette maturation permet de détourner la personnalité des préoccupations égocentriques du daimon vers les préoccupations communes à toute l'humanité, de se transcender, d'orienter la vocation vers le monde et ses besoins, comme en témoignent les vies de Joséphine Baker, de Canetti, Einstein, Menuhin ou Bernstein.

Mais la jeunesse est rétive à l'enracinement. L'idée d'avoir un métier ou de devenir fonctionnaire mettait Hitler en fureur. Le mathématicien français Evariste Galois ne supportait pas la routine scolaire. Il se montra toujours plus arrogant, plus brillant, toujours plus coupé des autres, ne supportant aucun joug, jusqu'à sa mort prématurée, à vingt-deux ans*.

Il est essentiel que le genius soit pleinement, inconditionnellement reconnu, avant de penser à s'adapter au monde. Autrement dit, il faut admettre que l'akène, même si c'est une mauvaise graine, est la motivation la plus profonde de la vie, surtout d'une jeune vie. Souvent cette reconnaissance vient d'un ami solitaire (comme Kubizek qui écouta patiemment les tirades de Hitler pendant des années, ou Izambard, l'ami et l'admirateur de Rimbaud), d'un professeur perspicace (comme Miss Shank pour Kazan), d'un entraîneur (comme Camara pour Manolete), de quiconque sait percevoir le daimon et lui rendre hommage. Le daimon peut alors consentir plus volontiers à rentrer dans le rang.

La théorie doit reconnaître ce que les mentors perçoivent intuitivement. Il faut savoir discerner la mauvaise graine pour pouvoir s'en débarrasser. C'est tout le propos de ce livre et de ce chapitre. Tant que la théorie refuse de comprendre que le daimon inspire la personnalité de l'être humain et préfère mettre l'accent sur les dispositions du cerveau, les conditions sociales, les mécanismes du comportement ou l'héritage génétique, le daimon n'acceptera pas tranquillement de rester dans l'obscurité. Il aspire à la lumière ; il veut être vu ; il demande sa place au soleil. « Entendre les gens parler de vous... Nous, les gens du spectacle. »

Dick Hickock, qui assassina de sang-froid la famille Clutter, déclarait : « Je pensais qu'on pouvait devenir célèbre en tuant quelqu'un. J'avais toujours le mot gloire à l'esprit [...] Quand vous dessoudez quelqu'un, c'est vraiment un grand moment[45]. » La télévision offre au daimon l'occasion de se mettre en lumière, de

---

* En 1832, au cours d'un duel à propos d'une femme ! Il rédigea la nuit précédente un manifeste « À tous les républicains » et un testament mathématique résumant ses découvertes (portant en particulier sur la notion de groupe qui devait devenir essentielle aux mathématiques). (*N.d.T.*)

devenir célèbre. Si le petit écran peut être tenu pour responsable d'une augmentation de la criminalité, ce n'est pas tant pour ce qu'il montre, mais *parce qu'*il montre, parce qu'il permet d'accéder à la célébrité. Mais la graine, qui espérait s'intégrer au monde, reste emprisonnée dans ses illusions, au-dessus du monde, à la manière des superstars. La télévision ne fournit jamais qu'un simulacre éphémère d'enracinement.

M. Scott Peck lui aussi met au ban du monde certains de ses patients qui souffrent de la maladie de la « méchanceté », comme il dit. Chez lui, c'est un diagnostic : la méchanceté, le mal, c'est l'arrogance narcissique et égoïste, c'est l'orgueil démesuré.

Cette conception du mal n'est pas nouvelle. Les Grecs parlaient de l'*hubris* pour désigner l'orgueil exagéré, et la tradition chrétienne de *superbia,* pour désigner la fierté excessive. L'idée que les personnes mauvaises choisissent délibérément leur voie sous-tend l'explication de Herrnstein (voir ci-dessus, le point 4). Scott Peck a beau être psychiatre, c'est avant tout un moraliste.

Peck néglige totalement le fait que le criminel invoque les puissances invisibles et transcendantes comme la Renommée ou la Fortune (« Nous, les gens du spectacle. Les gens qui veulent en jeter plein les yeux »). Il se contente de constater que le mal rend les gens laids, mesquins, faux, impuissants et étriqués, en dépit de leur sentiment de supériorité romantique. Ainsi, sa propre « vision de l'enfer » se résume-t-elle à un Las Vegas dantesque « peuplé d'individus au regard terne [...] refaisant le même geste d'abaisser le levier des machines à sous pour l'éternité[46] ».

La rigidité de son cadre conceptuel ne permet pas à Peck de voir le daimon derrière le démon. Un profond manichéisme divise son univers en saints et pécheurs, élus et damnés, individus sains et malades. « Le mal est la maladie ultime [...] les méchants sont les plus fous de tous. » Le diagnostic psychiatrique permet au moraliste de renvoyer le patient chez les damnés.

Une logique qui sépare si radicalement le bien du mal ne peut que reprendre à son compte la vieille exhortation de l'Occident chrétien : livrez le bon combat. Peck parle effectivement de « combat ». « Nous comprendrons fondamentalement la nature du mal par un combat au corps-à-corps avec le mal lui-même. » Selon lui, les psychothérapeutes seront sur la ligne de front de ce combat en aimant et apprenant à aimer. « Je pense que nous ne pouvons soigner le mal en toute sécurité que par les méthodes de l'amour. »

L'amour sert à tout, depuis qu'on l'a identifié au dieu chrétien. Il peut tout faire. Je voudrais pourtant insister sur le fait que « l'amour » en question ne peut pas grand-chose contre le « mal », s'il ne décèle pas au préalable la vocation dans la mauvaise graine. L'amour, comme j'essaie de le montrer dans ce chapitre, réside moins dans la volonté de combattre le mal que dans la compréhension intellectuelle du daimon dont les exigences s'imposent au pécheur comme au saint. Cela peut paraître étrange, mais de la même façon que certains saints ont pu se mêler au monde par le martyre, l'atavisme et la régression peuvent permettre à la mauvaise graine de se frayer un chemin sur terre – bien que, soyons clairs, la vocation ne justifie pas le crime et ne le rende pas moins répréhensible. À mon sens, la théorie de l'akène permet de mieux cerner la mauvaise graine que l'attitude qui consiste à se contenter de diagnostiquer le mal.

La prévention, comme je la comprends, ne consiste ni à interdire ni à condamner. Elle a affaire à une graine, une vocation, une puissance invisible bien vivante. De toutes les forces invisibles, la plus immédiatement dangereuse est la charge explosive contenue dans la graine qui peut se libérer en une onde de choc irrésistible à l'exemple de la furie obsessionnelle de Hitler. Avant de désamorcer la bombe ou de l'isoler en lieu sûr, nous devons d'abord allonger la mèche. Autrement dit, il faut calmer le jeu : c'est d'ailleurs le sens de « purger sa peine » ou « passer un moment à l'ombre ».

Les rituels efficaces commencent donc par l'apaisement, le travail de deuil. Même s'il n'y a pas de remords pour les actes passés, il peut y avoir une plus grande vigilance envers le démon qui les a inspirés. Hitler, lui, se contentait d'obéir au démon, en était prisonnier, sans jamais le mettre en question.

L'étape suivante ne doit pas être la répression, même déguisée en conversion ou en rééducation, mais le service de la communauté. D'ex-condamnés nous en donnent l'exemple tous les jours en allant dans les écoles expliquer comment la mauvaise graine s'y prend, ce qu'elle veut, ce qu'elle coûte, et comment s'en préserver. Se dévouer en donnant systématiquement des conseils aux jeunes est aussi une sorte de rituel.

Enfin la prévention doit se faire sur le terrain de l'invisible, « au-dessus du monde », et transcender l'idée même de prévention. La prévention ne consiste pas à combattre mais à séduire. Il faut inviter le daimon de l'akène à sortir de sa coquille, à quitter la mauvaise graine pour retrouver une image véritablement glorieuse. Ce qui rend la graine démoniaque, c'est de se limiter à une seule et unique obsession, à une sorte de monothéisme qui ne lui ouvre qu'une perspective, pervertissant ainsi son imagination et l'entraînant à répéter indéfiniment la même action (répéter sans cesse le même acte est aussi un rituel).

Ma façon de concevoir le rituel incite à respecter la puissance de la vocation. Cela implique d'avoir recours à des disciplines porteuses de valeurs plus qu'humaines, faisant appel à la beauté, la transcendance, l'aventure et la mort. Le mal est soigné par le mal – le vieil adage, une fois de plus. Nous devons aller aux origines de la graine et essayer de comprendre ses intentions les plus profondes.

Pour se protéger de la mauvaise graine, la société doit avoir recours à des rituels qui l'exorcisent. Mais pour faire une place au démon – ailleurs que dans les prisons – ses rites doivent aussi le prendre en compte. Dans la civilisation athénienne, les Furies avides de sang avaient trouvé leur place aux côtés de la déesse Athéna.

Ces rituels de protection sociale prennent le démon au piège. Ils discernent le daimon dans le démon. Ils tranchent sur les idées actuelles de prévention, qui ne visent qu'à éradiquer la mauvaise graine, ce qui revient finalement à vouloir purifier la société de tous ses maux, la méthode préférée de Hitler. On met sur pied des programmes destinés à tester les « dispositions génétiques » des écoliers, à détecter les criminels en puissance, à traquer les traits de caractère qui prédisposeraient à la violence, à éliminer la « mauvaise herbe » et autres facteurs précoces « d'irascibilité et de comportement asocial »[47].

Ces traits, dont nous avons vu maints exemples dans ce livre, ne sont pourtant pas l'apanage des criminels, mais appartiennent également aux êtres d'exception dont la société, ses progrès et sa culture peuvent se féliciter. D'ailleurs, une fois extirpée, sur quel compost devrions-nous jeter la mauvaise herbe ? À moins de l'« amender », de la rendre bien docile en la droguant de médicaments, ou en l'enfermant dans des pénitenciers gérés par des entrepreneurs privés échappant au code du travail et au salaire minimum ?

Faute de rituels adaptés, l'on a recours à des sentences inflexibles comme « récidive deux fois, et ce sera la perpétuité ». Sans exorcisme visant à séparer le diable du daimon, nous ne pourrons que nous débarrasser des deux à la fois. Non seulement le rituel protège la société de sa propre paranoïa, mais il la protège de son obsession de purification et du sempiternel mythe américain : le retour à l'innocence au sein du paradis puritain.

En Amérique, l'innocence est la couverture mystique de l'ignorance. Il suffit de ne pas avoir conscience de ce que nous faisons pour qu'on nous pardonne. Nous nous drapons dans le Bien – conformément au rêve américain, qui ne voit le mal que chez « l'autre », là où on peut le diagnostiquer, le traiter, l'empêcher, lui faire la morale. L'histoire de cette manie invétérée a été exposée par Elaine Pagels dans son œuvre magistrale, *The Origin of Satan* [48]. Elle y voit le drame, le « mal » essentiel peut-être, des religions occidentales, où l'on donne le change à la mauvaise graine en vantant sans cesse les mérites de « l'amour ».

Une société qui s'acharne à faire de l'innocence la plus noble des vertus, tout en lui dressant des autels à Disneyland, n'appréciera jamais qu'une graine enrobée de sucre candi, bonne ou mauvaise. C'est ainsi que Forrest Gump mange du chocolat et offre des bonbons aux étrangers avant même de les regarder dans les yeux : l'idiot est celui qui se comporte en idiot. La notion de mauvaise graine, l'idée qu'il y a une vocation démoniaque, devrait nous électriser l'intelligence et la libérer de cette ingénuité américaine qui nous empêche de voir que le mal et l'innocence sont indissolublement liés. Nous pourrons enfin nous apercevoir qu'en Amérique les tueurs nés sont les compagnons secrets des Forrest Gump, quand ils n'y trouvent pas leur inspiration.

11

La médiocrité

Et si l'ange se révélait médiocre ? S'il y avait une vocation de la médiocrité ? Après tout, ne nous réfugions-nous pas, pour la plupart, dans la partie bombée de la cloche de la courbe de Gauss ? Bien à l'abri dans la moyenne statistique, ne regardons-nous pas avec autant d'envie que de crainte les quelques casse-cou qui s'aventurent aux bords extrêmes ? La majorité, même quand le talent, les circonstances, le milieu, la chance, l'intelligence et la beauté sont là, ne naît pas sous le signe d'un destin d'exception. C'est en tout cas ce qu'il nous semble.

Examinons d'abord la notion de « médiocrité » et le snobisme qu'elle recouvre. Dès lors qu'on applique le mot « médiocre » à quelqu'un ou quelque chose, cela implique qu'on s'en démarque. Je n'en suis pas, je suis différent, à part, et m'arroge donc le droit de porter un jugement sur ce que je qualifie de médiocre.

« Médiocre » veut dire « comme tout le monde », alors que les snobs aiment à se distinguer par leur style – la façon de s'habiller, de parler, les endroits où l'on aime à médire des autres. La littérature occidentale, depuis le XVIIIe siècle, a mis à la mode cette appréciation élitiste de la médiocrité. Difficile d'adopter un autre point de vue quand on aborde le sujet. Il n'empêche. Quelles que soient les circonstances qui ont présidé à votre destinée, votre individualité est irréductible et témoigne en faveur de l'âme contre les préjugés de classe. Il n'y pas d'âme médiocre, même chez la personnalité la plus conventionnelle, mais chez celui dont la vie est sans éclat.

Les expressions populaires en sont la preuve. On peut dire d'une âme qu'elle est vénérable, sage, bienveillante. On dira de quelqu'un qu'il a une belle âme, une grande âme, une blessure à l'âme, de la profondeur d'âme, ou que c'est une âme simple, enfantine, candide. On pourra même dire que « c'est une bonne âme ». Mais des qualificatifs comme « bourgeoise », « moyenne », « quelconque », « ordinaire », « médiocre » ne conviennent guère au mot « âme ». Le daimon n'a pas de moyenne statistique. Il n'y a pas d'ange vulgaire, pas de genius ordinaire.

Essayons d'imaginer l'âme médiocre. À quoi peut-elle ressembler ? À une âme insipide, insignifiante, caméléon, se fondant dans le premier cliché venu ? Même Eichmann, ce prodige de conformisme, n'était guère ordinaire. Pas question d'identifier la médiocrité de l'âme à la médiocrité de la fonction. On peut être réparateur, réceptionniste, cantonnier et ne pas faire médiocrement son travail. Des millions de gens mangent des flocons d'avoine au petit déjeuner et du maïs grillé au cinéma, sans que cela révèle la médiocrité de leur âme. Chacun est « unique » par son style propre. L'âme médiocre, si tant est qu'elle existe, serait celle qui n'a aucune particularité, totalement vierge, sans image donc inimaginable, condamnée à exister sans daimon.

Des individus sans âme apparaissent bien dans la littérature occidentale, mais même eux ont une image. C'est le Golem*, le mort-vivant, le robot, l'extraterrestre. Exister, c'est avoir une forme, un style. L'image qui donne sa forme à votre âme, son style à votre destinée, ne vous quitte jamais. Chacun a son signe distinctif, chacun est unique. Pour l'âme, la notion de médiocrité n'a pas de sens.

Ne confondons pas un don particulier – celui de Menuhin pour le violon, de Teller pour la physique ou de Ford pour la mécanique – avec la vocation. Le talent n'est qu'un élément de l'image ; on peut naître avec un don pour la musique, les mathématiques, la mécanique, mais il ne nous apparaît exceptionnel que lorsque l'image et la personnalité s'en emparent. Beaucoup d'appelés, peu d'élus. Les individus de talent sont légion, pas ceux

---

* Dans la tradition juive, l'homme artificiellement créé par le rituel cabalistique. Par extension, le robot, l'automate. (*N.d.T.*)

qui sont en mesure de le réaliser pleinement. Le caractère reste individuel et garde tout son mystère.

Certains sont dotés d'un petit talent particulier. Omar Bradley*avait le don du sport, en particulier du base-ball. Mais tout son daimon était dans le personnage. L'hiver, dans la campagne du Missouri, Bradley montait en voiture avec son père, l'instituteur, vers l'école à classe unique. Ils empruntaient les chemins de traverse où ils ne dépassaient pas les trente kilomètres à l'heure. Omar s'amusait à tirer sur du petit gibier pour le repas (il avait eu sa première carabine à six ans). L'enfant était actif, studieux, obéissant et très doué physiquement. Tout le destin de Bradley était là, dans son tempérament. Son avenir n'impliquait pas forcément d'entrer à West Point ni d'être chef d'État-Major, bien que la carrière militaire ait contribué à ce que son personnage s'empare de son image (après tout, ne vivait-il pas déjà la bataille des Ardennes durant ces expéditions hivernales au Missouri ?)

Ce qui fait les destins exceptionnels est moins l'appel de la gloire que la personnalité de l'individu, son incapacité à se consacrer à autre chose qu'à sa vocation, la passion avec laquelle il exécute ce que lui dicte son akène et les rêves qu'elle lui inspire. La plupart des héros ou héroïnes de ce siècle, de la trempe d'un Bradley, ne se font pas particulièrement remarquer dans les circonstances ordinaires. Les Nixon, Reagan, Carter, Truman, Eisenhower – pour qui nous votons, que nous écoutons, que nous voyons à la télévision – auraient pu mener une vie semblable à la nôtre, à l'ombre de la vie ordinaire. Et pourtant ils se sont détachés du lot.

La théorie de l'akène prétend que chacun d'entre nous se détache du lot. Le seul fait d'exister en tant qu'individu implique une akène unique en son genre. Qu'il soit ou non sous les feux de la rampe, chacun a sa propre personnalité. En de rares circonstances, l'akène s'exprime haut et clairement dès les premières années de la vie. Ce sont le plus souvent les musiciens qui entendent les premiers l'appel de la vocation : à six ans, Pablo Casals jouait déjà du piano et de l'orgue ; Marian Anderson donna son

---

* Le général américain qui commanda les forces américaines lors du débarquement en Normandie en 1944. C'était un spécialiste de la tactique d'infanterie. (*N.d.T.*)

premier concert rémunéré à huit ans (elle gagna cinquante cents*) ;
ne parlons pas de Mozart, ni de Mendelssohn ; « Mahler fredonnait
les airs qu'il entendait avant de savoir marcher » ; le père de Verdi,
qui voulait en finir avec les supplications de son fils, lui offrit une
épinette : Giuseppe avait sept ans ; Tchaïkovski obtint de ses
parents un instrument à quatre ans [1].

Il s'agit là d'exemples flagrants. Ce qui est le plus souvent
le cas dans le domaine de l'art et du spectacle. Mais la plupart du
temps, l'ange se fait discret et préside lentement et tranquillement
à la révélation de la personnalité. Il dévoile moins la vocation
spécifique qui conduira aux futurs succès (comme pour Judy Garland, Ingrid Bergman, Leonard Bernstein), que le tempérament qui
portera la vocation en question.

L'erreur la plus courante consiste à identifier exclusivement
la vocation à une carrière professionnelle particulière, au lieu de
prendre également en compte le talent qu'on y déploie. C'est malheureusement le mythe platonicien lui-même qui est à l'origine de
la confusion, lui qui attribue une fonction sociale à chaque âme :
Ajax, le guerrier ; Ulysse, le voyageur fatigué, le mari de retour.
Dans le mythe, l'âme se choisit une condition comme elle choisi-
rait un métier. La fonction de boucher, par exemple, et l'âme du
boucher ne sont pas vraiment distinctes dans le mythe. Vous êtes
ce que vous faites, et s'il vous échoit la médiocre condition de
couper de la viande dans un supermarché, c'est que vous n'avez
pas de vocation.

C'est faux, bien sûr. Car la personnalité ne tient pas à ce que
vous faites, mais à la façon dont vous le faites. Chaque boucher
s'y prend différemment car chacun a son propre daimon. Le personnage de Marty dans le film du même nom d'Ernest Borgnine,
était un « bon artisan boucher », doté de tous les traits médiocres
de la fonction, sauf que le caractère particulier de Marty en faisait
un personnage inoubliable.

La singularité de chacun au sein de la médiocrité sociale
ambiante est le sujet des interviews de Studs Terkel. Qui ne se
souvient d'un « personnage » de son enfance – le facteur, l'instituteur, la dame qui tient la boutique de bonbons, de vins et spiri-
tueux, d'animaux familiers ? Détecter l'individualité de chacun

---

* Un demi-dollar ! (*N.d.T.*)

dans le récit banal et décousu de tel ou tel cas est la motivation profonde des travailleurs sociaux et des psychothérapeutes. Leur travail ne consiste pas à *noter* des faits, mais à reconstituer la particularité d'un cas. Ils veulent parvenir à un point de vue, une vision qui donnent un sens aux données factuelles. Les diagnostics et les études statistiques de Mary Doe et Joe Average recouvrent l'idiopathie et l'idiosyncrasie propre à chaque cas particulier. Chaque cas est l'histoire d'un individu ; chaque individu a une personnalité propre qui, si l'on en croit Héraclite, n'est autre qu'une destinée.

Nous en viendrons très bientôt à l'aphorisme célèbre d'Héraclite : « Le caractère, c'est le destin. » Mais il nous faut d'abord répondre à la question liminaire de ce chapitre : l'ange peut-il être médiocre ? Y a-t-il une vocation de la médiocrité ? Voici quatre réponses possibles :

1. Non. L'akène est l'apanage des stars. Le tout venant se contente de musarder et de ramasser ce qu'on veut bien lui laisser.

2. Oui. La plupart des gens ordinaires ont une vocation, mais la manquent pour diverses raisons : l'interposition des parents, le verdict des médecins, la pauvreté, l'absence de reconnaissance, de conviction, les vicissitudes de l'existence. Il ne nous reste que la résignation et la force de l'habitude.

3. Oui, car on ne s'habitue pas à la routine. L'akène réveille l'endroit sensible. J'ai beau suivre un chemin balisé, je sens que j'étais fait pour autre chose... Je rêve à ce qui pourrait me faire passer du côté ensoleillé de la rue, là où mon être véritable pourrait s'épanouir. Comme l'écrivait Shakespeare : *Nous autres, pauvres créatures/À qui notre humble étoile ne permet que les souhaits* (*Tout est bien qui finit bien*, acte I, scène I, v. 198), sommes persuadées que la médiocrité de notre condition est une erreur des dieux. Je pense avec amertume que je suis enfermé dans un être indigne de moi.

4. Oui mais. Pour la plupart des gens, la vocation consiste à cacher ses talents, à garder le juste milieu, à rejoindre le gros de la troupe. Elle vise l'harmonie humaine et se refuse à identifier l'individualité à l'excentricité. La vocation se manifeste subtilement et de façon moins spectaculaire que

chez les personnages que nous avons évoqués dans ce livre. Tous sont appelés, peu importe qu'il y ait peu d'élus.

On trouve généralement la première réponse – l'akène est l'apanage des stars – dans les études sur la créativité, les théories sur le génie et les biographies de personnages exceptionnels. Cette réponse partage l'humanité en deux classes, celles des nantis et celle des démunis – ce qui ne correspond guère au message de ce livre. En outre, cette division augustino-calviniste entre élus et non-élus n'a plus lieu d'être dès lors qu'on accepte l'idée que chacun a été choisi par son propre daimon.

La deuxième réponse – la plupart des gens manquent leur vocation et se résignent à faire autre chose – est celle des études sociologiques. La troisième caractérise l'idéal thérapeutique, qui cherche à faire recouvrer au patient sa personnalité véritable et ses capacités créatrices en libérant son genius des vicissitudes de l'enfance.

La quatrième est celle qui m'intéresse, car elle nous conduit plus loin. C'est celle qui à la fois accepte l'idée d'une vocation de la médiocrité tout en en redéfinissant le concept, sans se référer à des critères sociaux ou statistiques.

Cette position trouve ses meilleurs défenseurs chez les féministes d'aujourd'hui qui considèrent que la grandeur de caractère compte autant que la reconnaissance sociale. La nouvelle littérature historique se préoccupe beaucoup plus des existences ordinaires que de celle des personnages politiques ou héros en tout genre. En fait, cela faisait déjà un certain temps qu'un auteur comme Roger North (1653-1734) avait défendu ce « nouveau » point de vue non héroïque et non hiérarchique, dans sa « Préface générale » à ses *Lives* (« Vies »), écrit vers 1720[2]. Ce type d'écrits privilégie la qualité des rapports humains, les coutumes sociales, les petits exploits quotidiens qui font tout le prix d'une civilisation, les jugements moraux, les idéaux exprimés, autant de subtilités individuelles éloignées des intrigues des cours royales[3]. Les lettres de soldats à la veille d'une bataille et la vie des familles de l'arrière nous en disent plus sur la personnalité individuelle que les plans stratégiques élaborés sous la tente d'un général.

Ce nouveau genre biographique et historique vise à sortir les âmes individuelles du chaos des événements pour mieux les explorer. La théorie implicite sur laquelle il se fonde rejoint celle que j'aimerais défendre ici. C'est la personnalité de l'individu qui forge son existence, quelle que soit l'obscurité de cette dernière.

Il faut imaginer la vocation comme une incitation à la vie, plutôt que comme une force entrant en conflit avec elle. Comme une incitation à l'honnêteté plus qu'à la réussite, à la sollicitude et à l'amour, à la joie et à l'honneur de vivre. Cette façon de voir jette non seulement une nouvelle lumière sur l'existence féminine, mais donne un tout autre contenu à la vocation qui désormais cible non pas telle ou telle profession, mais la vie elle-même.

Dès lors, certaines vieilles questions tombent d'elles-mêmes. « Pourquoi certains montent-ils si haut quand d'autres stagnent au bas de l'échelle ? » « Pourquoi le sportif de second niveau, le cadre moyen qui n'a aucun espoir d'occuper le grand bureau bien éclairé, le vendeur lambda, tous ces individus sans avancement qu'on ne licencie pas et qui ne démissionnent pas, persévèrent-ils dans leur tâche et acceptent-ils de se fondre dans l'anonymat de la foule dénuée de talent ? » Vaines interrogations.

Non. Ce n'est pas la médiocrité de leur daimon qui les condamne à l'échec, ni un genius dénué de génie. En réalité, personne n'est en mesure d'estimer leur valeur. On ne sait rien de la personnalité de quelqu'un tant qu'on l'estime à son pouvoir ou à ses performances professionnelles. Malheureusement, les verres de lunettes qu'on nous prescrit ne permettent de voir que les individus extraordinaires, les monstres et les phénomènes.

Pourquoi faudrait-il que les anges ne jettent leur dévolu que sur les personnes angéliques ? Pourquoi partir du principe que le genius ne veuille cohabiter qu'avec le génie ? Pourquoi ces créatures invisibles qui ne s'intéressent à nos existences que pour se réaliser elles-mêmes, ne seraient-elles pas par essence démocratiques ? Après tout, tout le monde peut faire l'affaire. Le concept même de « médiocrité » n'a sans doute pour elles pas le moindre sens. Pour le daimon, ce n'est pas l'Important qui est important, c'est l'individu auquel il est attaché. L'individu, quel qu'il soit, et son daimon, font partie du même mythe. Il s'agit d'un couple de jumeaux dont l'un est divin et l'autre mortel, en butte aux mêmes réalités sociales. C'est ce lien qui empêche l'ange de se mêler au peuple de la rue autrement que par le biais de nos existences.

Dans le film *Les Ailes du désir,* les anges tombent amoureux de la vie, de l'existence de l'homme de la rue avec toutes ses vicissitudes.

La sociologie, la psychologie et l'économie – autrement dit ce qui fait la trame de notre civilisation – semblent inaptes à estimer la valeur de qui ne sort pas du lot. Qui ne se fait remarquer est voué à la médiocrité, celle d'un prétendu Américain moyen doté d'une intelligence passable. C'est pourquoi la « réussite » prend une importance aussi démesurée : c'est le seul moyen d'échapper aux limbes du juste milieu. Les médias ne vous sortent de l'obscurité que lorsque vous êtes victime d'une tragédie, vous donnez en spectacle ou affectez des opinions provocatrices, pour vous faire à nouveau disparaître dans les eaux indifférenciées de la multitude. Les médias peuvent aduler, célébrer, faire monter au pinacle, mais n'ont aucune imagination, autrement dit ne savent pas voir.

Disons-le tout net : la médiocrité n'est pas le propre de l'âme. Les deux termes ne peuvent converger. Ils proviennent de territoires différents : « l'âme » est toujours singulière et spécifique ; la « médiocrité » vous étalonne à coups de statistiques – normes, courbes, chiffres, comparaisons. Vous ferez peut-être partie de la moyenne de toutes les catégories sociologiques, y compris pour ce qui est de vos aspirations personnelles et de votre style de vie, mais la manière dont cette médiocrité sociale se manifeste n'est jamais qu'un point unique de la courbe statistique. Et aucune mesure ne rendra compte de cette singularité.

ETHOS ANTHROPOI DAIMON

Au tout début, avant même Socrate et Platon, il y avait Héraclite. Cela fait vingt-cinq siècles que l'on cite sa formule « *Ethos anthropoi daimon* », trois petits mots que l'on traduit souvent par « le caractère, c'est le destin ». Personne ne peut vraiment expliquer ce qu'il voulait dire par là, en dépit d'innombrables tentatives d'interprétations comme en témoignent cette liste de traductions :

« Le caractère de l'homme, c'est son genius »
« Le caractère de l'homme, c'est son daimon »
« Le caractère de l'homme, c'est la divinité qui le protège »

« Le caractère de l'homme, c'est sa dimension immortelle et potentiellement divine »
« Le caractère propre à chacun, c'est son daimon »
« Le caractère de l'homme, c'est son destin »
« Le caractère, c'est le destin »
« Le caractère humain, c'est la destinée »
« Le style de l'homme, c'est Dieu[4] ».

Le terme de *daimon* de la formule ne pose pas trop de problèmes dans la mesure où nous en avons accepté la traduction latine *genius,* que l'on remplace en langage plus moderne par les termes « ange », « âme », « paradigme », « image », « destin », « double intime », « akène », « compagnon de l'existence », « gardien », « appel du cœur ».

L'ambiguïté et la multiplicité des sens sont inhérentes au daimon en tant qu'esprit personnifié désignant aussi dans la psychologie grecque le destin personnel. Vous portiez votre destin avec vous ; votre genius était votre compagnon particulier. C'est pourquoi les traductions de *daimon* disent parfois « destin » et parfois « genius ». Mais l'on ne trouve jamais le « soi », en guise de traduction.

Chez les peuples indigènes de l'Amérique du Nord, il existe toute une série de termes pour désigner l'akène en tant que « âme-esprit » autonome : *yega* (chez les Coyukon) ; la chouette (chez les Kwakiutl) ; « l'homme d'agate » (chez les Navaho) ; *nagual* (Amérique centrale, sud du Mexique) ; *tsayotyeni* (Santa Ana Pueblo) ; *sikom* (au Dakota)... autant de créatures qui accompagnent, guident, protègent, conseillent. Elles peuvent s'attacher à une personne particulière, mais ne se mélangent pas à la personnalité individuelle. En fait, cette akène « indigène » appartient autant aux ancêtres, à la communauté, aux animaux de l'environnement qu'à « vous-même », et l'on peut invoquer ses pouvoirs pour la récolte ou la chasse, le bien-être physique et moral de la communauté – en un mot le monde réel. L'akène a sa propre existence indépendamment du « soi » dilaté de la subjectivité moderne, et mène donc une existence séparée, personnelle et solitaire. Ce qui veut dire que *votre* akène ne s'identifie pas à vous, et qu'elle ne vous appartient pas.

Le « soi » qui imprègne notre langage quotidien a pris des

proportions gigantesques. Il faut dix colonnes en petits caractères à *The New Oxford English Dictionnary* – dans son édition « abrégée » ! – pour cerner le mot *self* (« soi ») » : *self-satisfaction, self-control, self-defeating, self-approval, self-contempt, self-satisfied* (en français : « autosatisfaction », « maîtrise de soi », « échec personnel », « contentement de soi », « mépris de soi-même », « satisfait de soi-même », *N.d.T.*)... sans compter les quelque cinq cents termes qui suivent. La majorité de ces mots composés reliant une multitude de phénomènes psychiques à cette notion de « soi » se sont introduits dans le langage avec l'essor de la pensée rationaliste et de la philosophie des Lumières, lesquelles nous ont rendus aveugles aux êtres invisibles et du même coup à l'autonomie du genius et du daimon par rapport à nous-mêmes.

Dans l'Antiquité, le daimon, tout comme l'âme, était un personnage venu d'ailleurs, ni humain ni divin, habitant les « régions intermédiaires » (*metaxu*). Le daimon était plus une réalité psychique intime qu'une divinité : c'était un personnage qui pouvait nous rendre visite dans un rêve ou se manifester par un présage, un pressentiment, une pulsion érotique. Éros, lui aussi, était l'une de ces créatures intermédiaires, pas vraiment divine mais avec une dimension inhumaine. C'est pourquoi les Grecs considéraient qu'il était vain de vouloir localiser l'origine de l'amour, ce phénomène à la fois merveilleux et cruellement inhumain. Traduire le fragment d'Héraclite par « le caractère, c'est le destin », est une façon de relier étroitement le cours de l'existence à vos aptitudes. En termes plus simples, cela signifierait : à profession médiocre, médiocre destin.

Bien sûr, on peut comprendre l'aphorisme autrement. Certains pensent que c'est une façon pour Héraclite de prendre le contre-pied des superstitions populaires qui attribuent aux daimons toutes sortes de pouvoirs sur le sort de chacun. Ils voient en Héraclite un moraliste dénonçant le fatalisme justifiant l'irresponsabilité personnelle, comme si Héraclite discutait avec Shakespeare quand celui-ci affirme : « Ce sont les astres, / Les astres au-dessus de nous, qui gouvernent notre sort » (*Le Roi Lear,* acte IV, scène III, vers 35). Non, répond Héraclite, ce ne sont pas les étoiles ; c'est ton caractère. Ce que, en vieux roublard, Shakespeare ne s'est pas fait faute de dire aussi : « La faute, cher Brutus, n'est pas dans les astres, / Mais en nous-mêmes » (*Jules César,* acte I, scène II, vers 139).

D'autres voient dans le daimon du fragment d'Héraclite un moi transcendant, un mentor spirituel ancestral qui veille sur les individus et leur comportement, semblable au daimon qui empêchait Socrate de se tromper. Selon cette interprétation, il suffit de suivre le daimon pour se forger une personnalité et de bonnes habitudes. Le daimon concentre les traits de caractère qui inhibent les excès, immunisent contre le péché d'orgueil et permet de se conformer aux instructions de l'image (du genius). Ces instructions se manifestent dans la façon dont vous vous conduisez. C'est ainsi que vous découvrez votre genius en vous regardant dans le miroir de la vie. Votre image visible montre votre vérité intérieure. Voilà pourquoi il suffit de regarder les autres pour les juger. Il est alors de première importance de porter sur autrui un regard généreux et ne pas se contenter des apparences. Un regard perspicace, afin de discerner les subtilités du caractère et ne pas se contenter d'une impression grossière. Un regard profond perçant l'obscurité, afin de ne pas être déçu.

LE CARACTÈRE

Qu'en est-il de l'*ethos*, le premier mot de l'aphorisme d'Héraclite ? Cela sonne à nos oreilles comme « éthique ». Ce qui alourdit l'*ethos,* mot grec dénué de toute idée de piété, de tout le moralisme de la religiosité hébraïque, romaine et chrétienne. Si l'on oublie l'éthique pour s'en tenir strictement à l'*ethos,* nous découvrons que le terme a plutôt la signification de « habitude ». Héraclite a peut-être pensé au comportement habituel en employant le terme *ethos.* Vous êtes et vous serez la façon dont vous menez votre existence. Il est parfaitement illusoire de s'en remettre à un moi privé, caché, plus authentique que ce que vous êtes effectivement, même si la psychothérapie entretient cette grande illusion et en vit. Mieux vaut s'en tenir au réalisme d'Héraclite : vous êtes ce que vous faites, plus exactement la façon dont vous le faites. « La façon » est le terme important, qui relie l'existence telle qu'on la mène habituellement à la vocation.

Héraclite serait-il le premier psychologue du comportement,

le premier béhavioriste ? Aurait-il voulu dire : « Changez vos habitudes et vous changerez votre caractère, donc votre destinée » ? « Peu importent les raisons sous-jacentes, changez vos habitudes et votre sort en sera transformé » ?

Il me semble qu'Héraclite veut dire beaucoup plus. Ce type de comportementalisme a une résonance trop moralisatrice, trop protestante, trop américaine, en un mot trop humanitaire. Héraclite relie peut-être le caractère (*ethos*) et le comportement humain directement au daimon, mais c'est le destin de *ce dernier* qui nous préoccupe. Le centre d'intérêt égocentrique de l'humanisme nous fait croire que le daimon, nous ayant choisi pour demeure, se soucie lui-même de notre sort. Mais qu'en est-il de son sort *à lui* ? Et si la mission humaine consistait à adopter un comportement qui corresponde à ses intentions à lui, un comportement qui lui convienne, afin d'accomplir le destin qui est le sien ? Ce que vous faites au cours de l'existence vous affecte le cœur, vous change l'âme, mais intéresse le daimon. Notre comportement forge notre âme, car l'âme n'arrive pas des cieux complètement façonnée. Elle n'y est que conçue, un projet potentiel qui tente de prendre corps.

C'est ainsi que le daimon devient la source de l'éthique humaine. Et le bonheur – ce que les Grecs appelaient *eudaimonia* – consiste à vivre de la façon qui plaît au daimon. Si le daimon nous apporte sa bénédiction, nous lui apportons également la nôtre par la façon dont nous le contentons.

Comme ce sont les réalités invisibles qui déterminent le daimon, l'éthique qui convient au daimon ne peut être explicite et standardisée. Les bonnes habitudes qui font le bon caractère et rendent heureux n'ont pas grand-chose à voir avec les principes du boy-scout. Non. L'éthique sera tout aussi démoniaque qu'impénétrable, incluant le tempérament d'un Elias Canetti brandissant une hache contre sa cousine au nom des mots, ou d'un Ingmar Bergman voulant éventrer son traître de camarade au nom d'une passion secrète. Elle inclura également la personnalité de la « mauvaise graine ». Les prétentions du daimon n'obéissent pas toujours à la raison, mais à leur propre nécessité irrationnelle. Les défauts les plus tragiques et les troubles du caractère ont une nature inhumaine, comme s'ils obéissaient à des ordres invisibles.

La source invisible de l'entité personnelle que je baptise

« habitude », la psychologie d'aujourd'hui l'appelle « caractère »[5]. Le caractère se réfère aux structures profondes de la personnalité qui sont particulièrement rétives à tout changement. Quand elles sont socialement inadaptées, on les qualifie de névroses (Freud) et de troubles de la personnalité. Ces traits du destin difficiles à changer ressemblent aux empreintes digitales du daimon, dont les spirales sont toutes différentes. Le mot « caractère » désignait à l'origine un instrument destiné à graver une marque indélébile. Et le mot « style » vient du latin *stilus* (stylet), l'instrument pointu destiné à graver des caractères sur les tablettes de cire (des lettres par exemple). L'on comprend que le style révèle le caractère et soit si difficile à changer ; que les troubles du caractère soient au cœur des maladies psychiques et comportementales. Il faut qu'il y ait une carence de taille ou quelque chose de profondément, structurellement perturbé dans le caractère de celui qui torture avec le sourire, tue sans remords, trahit, trompe et renie sans broncher. Les tueurs en série, les imposteurs, escrocs et pédophiles ont chacun leur style de stéréotype. Leurs habitudes prennent toujours le dessus ; ils ont tendance à récidiver comme s'ils étaient programmés d'une certaine façon.

Mais ce n'est pas pour nous pencher sur les psychopathes et leur daimon que nous allons maintenant aborder le cas de trois éminents témoins du rêve américain. Chacun de ces trois hommes manifeste une fermeté de comportement, une force de personnalité qui a fait l'admiration générale. Ces trois personnages de condition sociale ordinaire couvrent l'ensemble du XXe siècle : de 1902 à la naissance de Thomas E. Dewey à Owosso, dans le Michigan, à 1995 quand Billy Graham faisait encore figure de monument religieux national et qu'Oliver North symbolisait le type héroïque du dur.

Il s'agit ici de discerner chez chacun des trois une configuration particulière de l'*ethos*, un daimon curieusement similaire permettant de comprendre en quoi leur comportement a trouvé un écho auprès du public américain. Ils nous permettront peut-être d'avoir un aperçu du trait essentiel de la personnalité américaine.

LE CARACTÈRE AMÉRICAIN

Les trois personnages n'ont à première vue rien à voir : le gouverneur Dewey, moustache bien taillée, un mètre soixante, engoncé dans son costume noir, était méticuleux à l'excès (« quand il visitait une prison d'État, il évitait de toucher les poignées de porte et attendait qu'on lui ouvre. Si personne ne comprenait le message, il se protégeait discrètement la paume de la main avec un mouchoir qu'il sortait de sa poche pour essuyer le métal que les prisonniers touchaient tous les jours »). Graham, frais émoulu du lycée, dix-huit ans, arborait « une cravate bleu de paon, un costume de gabardine vert bouteille finement gansé de jaune » ; North « débarqua au Vietnam en treillis, prêt à la bataille. Il portait un gilet pare-balles, du noir de camouflage sur le visage, et gardait toujours son casque bouclé sur le terrain. Prêt à toute éventualité. En plus du quarante-cinq millimètres attribué à chaque officier, Ollie portait un fusil calibre douze au cas où. Et, sait-on jamais, il portait aussi un crucifix [6] ».

On pourrait faire la liste de leurs différences – de génération, d'éducation, de carrière, de profession, de caractère (Graham était ingénu et haut en couleur ; North obstiné et correct ; Dewey brillant et arrogant). Mais c'est ce qu'ils ont en commun qui nous intéresse.

Tout d'abord, ils étaient doués de la même énergie sans faille. Dewey : dévoué, fonceur, intraitable, le premier « démanteleur de gangs », disait-on de lui ; de toute sa vie scolaire, jamais une absence, ni en cours ni à l'entraînement de football. North : apprécié, « prêt à faire tout ce qu'on lui demandait » y compris les missions au Viêt-nam pour lesquelles il reçut « l'étoile de bronze "V", l'étoile d'argent, les *Purple Hearts**, et la médaille de la Marine » ; il prenait la tête des assauts et ignorait la souffrance. Graham : « Il déployait une telle énergie, que ses parents l'emmenèrent consulter un médecin au début de l'adolescence [...] L'un de ses proches raconte que, dès qu'il sut monter sur un tricycle [...] il déboulait en trombe sans qu'on puisse voir ses pieds telle-

---

* Littéralement, « cœurs cramoisis », décoration attribuée aux blessés de guerre. (*N.d.T.*)

ment il pédalait vite. » Tous trois savaient ce qu'ils voulaient et c'est ce qui canalisait leur énergie.

Leur deuxième similitude tenait à leur autodiscipline. Le choix de North de rejoindre les marines en dit long sur sa discipline de vie. Jeune garçon, il aimait déjà obéir aux ordres. North « ne traînait pas beaucoup [...] Sa mère avait l'habitude de donner un coup de sifflet quand il était temps de rentrer [...] Il prenait plus soin de ses vêtements que la plupart d'entre nous ». Graham « fut élevé dans une atmosphère de grande piété ; à dix ans il connaissait par cœur les 107 articles du petit catéchisme ». Comme Dewey, il vécut dans une famille où on ne plaisantait pas avec la discipline : « On offrit une bicyclette à Tommy pour ses trois ans en l'avertissant qu'on la lui reprendrait s'il tombait en montant dessus. L'enfant s'empressa de monter dessus... et se la vit confisquer tout aussi vite par sa mère pendant un an. »

À l'université, Dewey « semble-t-il, s'abstenait de coucher avec les filles ». Graham, quant à lui, « avait toujours le béguin, adorait les filles et aimait flirter ». « J'embrassais les filles à en avoir mal aux lèvres [...] Mais je ne me suis jamais vraiment aventuré dans l'immoralisme sexuel. Pour une raison ou une autre Dieu m'a préservé [...] Je n'avais jamais touché le nichon d'une fille. » Au lycée, North donnait rarement des rendez-vous. À dix ans, on le déposa par erreur avec l'un de ses copains dans un cinéma où l'on donnait un film de Brigitte Bardot. « Ollie détourna les yeux de ses poses provocatrices à l'écran. "Pas question qu'on reste voir ça", aurait-il dit à son copain [...] Ils décampèrent et allèrent manger une glace. »

Je pense que le commun dénominateur des trois personnages était surtout leur *foi*, la force de leurs convictions.

À sept ans, Tommy [Dewey] poussa une carriole chez une voisine et lui demanda ses vieux journaux pour qu'il les vende... À neuf ans, il se mit à vendre des revues et des journaux... Son dévouement allait parfois très loin... « Tom avait l'air d'un vrai possédé quand il venait nous vendre le Saturday Evening Post *[se rappelle un acheteur]. Je lui ai expliqué que je ne voulais pas du journal ; il m'a regardé d'un air provocant, m'a transpercé de ses yeux sombres et a laissé le journal sur mon bureau. Il m'a donné une bonne*

dizaine de raisons de l'acheter. Plus moyen de s'en débar-
rasser. C'était plus simple de devenir l'un de ses fidèles ache-
teurs. »

Pendant la sécheresse et la crise au sud des États-Unis, l'été
1936, Billy Graham, qui avait quitté le lycée, vendait des brosses
à dents Fuller dans les deux États de Caroline.

Le responsable des ventes de la région n'en revenait pas
du nombre de brosses à dents que Billy avait vendues en
quelques semaines [...] Il ne voyait pas comment un seul être
humain pouvait en vendre autant en si peu de temps. Billy
lui-même expliquait sa méthode : « Je crois au produit. La
vente de ces petites brosses à dents, c'était devenu pour moi
une mission. J'avais le sentiment que chaque foyer devait
avoir sa brosse à dents Fuller, c'était une question de prin-
cipe [...] Je me suis rendu compte que l'essentiel, dans la
vente de quoi que ce soit, c'est d'être sincère – y compris
quand on vend la rédemption des âmes. »

Il offrit une brosse à dents Fuller à sa petite amie et en utilisait
lui-même pour se brosser les dents si souvent et avec une telle
conviction « que ses gencives commencèrent à se rétracter ».

Le produit de North, ce n'étaient pas les brosses à dents Fuller
ou le *Saturday Evening Post,* c'était l'Amérique elle-même : il
croyait autant en ses vertus et communiquait sa passion avec une
égale conviction. L'un de ses camarades de lycée se souvient :
« Un gars de l'école disait du mal de l'armée, invoquait sa stupidité
en ajoutant que nous, les États-Unis d'Amérique, ne devrions
mener aucune guerre à l'extérieur. Cela eut le don de mettre Harry
[Ollie] dans une colère noire. "Si tu ne te plais pas en Amérique,
t'as qu'à aller te faire voir ailleurs", lui avait-il balancé. »

L'objet vendu peut être ordinaire et refléter la médiocrité collective – la brosse à dents, un hebdomadaire, un patriotisme du
style tu-aimes-ton-pays-ou-tu-te-barres –, mais l'exploit commercial, lui, n'a rien de médiocre. Le caractère fait l'habitude, qui
devient la destinée. L'incident du lycée révèle la future vocation
de North en tant qu'agent des opérations à l'étranger.

Ambition, idéal, intégrité personnelle, longues journées de

travail : autant de traits caractéristiques des bourreaux de travail se sentant investis d'une mission difficile. Leurs valeurs et leurs façons de faire, leurs goûts et leur entourage ne sont peut-être pas d'un haut niveau intellectuel. Ils n'en ont pas moins atteint des sommets. Graham n'avait guère dépassé la trentaine qu'il fascinait déjà l'imagination populaire évangélique et drainait la foule des démunis – et des gens prospères. Dewey fut nommé procureur de la République de Manhattan à trente-cinq ans, devenant ainsi l'homme le plus jeune à avoir jamais occupé une telle fonction. À trente-huit ans il faillit gagner l'investiture républicaine contre Roosevelt, ce qu'il réussit quatre ans plus tard, à quarante-deux ans. Il avait déjà démantelé la mafia de l'alcool, du racket et du crime. Leurs chefs, Waxey Gordon, Dutch Schultz, Joseph Castalado, celui du Gang des Gorilles, de la Main Noire, Lucky Luciano, Jimmy Hines et Louis Lepke du syndicat du crime, finirent par tomber dans les pièges de ses enquêtes interminables et minutieuses.

North, avant d'avoir quarante ans, était un familier de l'élite au pouvoir à Washington. Voilà ce que rapporte le député au congrès Michael Barnes :

> *Il fréquentait Henry [Kissinger] [...] Ollie avait l'art de se concilier les personnages de premier plan [...] Il fréquentait les membres de la Cour Suprême [...] les généraux et les sénateurs, comme si cela allait de soi [...] Ollie était quasiment l'un des leurs. Il bénéficiait de la caution de la Maison Blanche et se trouvait plus souvent qu'à son tour aux côtés de Henry.*

Quelques années plus tard North eut la responsabilité de pans entiers de la politique étrangère nord-américaine – dans les Caraïbes (à Grenade), en Amérique centrale et au Moyen-Orient (Iran, Libye et Israël).

Graham sévissait également à l'échelle internationale. En tant que confesseur de Eisenhower, Johnson, Nixon, Ford et Reagan, lui aussi faisait partie de l'élite dirigeante. Dewey n'avait sans doute pas autant de relations, mais c'est lui qui, dans le parti républicain moderne, présida aux investitures d'Eisenwoher et de Nixon, deux hommes qui ont dirigé l'Amérique à la mi-temps du siècle. Il n'y a pratiquement pas une existence sur cette planète qui n'ait bénéficié ou pâti des actes extrêmes de ces trois « justes ».

Ils ne dévièrent pas de leur chemin, s'en tinrent aux principes, pratiquèrent la rigueur financière. À trente-deux ans, Dewey « continuait à noter méthodiquement ses dépenses de cirage et ses frais de repas à moins de un dollar sur un minuscule bloc-notes ». Après son départ du gouvernement de l'État de New York, les impôts y furent de 10 % inférieurs à ce qu'ils étaient à son arrivée. Graham, dont la cause bénéficia de dons énormes, et qui jouait lui-même au golfe avec les gens riches, « passait des heures, *des heures,* à calculer le moyen d'économiser le moindre sou » raconte sa femme Ruth. Chacun épousa la femme qu'il lui fallait, éleva ses enfants, fut d'une intégrité personnelle à toute épreuve, et, par-dessus tout, fut un prodige de maîtrise de soi, l'idéal de comportement de l'Américain blanc moyen.

Qui sait si la divinité qui préside au commun dénominateur de ces trois hommes n'est pas précisément la maîtrise de soi ? Pas la maîtrise de soi en tant que telle, mais plutôt son ombre. La maîtrise de ses actes au service d'une foi, la seconde commandant à la première.

Les déclarations de North devant le congrès en témoignent abondamment. Il fallait combattre l'ennemi : le communisme international et la tendance au compromis qui affaiblissait la fibre patriotique américaine. Il fallait rétablir l'ordre. La cible de Dewey, c'était le crime, les gangsters des sombres immeubles de Manhattan, la mafia irlandaise de Tammany Hall, les mafias juive et italienne du racket et de l'extorsion de fonds. Dewey voulait nettoyer l'Amérique et la refaçonner à l'image de sa propre méticulosité. Graham, quant à lui, s'était donné pour mission le nettoyage spirituel de la planète, autrement dit était parti en croisade.

Maîtriser le mal et la faiblesse en soi-même et chez les autres, cela va de pair : Dewey menait ce combat en envoyant les criminels dans les pénitenciers ; North en bombardant les méchants au Salvador, à Grenade et en Libye ; Graham, lui, conjurait le péché et Satan en convertissant les pécheurs à la religion du Christ. Chez tous trois, la foi justifie la croisade et la *furor agendi** contre les

---

* Expression latine : frénésie agissante, fanatisme. (*N.d.T.*)

ténèbres, qu'il s'agisse de Tammany Hall, des Mollah de Téhéran ou de Satan en personne.

S'agit-il de la foi en une cause, ou de la foi en la foi elle-même ? Quand on l'accusa de « suicide intellectuel », Graham répondit : « Tout ce que je sais, c'est que je crois. Je sais que c'est la foi, indiscutablement, sans le moindre doute, qui a permis à Dieu de jouer un tel rôle dans ma vie [...] J'ai décidé de croire. » North se justifia d'avoir menti au Congrès en invoquant la foi inébranlable qu'il avait en l'Amérique et en son commandant en chef. La foi qui fait bouger les montagnes était devenue son autre lui-même. La noblesse de l'idéal perd son contenu en même temps que la foi s'intensifie. Comme disait Santayana* à propos du fana-tisme : il perd la fin et redouble d'efforts sur les moyens.

Après son échec inattendu contre Truman aux élections de 1948, Dewey pensa à autre chose. « C'est cela, je vais aller de l'avant », dit-il, et c'est ce qu'il fit, en effet, en voulant passer outre le profond rejet de l'électorat par des machinations de pou-voir. North redoubla d'efforts au nom de sa foi, y compris en projetant de falsifier (ou de subtiliser après les heures de fermeture des bureaux) le rapport d'Annapolis sur la blessure qu'il avait reçue à la jambe pouvant l'empêcher d'intégrer le corps des marines.

Obnubilé par leur foi, chacun des trois tenta d'éliminer ce qui pouvait se mettre en travers de son chemin. C'est ce qui s'appelle dénier la réalité. L'épouse de Graham disait de lui : « Il lui arrivait d'avoir des doutes, bien sûr, mais cela ne durait jamais longtemps – car il *n'y prêtait* jamais vraiment attention. » Sa dernière déné-gation date de la chute de Nixon. Graham croyait tellement en Nixon et avait si bien repoussé les quelques doutes qu'il aurait pu avoir à son sujet, qu'il ne perçut jamais rien des côtés sombres du personnage. Quand la vérité apparut à partir des enregistrements du Watergate, Graham souffrit d'une profonde dépression et sa foi fut entamée. Il marchait de long en large, se rongeait les ongles, avait des nausées, ne parvenait pas à dormir. Il fut pour un temps piégé dans la contradiction de la foi – qui exigeait une sorte de suicide intellectuel, moral, sentimental. « J'ai vraiment cru qu'il

---

* George Santayana (1863-1952) : philosophe américain d'origine espagnole. (*N.d.T.*)

[Nixon] pourrait conduire le pays, comme personne avant lui, vers sa plus belle et plus heureuse période. Il avait le caractère voulu pour cela. Je ne l'ai jamais entendu mentir. Ces enregistrements révèlent un homme que je n'ai jamais connu. Je n'ai jamais vu cet aspect chez lui. »

De l'aveuglement à la dénégation. Graham finit par se remettre de ce procès ; il retrouva la foi, son innocence, et continua son chemin.

Le dénominateur commun de ces trois personnages est l'invincibilité de leur foi. On peut contester la moralité de chacun d'entre eux – Graham pour son refus de voir la réalité, North pour ses mensonges, Dewey pour ses manipulations –, mais la foi leur a permis de rester incorruptibles tout en agissant mal, de ne pas être salis par leur propre noirceur, de rester innocents. Je dirais même que c'est cette foi typiquement américaine qui nous incite à nous cantonner dans la voie royale de la médiocrité. C'est pourquoi cette même composante – que les critiques littéraires appellent innocence, les psychologues dénégation de la réalité, et les croyants la foi – fait partie de la quintessence du caractère américain. Ce tempérament qui permet de comprendre pourquoi Dewey, Graham et North sont si représentatifs du style américain.

Nous devons également reconnaître, même si nous avons contesté plus haut le contenu qu'on donne habituellement à la notion de médiocrité, le contexte psychologique qui favorise son apparition en Amérique. L'aptitude à fermer les yeux devant la réalité, à garder sa candeur, à se servir de la foi comme d'un bouclier contre toutes les formes de sophistication – empêche toute prise de conscience. Le caractère américain ne veut pas voir que les vertus de la médiocrité – ce culte de l'énergie, de l'ordre, de la maîtrise de soi, de la probité et de la foi – ne sont jamais que les messagers de ce même démon qu'il voudrait conjurer.

Il nous faut donner le change et monter en épingle l'exceptionnel dans une société qui tombe sous le charme de la médiocrité propre à une classe moyenne désormais travailleuse, payant ses impôts, vertueuse et méritante. Si la société a perdu son âme, son inspiration démonique, son ange et son genius, autant se demander ce qui les a fait fuir, avant de partir à leur recherche. On s'est contenté d'un honnête travail d'équipe, de ne pas faire chavirer le bateau, de maintenir les « valeurs familiales », de se joindre à la communauté des consommateurs, de ne pas se poser trop de questions, de fuir les extrêmes et d'enterrer les idées avant-gardistes. L'on a accueilli la médiocrité et l'on a fait fuir l'invisible, la réalité spirituelle.

Pourquoi l'exceptionnel est-il suspect ? Lui résiste-t-on par crainte de l'inspiration, comme s'il s'agissait d'une privauté qui privilégierait la communication avec les esprits aux dépens des relations sociales ? Mais que penser d'une civilisation qui conçoit l'inspiration comme quelque chose d'asocial, sinon qu'elle nous enchaîne toujours plus inexorablement à la médiocrité, à l'absence d'imagination ?

N'oublions pas que ce sont les individus inspirés qui élèvent et gratifient la société : l'infirmière d'un service d'urgence ; le professeur de l'année ; l'arrière d'une équipe de basket-ball qui réussit un panier parfait. L'instant d'inspiration n'invalide pas l'équipe, mais fait partie de son contexte et justifie sa popularité. Tirer un but à la dernière seconde et remporter ainsi une victoire importante ne tient pas de l'exploit isolé. Cela intègre le héros à l'archétype communautaire : il est celui qui accomplit un exploit en l'honneur de la cité et de ses dieux. Les notions égocentriques et compétitives qui, dans notre civilisation, s'attachent aux actes inspirés, nous font passer à côté de la signification de ces derniers. « Inspiration », cela signifie simplement « respirer l'esprit », pas « exaltation de l'être inspiré ».

Certains peuples exigent de leurs membres qu'ils recherchent l'inspiration au nom de la communauté. C'est le cas, par exemple, des Indiens d'Amérique qui se livrent à des séances de sauna prolongées, des danses rituelles et consomment des champignons hallucinogènes pour parvenir à des visions ; des quakers qui se réunissent pour assister à l'apparition de l'esprit de la communauté. La philosophie sociale, en la circonstance, est que la meilleure façon de servir les autres est de se mettre au service des autres, ceux de l'au-delà.

Je ne fais pas en soi l'éloge de la célébrité, mais cherche seulement à présenter au daimon un miroir plus vaste. Il s'agit d'illustrer une idée, pas de croire que l'exception ne s'incarne que dans des individus exceptionnels. Les personnages de ce livre *personnifient* la façon dont le daimon se manifeste. Ce sont les hauteurs visibles du phénomène démonique. Ces personnalités hors du commun humanisent l'idée selon laquelle *toutes* les existences ont une composante exceptionnelle, ce que précisément négligent les théories psychologiques et biographiques habituelles.

Manolete et Ingmar Bergman, par exemple, sont des modèles utilisables. Pas destinés à être imités, ou clonés, mais en tant que manifestation du daimon. La grâce qui transparaît dans leur existence à un degré si exceptionnel est un phénomène universel. Vous en bénéficiez également. Ils ne sont jamais que d'éminents réceptacles de la grâce.

La vieille méthode consistant à grossir l'objet d'étude pour mieux le comprendre vise en l'occurrence à inciter la personne faible et découragée à percevoir la grandeur inscrite dans l'akène de chacun, sans se soucier de savoir s'il occupe ou non un rang médiocre dans les statistiques. Mais nous ne pouvons légitimement plaider la cause des destins d'exception qu'après avoir invalidé la médiocrité en tant que concept psychologique. Sinon l'élan d'enthousiasme qui nous a fait présenter toute une galaxie de célébrités au lecteur pourrait n'apparaître que comme une forme de snobisme et de flagornerie. C'est pourquoi nous avons chassé de la psychologie les notions de « norme », de « moyenne », de « conformité » et de « médiocrité » pour les remettre à leur vraie place (l'économie, l'épidémiologie, la sociologie et le marketing), afin que le lecteur puisse plutôt s'imaginer selon les critères d'exception des modèles évoqués dans ce livre.

North, Graham et Dewey sont tous trois exceptionnels en dépit des gabardines de Graham, de l'allure de garçon d'honneur de Dewey ou du boy-scoutisme de North. C'est faire preuve de snobisme que de ne retenir que les ridicules de la médiocrité. C'est ne pas voir la fidélité de chacun à son akène particulière, jusque dans ses vices de caractère.

UN DÉMOCRATE PLATONICIEN

Ce chapitre recouvre une problématique qui me poursuit depuis longtemps. Il y a vingt-cinq ans, plus peut-être, je devisais en compagnie de Gilles Quispel, le spécialiste néerlandais de la gnose chrétienne primitive et des sectes de la même époque, sous les ombrages des rives du lac Majeur. Tout en tirant des bouffées de sa pipe et en clignant malicieusement des yeux comme un vieux capitaine au long cours hollandais qu'on aurait dit sorti d'un roman de Conrad, il me posa la question suivante : « Hillman, comment peux-tu être à la fois platonicien et démocrate ? »

Quispel avait entr'aperçu le daimon de ma destinée et il m'a fallu quelques années pour répondre. Bien sûr, la question reprenait à son compte l'idée que l'on se fait généralement de Platon et du platonisme – à savoir une théorie totalitaire, élitiste et patriarcale offrant une justification à l'État totalitaire. En l'occurrence, Quispel se conformait à une certaine tradition populaire, laïque et exempte de toute transcendance, selon laquelle la démocratie peut se référer à ses pères fondateurs, mais certainement pas aux anges. D'où sa question : comment peut-on concilier l'élitisme *et* le populisme, les principes éternels *et* les caprices du préjugé – autrement dit, dans le langage philosophique classique que Quispel pratiquait beaucoup mieux que moi, comment peut-on concilier le royaume de la vérité *et* celui de l'opinion. Les penseurs occidentaux butent sur cette énigme depuis Parménide.

Chez nous, en Amérique, la distinction entre la vérité et l'opinion s'est cristallisée en une muraille de Chine séparant l'Église et l'État, la vérité révélée et les suffrages de l'opinion populaire. Et pourtant, la Déclaration d'Indépendance affirme que l'État démocratique américain se fonde sur une « Vérité » transcendante : « Tous les hommes sont créés égaux. »

Quel est le fondement d'une telle affirmation ? Les inégalités existent avant le premier soupir. Toute infirmière de maternité peut vous confirmer que l'inégalité existe dès le départ. Les nouveau-nés sont tous différents. La recherche génétique montre des différences innées dans les aptitudes, le tempérament, l'énergie. Même chose pour les circonstances de l'existence : quoi de plus inégal que l'environnement ? Certains sont désavantagés, d'autres privilégiés par l'inné et/ou l'acquis – et cela dès le départ.

Puisque l'égalité ne tient ni à l'hérédité ni à l'environnement, d'où nous en vient seulement l'idée ? Elle ne provient pas des faits de l'existence ; on ne peut pas non plus la réduire aux traits communs à tous les êtres humains comme la posture debout, le langage symbolique, la maîtrise du feu, dans la mesure où les milliards de différences individuelles élaborent le facteur commun en autant de modes différents. L'égalité ne peut être déduite que de l'unicité de chacun, ce que les philosophes scolastiques appelaient « le principe d'individualité ». J'imagine cette unicité comme le *haeccitas* (latin médiéval pour « chosité ») caractérisant le *genius*, en tant que facteur donnant sa forme particulière à chaque individu dès sa naissance, de sorte que chacun est *celui-ci* ou *celle-là,* et personne d'autre.

C'est pourquoi l'égalité est un axiome, une donnée de départ ; comme le dit la Déclaration d'Indépendance, le fait que nous soyons tous égaux est une vérité évidente. Nous sommes égaux en vertu de la logique de la singularité de chacun. Chacun d'entre nous est par définition distinct de tout autre, donc en tant que tel égal aux autres. Nous sommes égaux parce que chacun d'entre nous vient au monde avec une vocation particulière, tout en étant inégaux pour tout le reste – au demeurant une inégalité totalement injuste et inique à laquelle seul le *genius* de chacun fait exception. C'est ainsi que la démocratie repose sur l'existence de l'akène.

L'akène incite à se dépasser ; sa passion principale est la réalisation. La vocation exige une totale liberté dans sa quête comme dans sa réalisation, ce que la société ne peut garantir. Car si les circonstances de la liberté étaient décrétées par la société, celle-ci disposerait d'un pouvoir discrétionnaire et il ne resterait plus à la liberté qu'à se soumettre à son autorité. La liberté se fonde sur l'autonomie pleine et entière de la vocation, puisque l'égalité démocratique n'a pas d'autre fondement logique que l'unicité du destin de chacun. Lorsque les rédacteurs de la Déclaration d'Indépendance ont écrit que tous sont nés égaux, il voyaient bien que la proposition avait nécessairement un corollaire : tous sont nés libres. C'est l'existence de la vocation qui nous accorde l'égalité et nous exhorte à la liberté. Et c'est le *genius* individuel invisible qui se porte garant de cette égalité et de cette liberté.

Il nous faut cesser de voir en Platon un penseur fasciste agitant des idéaux irréels et de considérer la démocratie comme le rassemblement confus de la foule prisonnière de ses préjugés. On découvrira alors que la philosophie platonicienne et la démocratie n'ont pas besoin de se repousser comme les deux pôles d'un aimant, mais visent le même objectif : le respect de l'âme individuelle. L'État platonicien existe pour le salut de cette âme, pas pour lui-même ou pour un groupe particulier. L'analogie de structure entre l'âme et l'État sous-tend toute *La République* de Platon :

à chaque couche de l'âme correspond une strate de l'État. Ce que nous faisons au sein de l'État, nous le faisons à l'âme, et ce que nous faisons en tant qu'âme, nous le faisons à l'État – si du moins l'on pousse la pensée de Platon jusqu'à son terme et si l'on tient compte de toutes ses implications.

En outre, comme on l'a vu dans ce chapitre, la démocratie exige pour seule garantie théorique de l'individualité l'âme elle-même, ce que nous appelons ici l'ange, l'akène, le genius, ou tout autre nom aussi évocateur. La philosophie platonicienne et la démocratie attachent la même importance à l'âme individuelle.

D'ailleurs cette âme (autrement dit ce daimon ou ce genius), n'est pas seulement platonicienne en ce sens qu'elle trouve son origine dans le mythe de Platon. Elle est également démocratique dans la mesure où elle pénètre le monde des interactions ; elle se manifeste dans la géographie, comme si, pourrait-on dire, elle revêtait les parures qu'elle trouve sur place, comme si elle voulait habiter le monde et vivre dans son corps. Seuls les théologiens et les chamans osent parler des réalités invisibles en tant que telles, en les séparant du monde visible. Le but de la dynamique de l'akène n'est certainement pas la mort et l'au-delà, mais bel et bien le monde visible, où elle agit comme un guide. La perte du daimon réduit la société démocratique à une foule de consommateurs cherchant la sortie dans le dédale d'un grand magasin. Mais il n'y a pas d'issue sans guide individuel indiquant la bonne direction.

Donc, professeur Quispel, si nous nous rencontrions à nouveau sous les ombrages, je vous répondrais que la pensée platonicienne et la démocratie peuvent faire très bon ménage. Les deux se réfèrent à l'âme. Les deux se préoccupent de la même façon du sort de l'âme sur terre et cherchent à ce qu'elle remplisse sa tâche du mieux possible. Or chercher le bien et l'accomplissement spirituel, ce n'est pas faire preuve d'élitisme, ni renoncer à la démocratie.

ÉPILOGUE :

Remarque de méthodologie

Était-il bien indiqué de choisir une métaphore biologique à l'appui de notre théorie ? Le terme même d'« akène », en offrant un modèle de croissance biologique naturelle, ne nous rattache-t-il pas d'emblée au déterminisme génétique et à l'évolution temporelle, deux notions que notre théorie voulait précisément éviter, voire remettre en cause ? La dénomination de la théorie ne la compromet-elle pas, même involontairement ?

Les noms des espèces, des corps célestes et des maladies ont toujours piégé leur objet dans une métaphore imposant une certaine conception du monde. Ce fut le cas, par exemple, des noms des montagnes et des îles durant la période de la conquête coloniale. Toutes sortes de phénomènes naturels, des planètes aux plantes, se sont vu imposer des patronymes de potentats européens ou d'explorateurs. Les mouvements de libération se sont affranchis des termes qui représentaient le vieil ordre oppresseur. Ne devrions-nous pas en faire autant du résidu biologique et évolutionniste suggéré par le mot « akène », et parler plutôt de théorie de l'essence, de l'image, du genius, voire, avec un brin de provocation, de psychologie de l'ange ?

Je tiens au terme d'« akène » parce qu'il permet de décrypter un archétype biologique sans tomber dans le culte du biologisme. Le mot « akène », en utilisant une image naturelle de façon inhabituelle, met en valeur notre point de vue archétypal : cela nous oblige à reconsidérer le point de vue évolutionniste linéaire et étroitement temporel, en lisant la vie à rebours. Quitte à réviser le modèle développemental de la nature humaine, autant commencer par la métaphore de la graine.

Nous reprenons le terme biologique, mais nous le soustrayons à son cadre conceptuel habituel. Ce n'est pas l'akène qu'il faut jeter aux orties, mais la façon de la concevoir d'un point de vue strictement naturaliste et temporel.

Si l'on conçoit l'akène en tant qu'archétype, l'on n'a plus besoin de la confiner aux lois de la nature et au processus du temps. La définition étroite et naturaliste de l'*akène*, comme la graine d'un fruit ou du chêne, ne désigne qu'un seul niveau de signification et ne lui accorde qu'une place conceptuelle strictement botanique. Et ce premier niveau peut empêcher les autres de se manifester ; or l'akène a également des significations *mythologiques, morphologiques et étymologiques.*

L'akène est aussi un *symbole mythique* ; c'est une *forme* ; le *mot* a une généalogie, des résonances, des implications et un pouvoir suggestif. En élargissant l'acception du mot « akène » dans ces différentes directions, comme nous nous proposons de le faire, nous dépasserons largement le sens naturaliste habituel. Ce faisant, nous montrerons comment dépasser le point de vue strictement organiciste de la nature humaine.

Commençons par examiner le symbolisme mythologique qui s'attache à l'image du chêne et de l'akène. Dans la Grèce antique et l'Europe germanique et celtique, le chêne était l'arbre ancestral magique. Tout ce qui se rattachait étroitement au chêne en partageait les pouvoirs – les oiseaux qui y nichaient, les essaims des anfractuosités du tronc, les abeilles et leur miel, le gui et, bien sûr, le gland lui-même, l'akène. Le chêne était l'arbre patriarche qui attirait le feu du ciel et dépendait des dieux majeurs : Zeus, Donar, Jupiter et Wotan. Il y avait aussi les arbres-mères (*proterai materes* – les mères premières, en grec), qui, dans différents mythes cosmogoniques, donnèrent naissance aux êtres humains. Nous sommes nés de l'akène, comme l'akène naît du chêne. De la même façon que les mots anglais *tree* (arbre) et *truth* (vérité) sont apparentés, l'arbre contient la vérité sous sa forme d'akène, *in nuce,* en tant que fruit. En tout cas, c'est l'interprétation épique qu'inspirent les cupules qui jonchent le sol des forêts [1].

Le langage mythologique donne une représentation imagée du contenu conceptuel de nos phrases. L'akène donne une image de la personnalité primordiale, parce que le chêne délivre le message sibyllin de l'âme. Les chênes sont par excellence les arbres qui ont une âme, eux qui sont le havre des abeilles dont le miel était considéré dans le monde antique méditerranéen ainsi qu'en bien d'autres endroits de la planète, comme le nectar des dieux, et en son acception éthérée primitive, comme la « nourriture de l'âme ». De façon plus significative encore, le chêne est un arbre doté d'une âme grâce aux nymphes, aux devins et aux prêtresses qui vivent près de lui et savent en extraire les messages qu'ils traduisent en oracles. Selon le professeur Malidoma Somé (Afrique de l'Ouest), tous les grands arbres sont des sages, grâce à leur mouvement imperceptible, aux liens solides qu'ils tissent entre le monde du dessous et du dessus, et à la générosité de leur présence physique. Le chêne, si grand, si vénérable, si beau et si solide, est particulièrement sage. L'akène concentre en un minuscule espace le savoir de l'arbre dans son ensemble, de la même façon que les anges très savants, si grands soient-ils, peuvent danser sur la tête d'une épingle. Les créatures invisibles n'ont besoin que d'un minimum d'espace. Quant à ceux qui peuvent parler haut et clair, ils le font à partir des chênes.

Le message se manifestait par le bruissement du vent dans les feuilles, le craquement d'une grosse branche, le bruit sourd des rameaux, ou sans aucun signe extérieur. Seules des prêtresses particulièrement douées pouvaient l'entendre, comme à Dodone* déjà mentionnée par Homère, au nord-ouest de la Grèce. L'on venait demander à l'arbre oracle quel était son destin. Le chêne détenait la réponse et l'on pouvait s'adresser à lui de la façon suivante : « Gerioton demande à Zeus s'il vaut mieux pour lui qu'il prenne femme » ; « Callicrates demande quel dieu implorer auprès de sa femme Nike pour avoir un enfant d'elle » ; « Cleotas demande à Zeus et à Ione s'il a intérêt à garder ses moutons ». Ou encore, afin de percer l'un de ces mystères les plus simples et les plus irritants de la vie : « Est-ce Dorkilos qui a volé la pièce de drap [2] ? »

Ces pratiques autour du chêne oracle de Dodone nous intéressent à deux titres. D'abord, le chêne sait ce que les yeux ordi-

---

* Ancienne ville grecque des montagnes de l'Épire, contrée de la péninsule des Balkans au nord-ouest de la Grèce, aux confins de la Macédoine et de la Thessalie. (*N.d.T.*)

naires ignorent ; ensuite, ce savoir peut être révélé à des individus, la plupart du temps des femmes, qui peuvent « entendre » et par l'intermédiaire desquelles l'oracle s'exprime. Selon Robert Graves, la prêtresse de Dodone, comme les druides gaulois, mâchaient littéralement des glands de chêne pour susciter la transe prophétique[3]. Parke, qui a rassemblé ces témoignages, ne donne pas le contenu des réponses des interprètes de l'oracle. *Ce* qu'elles entendaient dans l'arbre était peut-être d'une importance essentielle pour celui qui posait la question. Quant à nous, l'essentiel est de savoir que les prêtresses *entendaient quelque chose*.

L'akène, du point de vue botanique, est une sorte d'angiosperme, un embryon de plante doté de tout ce qui lui est nécessaire. L'essence du chêne y est entièrement présente. Du point de vue théologique, l'akène s'apparente aux *rationes seminales* (les raisons séminales) de saint Augustin. Depuis les philosophes stoïciens, gnostiques et platoniciens, la pensée antique a toujours considéré que le monde était empli de *spermatikoi logoi* – de graines verbales ou d'idées germinales. Celle-ci y sont présentes dès le début comme autant d'*a priori* fondamentaux donnant forme à toute chose. Ces mots spermatiques permettent à toute chose de révéler sa nature propre – aux oreilles susceptibles d'entendre. L'idée que la nature peut parler, en particulier par la voix d'un chêne, est un fantasme qui a perduré à travers les âges, jusque dans les thèmes de la peinture d'il y a une centaine d'années[4].

Écouter la graine originelle de son âme et l'entendre parler n'est pas toujours facile. Comment reconnaître sa voix ? Quel est son message ? Avant de se poser ces questions, nous devons prendre conscience de notre propre surdité, de tout ce qui nous rend durs d'oreille : le réductionnisme, la tendance à tout prendre au pied de la lettre, le scientisme du prétendu bon sens. Car nous avons la tête dure. Il est difficile de nous faire admettre qu'il y a des messages venus d'ailleurs qui importent plus dans l'existence que ceux d'Internet. Ces messages de l'au-delà ne sont pas faciles à saisir d'emblée. Mais ils sont encodés dans les événements douloureux de la vie, peut-être les seuls par lesquels les dieux parviennent à nous réveiller.

Un conte scandinave retranscrit dans la *Mythologie teutonique* de Jacob Grimm exprime cette idée dans le langage du mythe :

Le vieux géant Shrymir vint à dormir sous un grand chêne vénérable. Thor arriva, et lui frappa la tête avec son marteau. Skrymir s'éveilla en se demandant si une feuille lui était tombée dessus. Il se rendormit et se mit à ronfler de façon extraordinaire. Thor lui donna un nouveau coup de marteau, plus fort ; le géant s'éveilla à nouveau et se demanda si ce n'était pas un gland qui lui était tombé sur la tête. Il se rendormit. Thor lui donna un nouveau coup, encore plus fort, à l'aide du marteau divin, mais le géant, sortant du sommeil, déclara : « il doit y avoir des oiseaux dans l'arbre ; ils ont dû se soulager sur ma tête[5] ».

Le géant ne verra jamais que caca d'oiseau dans la théorie de l'akène. Les géants, c'est connu, ne sont pas très malins, affligés qu'ils sont de pensées prosaïques, ne voyant pas plus loin que le bout de leur nez et toujours affamés (à force d'être creux sans doute !). Shrymir, c'est notre lascar réductionniste qui prend tout au pied de la lettre et ne comprend jamais rien. C'est pourquoi, dans les contes de fées, l'animal rusé, l'elfe ou le gnome, la jeune fille espiègle ou le petit tailleur donnent le change au géant. Ce ne sont pas eux qui mettraient sur le même plan un gland, la chute d'une feuille ou l'excrément d'un oiseau. Ils se saisissent de la métaphore quand elle se présente alors que le géant ne pense qu'en termes de *ce n'est que...*, réduisant tout au plus petit dénominateur commun de façon à ne pas sortir de sa grotte ni cesser ses ronflements de stentor. Pas étonnant que nous ayons eu tous peur des géants dans notre petite enfance et que nous adorions les histoires de ceux qui pouvaient en venir à bout, comme celles de David ou Jack, ou celle d'un personnage encore plus ingénieux, Ulysse. Le géant, avec sa stupidité d'adulte, effraie l'imagination enfantine, froisse les antennes juvéniles à la découverte du pays des merveilles. La stupidité, c'est le géant qui est aveugle aux petites choses. Après tout, c'est un petit pois qui sauve Jack, un caillou qui sauve David de Goliath. Le géant de la psyché, c'est la caverne de l'ignorance de Platon. Et c'est d'ailleurs dans une caverne qu'Ulysse rencontre le Cyclope, le colosse doté d'un seul œil qui prend au pied de la lettre le discours du rusé Ulysse et se fait ainsi prendre au piège.

Le chêne exprime ses oracles par la voix des femmes. Les

arbres de la mythologie appartiennent symboliquement au genre féminin à cause de leur fonction d'abri nourricier et leur comportement cyclique et parce qu'ils fournissent le hyle* de base, la matière, à tant d'occupations humaines. Cela dit, le chêne et son gland ont été conçus à l'origine comme des catégories mâles. Le chêne n'était pas seulement l'arbre de Dieu le père (Jupiter dans l'Europe romanisée et Donar dans l'Europe du Nord), mais aussi – et nous passons cette fois du domaine mythique au domaine morphologique – parce que le gland s'appelait le *juglans***, autrement dit le gland, le pénis de Jupiter.

La langue anglaise cache ce que beaucoup d'autres langues révèlent : la tête lisse du pénis et le repli du prépuce prenant la forme d'un gland***. En allemand, *eichel* signifie à la fois *acorn* et *glans*. En français, le mot gland a les deux significations, comme le latin *glans*, le grec *balanos*, l'espagnol *bellota*.

Des médecins de l'Antiquité comme Celsus, ou des naturalistes comme Pline et Aristote, assimilaient la tête du pénis au gland du chêne, de la même façon que les rites de la fertilité identifiaient l'apparence morphologique du fruit du chêne à son sens mythologique.

Étymologiquement, le mot anglais *acorn* (gland, akène) est apparenté à *acre, act,* et *agent. Acorn* dérive plus directement du vieil allemand *akern* (fruit, produit), qui ne signifie pas seulement la graine, mais le fruit pleinement développé. Le mot *actus* (action, activité) s'associe au mot *acorn,* de sorte qu'on doit comprendre *the acorn* comme l'aboutissement et pas seulement comme le point de départ (du point de vue du développement) du nouvel arbre. Nous devons totalement renverser notre façon de penser habituelle.

De façon plus lointaine, l'anglais *acorn* vient du sanskrit par l'intermédiaire du grec *ago, agein,* et leurs différentes formes déri-

---

* Du grec *hulé*, désignant le « bois », la « matière », et par extension « les éléments ». (*N.d.T.*)

** *Juglans :* pour *Jovis glans* (en latin), le gland de Jupiter. (*N.d.T.*)

*** En anglais, le mot *acorn* est dérivé de la racine anglo-saxonne *aecern. Aecer* signifiait le champ, et *aecern*, littéralement « le fruit d'un champ », sans aucune connotation sexuelle, contrairement au *glans* latin, dont le « gland » français a repris la double signification de fruit du chêne et d'extrémité antérieure de la verge. Nous avons donc préféré pour la traduction française reprendre le terme savant à racine grecque de *akène*, tout aussi dénué de double sens que l'anglais *acorn*. (*N.d.T.*)

vées, qui signifient fondamentalement pousser, diriger vers, prendre la tête, conduire (chez Homère, on trouve le terme de *agos* pour désigner un chef). L'impératif *age, agete* signifie : bouge, viens, vas-y. Les mots anglais *agenda* et *agony* dérivent de la même vieille racine, tout en traduisant l'effet incitatif quotidien de l'akène dans chacune de nos existences[6].

Le terme anglais de *acorn* recèle une véritable corne d'abondance verbale. Et ce n'est pas tout. Le mot grec désignant à la fois le gland du pénis et celui du chêne (*balanos*) dérive de *ballos* et *bal,* qui signifient ce qui se détache ou tombe, comme la noix tombe de l'arbre, ou ce qui est lancé, comme on lance des dés. Ce qui signifie également se lancer dans, s'aventurer. L'on peut faire ici un parallèle entre la racine *ballos*, lancer ou jeter les dés qui décideront de votre cas, et l'origine du mot anglais *case** lui-même, qui vient du latin *caere,* tomber. Votre cas (*your case*) est simplement le sort qui vous est échu, et l'histoire de votre cas raconte comment votre destinée vous a été attribuée. Le mot *acorn* (akène) condense un élément de fatalité qui constitue le projet de votre existence.

Balanos est aussi apparenté à *ballizon,* lancer la jambe, et *balletus,* l'action de lancer, d'où dérivent nos mots *ballistic* (en français « balistique ») et, via les langues romanes, l'anglais *ballet* (« ballet ») et *ball* (« bal », dans sa deuxième acception, sinon « balle », « ballon »). Toute cette étymologie recèle une beauté originelle riche de projections, faisant danser l'akène avec la vie avec la même sensibilité que l'extrémité du pénis. En outre, elle a le pouvoir balistique de l'action. C'est le mythe entourant la graine, le gland du chêne, sa forme et son vocabulaire qui nous ont donné cette moisson. Autant dire que notre théorie a trouvé la métaphore adéquate.

La théorie de l'akène, en matière de biographie, semble avoir sa source dans le langage du *puer aeternus*** , l'archétype de la jeunesse éternelle qui recèle une relation intemporelle et pourtant

---

* En français « cas », étymologie identique. (*N.d.T.*)
** Expression latine : l'enfant éternel.

fragile avec le monde invisible[7]. Chez les humains, il s'agit de l'enfant prodige et de sa vocation flagrante, comme chez Menuhin et Garland. C'est l'archétype dominant de ces personnages visionnaires qui se sont distingués très tôt, ont défié les idées reçues et sont devenus des légendes : James Dean, Clyde Barrow et Kurt Gobain ; Mozart, Keats et Shelley ; Chatterton, Rimbaud et Schubert ; Alexandre le Grand (mort à trente ans), Jésus (mort à trente-trois ans), le brillant Alexandre Hamilton, figure majeure d'une révolution et d'une nouvelle nation à seulement dix-huit ans. Charlie Parker est mort à trente-cinq ans, Bunny Berigan à trente-trois, Jimmy Blanton à vingt-trois ans, Buddy Holly à vingt-deux ans ; sans parler de jeunes peintres morts prématurément comme Jean Michel Basquiat et Keith Haring. Nous pourrions tous dresser notre propre liste – pas seulement de personnages célèbres, mais de ces jeunes gens et jeunes femmes partis trop tôt, eux dont les promesses ont frôlé nos existences.

Bien entendu, ce *puer aeternus,* en tant qu'archétype, peut être aussi bien une fille qu'un garçon : Jean Harlow, morte à vingt-six ans, Carole Lombard à trente-trois ans, Patsy Cline à trente ans. Sans parler de Janis Joplin, Eva Hesse, Moira Dwyer, Amelia Earhart...

Ce type de personnages se retrouvent dans les mythes : celui d'Icare et Horus, qui volèrent plus haut que leurs pères ; de l'Atalante au pied léger ; de Lancelot et Gauvain ; du merveilleux Thésée ; de saint Sébastien, transpercé de part en part ; du jeune David, qui chantait si bien les psaumes ; de Ganymède, qui porta la coupe d'ambroisie sur l'Olympe, sans oublier Adonis, Paris et Narcisse, et autres amants lumineux.

En langage familier, nous disons de ces astres juvéniles qu'ils sont des « génies ». Ce qui illustre encore une fois la relation entre le genius et l'enfant, entre le *glans* et l'akène. Les Romains, en effet, identifiaient primitivement le *genius* au pouvoir procréateur phallique et, par métonymie, symbolisaient le *genius* lui-même par un pénis en érection[8]. C'est ainsi qu'un homme peut parler de son membre comme d'un organe doté d'une intuition, d'une volonté propre lui faisant jouer un rôle fondamental dans l'existence. Les hommes fétichisent volontiers leur organe, lui conférant les motivations mystérieuses d'une divinité invisible. L'on aurait sans doute avantage à interpréter la surévaluation illusoire, narcissique et obsessionnelle du phallus (du moins selon la psychothérapie traditionnelle) en s'inspirant du culte du phallus juvénile propre à la pensée mythique.

Le personnage du jeune homme, du *puer* – Baldur, Tammuz, Jésus, Krishna – fait entrer le mythe dans la réalité. Le message mythique fait toujours renaître son héros, même s'il est facile de le blesser et de le tuer, et donne un riche contenu à l'aventure conceptuelle. Ces personnages ne semblent pas avoir plus de *réalité* que le mythe lui-même. Ils ont le sentiment d'être désincarnés, on raconte qu'ils saignent, tombent, s'étiolent, s'évanouissent facilement. Mais ces missionnaires de la transcendance restent toujours fidèles à l'au-delà. Dans le film *Les Enfants du paradis*, le clown éthéré grimé de blanc dit « *la lune, c'est mon pays** ». Solitaire et lunaire, d'une pâle beauté – le jeune homme tente de prendre contact avec ce monde dans un rapport intime, bien sûr, en cherchant à pénétrer la terre de toute sa sensibilité phallique.

Son dévouement à une autre obédience spirituelle incite son imagination à allumer les feux de la rébellion. Le monde éternel exige que l'on bouleverse le monde d'ici-bas, qu'il se rapproche à nouveau du monde lunaire ; par la démence, l'amour, la poésie. C'est le pouvoir des fleurs, c'est Woodstock, Berkeley, c'est le slogan de 1968 des étudiants parisiens : *L'imagination au pouvoir*. La patience et le compromis ne sont pas de mise, car l'éternité ne compose pas avec le temps. L'inspiration et le regard visionnaire ont leur propre objectif en eux-mêmes. Alors, qu'arrive-t-il ? L'idéal immortel devient mortel : ceux qui à vingt ans protestaient contre la guerre du Vietnam se retrouvent à cinquante ans hommes d'affaires. La jeunesse idéaliste se range. Manolete finit baignant dans son sang sur le sable de l'arène.

Les images archétypales n'affectent pas seulement la biographie. Il existe également des théories de style archétypal. La théorie s'inspirant de la figure mythique du *puer* aura cet élan et cet éclat juvénile qui font privilégier l'extraordinaire et l'esthétisme. Elle prétendra à la validité universelle et à l'éternité sans prendre la peine d'aligner les preuves de ce qu'elle avance. Elle exécutera la danse jubilatoire de la jeunesse, nourrira des rêves ambitieux et se

---

* En français dans le texte.

rebellera contre la tradition et les conventions. La théorie trouvant son inspiration dans les figures mythiques de la jeunesse éternelle ne fera pas bon ménage avec les faits, et pourra même s'effondrer pour peu qu'un tenant de Saturne ou autre rabat-joie à la triste figure, un représentant coriace, intraitable et réactionnaire de l'autorité idéologique la mette en demeure de s'expliquer avec la réalité, du moins avec l'idée que ces gens-là s'en font. Le contradicteur traditionnel veut des statistiques, des exemples, des enquêtes, pas des images, des visions et des légendes. En fait, la connaissance des mythes et de la façon dont ils influencent le contenu de ce que nous lisons et la façon dont nous réagissons à ce que nous lisons, aident de toute manière le lecteur à se situer sur la carte des archétypes : à un moment donné, il sera emporté par l'enthousiasme devant ce qu'il considère comme une révolution conceptuelle ; à un autre, il se repliera dans un scepticisme total devant ce qu'il perçoit comme pures divagations.

Ce type d'effort de réflexion sur soi-même appartient à la méthode psychologique. La psychologie archétypale, contrairement aux autres disciplines, se doit d'exposer ses propres prémisses mythiques, la façon dont elle s'est posé la première question, en l'occurrence le mythe de l'akène. Les théories ne sont pas un pur produit cérébral, ni une simple déduction de faits bruts. Elles traduisent en termes conceptuels les péripéties d'un mythe où les protagonistes polémiquent au sujet d'un changement de paradigme.

Après avoir élucidé l'archétype mythique de la jeunesse éternelle, celui du *puer,* dont s'inspire notre méthode, continuons sur la notion d'akène. Galien (129 à 199 après J.-C.), le médecin grec érudit et prolifique qui exerça à Pergame puis à Rome, confirme l'ancienne croyance selon laquelle la nourriture humaine primitive était constituée de glands. Une façon mythique d'expliquer que l'on se nourrit de sa graine intérieure. Votre vocation est la première nourriture de votre psyché. Selon Galien, les Arcadiens se nourrissaient toujours de glands, même après que les Grecs leur eurent enseigné à cultiver les céréales. Une manière de dire que l'akène vient en premier, avant même les effets civilisateurs de la mère naturelle, la mère-terre Déméter/Cérès, la déesse nourricière de la civilisation qui donna son nom au mot céréale. L'akène est un don de la nature avant toute éducation, mais d'une nature mythique et vierge (c'est-à-dire encore inconnue et jamais investie par l'homme) ; les akènes, les glands, selon les compilations de Sir James George Frazer, appartiennent au royaume d'Artemis qui présidait à la naissance de l'enfant.

Depuis, l'Arcadie de l'akène et du serpent est devenue, jusque dans la poésie et la peinture française et anglaise de l'époque moderne, le symbole du paysage naturel primitif, semblable à l'Éden ou au Paradis, là où l'âme sans entraves vit en accord avec la nature. La psychothérapie assimile l'Arcadie à l'enfance : la créature naturelle se nourrissant de glands, la thérapie l'a identifiée à l'enfant qui est en chacun de nous. Mais c'est commettre un abus de langage que de substituer au jardin d'Éden avec ses animaux, ses serpents, son péché et son savoir, à l'Arcadie des mangeurs de glands primitifs, l'enfant idéalisé et maltraité. Pour un esprit païen la vie sauvage idyllique ne consistait pas à « retourner en enfance » ni à pratiquer le culte de l'innocence ; il suffisait de se rendre en Arcadie, une contrée imaginaire où le genius prenait soin de chacun d'entre nous.

L'akène comprend non seulement la réalisation de la vie avant qu'elle soit vécue mais la frustration de la vie non vécue. L'akène voit, sait, exige – mais que peut-elle faire ? Elle rage d'impuissance face à cette contradiction entre la graine et l'arbre, entre les fils tissés dans le giron des dieux et l'existence dans le giron familial humain. L'akène ressemble au petit enfant rouge de colère parce qu'il ne peut faire ce qu'il imagine.

Pour être appétissante et réconfortante dans sa communion avec les anges, l'akène n'en est pas moins amère. Elle a un goût tannique, très astringent. Elle se contracte, dit « non », comme le daimon de Socrate qui ne consentait qu'aux négations. C'est peut-être pourquoi on doit tremper, filtrer, bouillir et blanchir d'innombrables fois les glands véritables et les soumettre à toutes sortes de traitements avant de les réduire en une farine comestible. Comme dit la recette : « Vous saurez que c'est prêt quand l'amertume aura complètement disparu. » Le bel enfant, le *puer* magnifique, recèle une amertume redoutable qui peut être toxique. On le perçoit dans les gestes du peintre prodige Basquiat, les sons de Gobain, Hendrix, Joplin, dans le désespoir suicidaire qui n'a pas la patience de s'accorder à la longévité du chêne. Les théories, elles aussi, sont affligées d'une ombre. La théorie de l'akène et l'ascèse prodigieuse qu'elle offre à l'existence – un regard visionnaire, la beauté, la destinée – est elle aussi une graine dure à mastiquer.

Cet épilogue était une dernière digression indispensable sur la méthode. Il s'agissait de relier la théorie de l'akène à son image fondatrice et cette même image à une configuration mythique encore plus lointaine, celle du *puer aeternus*. C'est cette digression qui m'a permis de montrer comment l'on peut extraire une métaphore botanique de son contexte organiciste habituel, afin de ne pas réduire notre théorie de l'akène à un modèle développemental de la vie humaine.

La vie n'est pas qu'un processus naturel ; c'est aussi, et peut-être avant tout, un mystère. Ce serait faire preuve de « mystification naturaliste » que d'expliquer la vie uniquement par des analogies avec la nature. Ce serait prétendre que la vie psychique n'obéit qu'à des lois naturelles, celles décrites par exemple par la théorie de l'évolution et la génétique. Les êtres humains tentent toujours de décrypter le message de l'âme, de révéler les secrets de sa nature. Et si cette nature n'était pas d'ordre naturel, d'ordre humain ? Supposons que ce que nous recherchons ne soit pas seulement quelque chose d'autre, mais quelque part ailleurs, en fait dans un endroit qui n'existe pas en dépit des signes qui nous incitent à partir à sa recherche. Dans ce cas, gardons-nous de regarder plus loin que l'invite elle-même. Le plus sage est de suivre la vocation, plutôt que de se dérober en partant à la recherche de son origine.

L'invisibilité du cœur des choses, c'est ce qu'on appelait traditionnellement le *deus absconditus,* le « dieu caché », dont on ne pouvait parler que par images, métaphores, paradoxes et énigmes, comme des gemmes d'un immense trésor enterré au sein de montagnes géantes, d'une étincelle pouvant déclencher l'incendie. Selon cette tradition, le plus important, c'est le moins apparent. L'akène est une métaphore de ce type, et la théorie de l'akène s'inspire d'une tradition intellectuelle qui remonte à Blake et Wordsworth, aux romantiques allemands, à la Renaissance avec Marsile Ficin et Nicolas de Cues.

Les métaphores du daimon et de l'âme, comme celle de

l'akène, sont des métaphores de la petitesse. Ce sont des entités plus petites que le petit, puisqu'elles font partie du monde invisible. On ne peut mesurer l'âme qui n'est ni une substance, ni une force – même si nous ne pouvons résister à la force de ses exigences. Il n'y a là rien de corporel, dit Marsile Ficine, et c'est pourquoi l'on ne peut comprendre la nature du daimon et le message de l'âme par aucun moyen physique. Seul un mode de pensée curieux, attentionné, sensible, intuitif et imaginatif, autrement dit le mode de savoir juvénile, peut y avoir accès.

Fidèle à l'image archétypale particulière du *puer,* notre théorie vise à renouveler radicalement son sujet de façon qu'il puisse inspirer une passion toute fraîche. Elle aidera les éducateurs, les psychothérapeutes, les auteurs de biographie, le simple citoyen, à porter un nouveau regard sur le cours subjectif et personnel de l'existence, sur la vie en général – donc sur l'éducation des enfants et les problèmes de l'adolescence –, sur le rôle de l'individu dans une société démocratique, sur la vieillesse et la mort. Un regard juvénile et jubilant.

NOTES

CHAPITRE 1 : EN UN MOT : LA THÉORIE DE L'AKÈNE ET LE SALUT DE LA PSYCHOLOGIE

1. E. R. Dodds, Proclus : *The Elements of Theology,* 2d ed. (Oxford : Oxford Univ. Press, 1963), 313-321.

2. Edward B. Tylor, *Primitive culture,* vol. 1 (London, 1871), 387.

3. Åke Hultkrantz, *Conceptions of the Soul Among North American Indians* (Stockholm : Statens Etnografiska Museum, 1953), 387.

4. Jane Chance Nitzsche, *The Genius Figure in Antiquity and the Middle Ages* (New York : Columbia Univ. Press, 1975), 18, 19.

5. Sid Colin, *Ella : The Life and Times of Ella Fitzgerald* (London : Elm Tree Books, 1986), 2.

6. K. G. Collingwood, *An Autobiography* (Oxford : Oxford Univ. Press, 1939), 3-4.

7. Barnaby Conrad, *The Death of Manolete* (Boston : Houghton Mifflin, 1958), 3-4.

8. Evelyn Fox Keller and W. H. Freeman, *A Feeling for the Organism : The Life and work of Barbara McClintock* (New York : W. H. Freeman, 1983), 22.

9. Yehudi Menuhin, *Unfinished Journey* (New York : Alfred A. Knopf 1976), 22-23. – En français : *Variations sans thème* (Buchet Chastel, 1980)

10. *Ibid.*

11. Colette, *Journal à rebours,* « *La chaufferette* », Librairie Arthème Fayard, 1941.

12. Golda Meir, *My Life* (New York : Putnam, 1975), 38-39. – Traduction française : Golda Meir, *Ma vie,* Robert Laffont, 1983.

13. Eleanor Roosevelt, *You Learn by Living* (New York : Harper and Bros., 1960), 30.

14. Blanche Wiesen Cook, *Eleanor Roosevelt,* vol. 1, *1884-1933* (New York : Viking Penguin, 1992), 70-72.

15. Roosevelt, *You Learn by Living,* 18.

16. Brian Crozier, *Franco : A Biographical History* (London : Eyre and Spottiswoode, 1967), 34-35.

17. Desmond Young, *Rommel : The Desert Fox* (New York : Harper and Bros., 1950), 12.

18. References to Peary Stefansson, and Gandhi drawn from Victor Goertzel and Mildred G. Goertzel, *Cradles of Eminence* (Boston : Little, Brown, 1962).

19. James Hillman, « What Does the Soul Want-Adler's Imagination of Inferiority », in *Healing Fiction* (Dallas : Spring Publications, 1994).

20. Steven Naifeh and Gregory W. Smith, *Jackson Pollock : An American Saga* (New York : Clarkson Potter, 1989), 62, 50-51.

21. David Irving, *The Trail of the Fox* (New York : E. P Dutton, 1977), 453.

22. Albert Rothenberg, *Creativity and Madness : New Findings and Old Stereotypes* (Baltimore : Johns Hopkins Univ. Press, 1990), 8.

23. Elias Canetti, *La langue sauvée (Histoire d'une jeunesse, tome 1),* Albin Michel, 1980.

24. Peter K. Breggin and Ginger K. Breggin, *The War Against Children : The Government's Intrusion into Schools, Families and Communities in Search of a Medical « Cure » for Violence* (New York : St. Martin's Press, 1994).

25. Mary Sykes Wylie, « Diagnosing for Dollars ? » *The Family Therapy Networker* 19(3) (1995) : 23-69.

26. Patricia Cox, *Biography in Late Antiquity : A Quest for the Holy Man,* (Berkeley : Univ. of California Press, 1983).

27. Edgar Wind, *Pagan Mysteries in the Renaissance* (Harmonds-worth, England : Penguin, 1967), 238.

28. Wallace Stevens, « Notes Toward a Supreme Fiction, » in *The Collected Poems of Wallace Stevens* (New York : Alfred A. Knopf 1978), 383.

CHAPITRE 2 : L'ENRACINEMENT

1. Gresham Scholem, *Le Livre de la splendeur,* Seuil, collection Point Sagesses, 1980.

2. Charles Ponce, *Kabbalah* (San Francisco : Straight Arrow Books, 1973), 137.

3. Platon, *La République,* traduction, introduction et notes de Robert Baccou, GF–Flammarion, 1996.

4. Gerhard Kittel, ed., *Theological Dictionary of the New Testament,* 3d ed., vol. 3 (Grand Rapids, Mich. : Eerdmans, 1968).

5. Platon, *La République,* livre X, pp. 379–386.

6. Plotin, *Les Ennéades,* éd. bilingue Belles Lettres, traduit du grec par Émile Bréhier, 1992.

7. Joel Covitz, « A Jewish Myth of a Priori Knowledge », Spring 1971 : *An Annual of Archetypal Psychology* (Zurich : Spring Publications, 1971), 55.

8. Aristotle, *Nicomachean Ethics,* trans. Martin Ostwald (Indianapolis : Bobbs-Merrill, 1962), 1106 b.

9. Citations tirées de David Shipman, *Judy Garland : The Secret Life of an American Legend* (New York : Hyperion, 1993).

10. Citations tirées de Mickey Deans et Ann Pinchot, *Weep No More, My Lady* (New York : Hawthorne, 1972).

11. Toutes les citations sont tirées de Jean-Claude Baker et Chris Chase, *Josephine : The Hungry Heart* (New York : Random House, 1993). – Traduction française : Jean-Claude Baker et Chris Chase, *Joséphine : une vie mise à nue,* éd. A contrario, 1995.

CHAPITRE 3 : LA MYSTIFICATION PARENTALE

1. Toutes les citations sont tirées de Andrew Turnbull, *Thomas Wolfe* (New York : Scribners, 1967).

2. Peter B. Neubauer and Alexander Neubauer, *Nature's Thumbprint : The Role of Genetics in Human Development* (Reading, Mass. : Addison-Wesley, 1990), 20-21, as quoted in David C. Rowe, *The Limits of Family influence : Genes, Experience and Behavior* (New York : Guilford, 1993), 132.

3. Stephen Citron, *Noel and Cole : The Sophisticates* (Oxford : Oxford Univ. Press, 1993), 8.

4. Victor Goertzel and Mildred G. Goertzel, *Cradles of Eminence* (Boston : Little, Brown, 1962), 13.

5. Stanley A. Blumberg and Gwinn Owens, *Energy and Conflict : The Life and Times of Edward Teller* (New York : Putnam, 1976), 6.

6. Pupul Jayakar, *Krishnamurti : A Biography* (New York : Harper and Row, 1988), 20.

7. Toutes les citations sont tirées de Howard Reich, *Van Cliburn : A Biography* (Nashville : Thomas Nelson, 1993).

8. Lee Congdon, *The Young Lukács* (Chapel Hill : Univ. of North Carolina Press, 1983), 6.

9. Joan Peyser, *Leonard Bernstein* (London : Bantam, 1987), 22.

10. Patricia Bosworth, *Diane Arbus : A Biography* (New York : Alfred A. Knopf 1984), 25.

11. Roy Cohn and Sidney Zion, *The Autobiography of Roy Cohn* (Secaucus, N J. : Lyle Stuart, 1988), 33.

12. Elisabeth Young-Bruehl, *Hannah Arendt : For Love of the World* (New Haven : Yale Univ. Press, 1982), xii, 4. – Traduction française : Elisabeth Young-Bruehl, *Hannah Arendt,* Anthropos, 1986.

13. Evelyn Fox Keller and W. H. Freeman, *A Feeling for the Organism : The Life and Work of Barbara McClintock* (New York : W. H. Freeman, 1983), 20. – Traduction française : Evely Fox Keller, *L'intuition du vivant, La vie et l'œuvre de Barbara McClintock,* avant-propos d'Isabelle Stengers, éd. Tierce-Sciences, 1988.

14. Goertzel and Goertzel, *Cradles of Eminence,* 255.

15. Tina Turner and Kurt Loder, *I, Tina : My Life Story* (New York : William Morrow ; 1986), 8, 10.

16. Rowe, *The Limits of Family influence,* 193.

17. Diane E. Eyer, *Mother-Infant Bonding : A Scientific Fiction* (New Haven : Yale Univ. Press, 1992), 2, 199, 200.

18. John Bowlby, *Child Care and the Growth of Love,* 2d ed., abridged and edited by Margery Fry (Harmondsworth, England : Penguin, 1965), 53.

19. Rowe, *The Limits of Family influence,* 163.

20. Robert Coles, *The Spiritual Life of Children* (Boston : Houghton Mifflin, 1990). – Traduction française : Robert Coles, *Les Enfants et Dieu,* Robert Laffont, 1993.

21. John Demos, « The Changing Faces of Fatherhood » in *The Child and*

Other Cultural Inventions, Frank S. Kessel and Alexander W.Siegel, eds. (New York : Praeger, 1983).

22. Rainer Maria Rilke, *Selected Poems of Rainer Maria Rilke,* trans. Robert Bly (New York : Harper and Row, 1981).

23. Michael Ventura and James Hillman, *We've Had a Hundred years of Psychoterapy – And the World's Getting Worse,* (San Francisco : Harper, 1993).

24. Camille Sweeney, « Portrait of The American Child, » *The New York Times Magazine* (October 8,1995) : 52-53.

25. Edith Cobb, *The Ecology of Imagination in Childhood* (Dallas : Spring Publications, 1993).

26. Paul Arthur Schilpp, *The Philosophy of Alfred North Whitehead* (New York : Tudor, 1951), 502.

CHAPITRE 4 : L'INVISIBLE REVISITÉ

1. A. Hilary Armstrong, « The Divine Enhancement of Earthly Beauties », *Eranos-Jahrbuch 1984* (Frankfurt a/M. : Insel, 1986).

2. Paul Friedländer, *Plato,* vol. 1 (New York : Bollingen Series, 59, Pantheon, 1958), 189.

3. Henri Bergson, *L'Évolution créatrice,* PUF, 1994.

4. William Wordsworth, « The Prelude », in *The Poems of William Wordsworth* (London : Oxford Univ. Press, 1926).

5. William James, « On a Certain Blindness in Human Beings », *Talks to Teachers on Psychology : And to Students on Some of Life's Ideals* (London : Longman's, Green, 1911).

6. Horace B. English and Ava C. English, *A Comprehensive Dictionary of Psychological and Psychoanalytical Terms* (New York : David McKay ; 1958).

7. Howard C. Warren, ed., *Dictionary of Psychology* (Boston : Houghton Mifflin, 1934).

8. English and English, *A Comprehensive Dictionary of Psychological and Psychoanalytical Terms.* See further, K. W. Wild, *Intuition* (Cambridge, England : Cambridge Univ. Press, 1938) ; Malcolm K. Westcott, *Toward a Contemporary Psychology of Intuition : A Historical, Theoretical and Empirical Inquiry* (New York : Holt, Rinehart and Winston, 1968) ; Josef Koenig, *Der Begriff der Intuition* (Halle, Germany : Max Niemeyer, 1926) ; Sebastian J. Day, *Intuitive Cognition : A Key to the Significance of the Later Scholastics* (St. Bonaventure, N.Y : Franciscan Institute, 1947).

9. C. G. Jung, *Les Types psychologiques,* éd. Georg, 1983 (5ᵉ édition).

10. Citations tirées de Rosamond E. M. Harding, *An Anatomy of Inspiration,* 2d ed. (Cambridge, Mass. : Heifer and Sons, 1942) ; et de Jacques Hadamard, *The Psychology of Invention in the Mathematical Field* (Princeton : Princeton Univ. Press, 1945).

11. Ralph Waldo Emerson, « Self-Reliance, » in *Essays : First Series,* vol. 1 (New York : Harper and Bros., n.d.), 43.

12. Sur les problèmes scolaires, en général, et Mann : Victor Goertzel and Mildred G. Goertzel, *Cradles of Eminence* (Boston : Little, Brown, 1962) ;

Gandhi and Undset : Robert Payne, *The Life and Death of Mahatma Ghandi* (New York : Dutton, 1969) ; sur Feynman : James Gleick, *Genius : The Life and Science of Richard Feynnam* (New York : Vintage Books, 1993). Traduction française : James Gleick, *Le génial professeur Feynman,* Odile Jacob, 1994 ; sur Branagh : Kenneth Branagh, *Beginning* (London : Chatto and Windus, 1989) ; sur Fassbinder : Robert Katz, *Love Is Colder Than Death : Life and Times of Rainer Werner Fassbinder* (London : Jonathan Cape, 1987) ; sur Pollock : Steven Naifeh and Gregory W. Smith, *Jackson Pollock : An American Saga* (New York : Clarkson Potter, 1989) ; sur Lennon : Albert Goldman, *The Lives of John Lennon : A Biography* (New York : William Morrow, 1988) ; sur Browning : Maisie Ward, *Robert Browning and His World : The Private Face (1812-1861)* (London : Cassell, 1968) ; sur Bowles : Christopher Sawyer-Laucanno, *An Invisible Spectator : A Biography of Paul Bowles* (London : Bloomsbury, 1989) ; sur Saroyan, Grieg. Crane, O'Neill, Faulkner, Fitzgerald, Glasgow, Cather. Buck, Duncan, Anthony, Churchill : Goertzel and Goertzel, *Cradles of Eminence* ; sur Einstein : Roger Highfield and Paul Carter, *The Private Lives of Albert Einstein* (New York : St. Martin's Press, 1993) ; sur Arbus : Patricia Bosworth, *Diane Arbus : A Biography* (New York : Alfred A. Knopf 1984).

13. Les citations sur Puccini, Chekhov, le problème de Picasso sont extraites de Goertzels, *Cradles of Eminence.* Les autres citations de Picasso sont extraites de Roland Penrose, *Picasso : His Life and Work,* 3d ed. (Berkeley : Univ. of California Press, 1981).

14. Goertzel and Goertzel, *Cradles of Eminence.*

15. Omar N. Bradley, Jr., and Clay Blair, *A General's Life : An Autobiography* (New York : Simon and Schuster, 1983).

16. Paul D. Colford, *The Rush Limbaugh Story : Talent on Loan from God* (New York : St. Martin's Press, 1993), 12.

17. James Grant, *Bernard M. Baruch : The Adventures of a Wall Street Legend* (New York : Simon and Schuster, 1983).

18. Eric Lax, *Woody Allen* (New York : Alfred A. Knopf. 1991), 20, 32. Traduction française : Eric Lax, *Woody Allen,* Julliard, 1992.

19. Marshall Frady, *Billy Graham : A Parable of American Righteousness* (Boston : Little, Brown, 1979), 61.

20. Robert Sardello, ed., *The Angels* (Dallas : Dallas Institute of Humanities and Culture, 1994).

21. David L. Miller, *Hells and Holy Ghosts : A Theopoetics of Christian Belief* (Nashville : Abingdon Press, 1989).

CHAPITRE 5 : « *ESSE PERCIPI* » :
ÊTRE, C'EST ÊTRE PERÇU

1. Barnaby Conrad, *The Death of Manolete* (Boston : Houghton Mifflin, 1958), 9-10.

2. L'essai de Robert A. Caro, « Lyndon Johnson and the Roots of Power »,

est extrait de *Extraordinary Lives : The Art and Craft of American Biography* (Boston : Houghton Mifflin, 1988).

3. James Thomas Flexner, *The Young Hamilton : A Biography* (Boston : Little, Brown, 1978), 143.

4. James Hillman, *Egalitarian Typologies Versus the Perception of the Unique,* Eranos Lecture Series (Dallas : Spring Publications, 1986), 4-5.

5. Elia Kazan, *Elia Kazan : A Life* (New York : Doubleday Anchor, 1989), 26. Traduction française : *Elia Kazan, Une vie,* Grasset, 1989.

6. Toutes les citations sont tirées de Gerald Clarke, *Capote : A Biography* (New York : Simon and Schuster, 1988).

7. Golda Meir, *My Life* (New York : Putnam, 1975), 40-42.

8. Karen Monson, *Alban Berg* (London : MacDonald General Books, 1980), 6.

9. Wiktor Woroszylski, *The Life of Mayakovsky* (London : Victor Gollancz, 1972), 11.

10. Elisabeth Hanson, *My Poor Arthur : A Biography of Arthur Rimbaud* (New York : Henry Holt, 1960).

11. David Leeming, *James Baldwin : A Biography* (New York : Alfred A. Knopf 1994), 14-16, 19.

12. Andrés Rodriguez, *The Book of the Heart : The Poetics, Letters and Life of John Keats* (Hudson, N.Y : Lindisfarne Press, 1993), 48.

13. James Hillman, « Oedipus Revisited, » in *Oedipus Variations : Studies in Literature and Psychoanalysis* (Dallas : Spring Publications, 1991), 137-145.

14. E. H. Gombrich, *Art and Illusion : A Study in the Psychology of Pictorial Representation,* Bollingen Series 35 (Princeton : Princeton Univ. Press, 1961), 6. Traduction française : E. H. Gombrich, *L'Art et l'illusion : psychologie de la représentation picturale,* Gallimard, 1996.

15. José Ortega y Gasset, *On Love : Aspects of a Single Theme* (London : Victor Gollancz, 1959), 116. Traduction française de l'espagnol : José Ortega y Gasset, *Écrits en faveur de l'amour,* éd. Distance, 1986.

16. Rodriguez, *Book of the Heart,* 51.

17. Les sources des anecdotes sur le développement « tardif » sont les suivantes : Teller : Stanley A. Blumberg and Gwinn Owens, *Energy and Conflict : The Life and Times of Edward Teller* (New York : Putnam, 1976) ; Spock : Lynn Z. Bloom, *Doctor Spock : Biography of a Conservative Radical* (Indianapolis : Bobbs-Merrill, 1972) ; Buber : Maurice Friedman, *Encounter on the Narrow Ridge : A Life of Martin Buber* (New York : Paragon House, 1991) ; Thurber : Neil A. Graver, *Renmenber Laughter : A Life of James Thurber* (Lincoln : Univ. of Nebraska Press, 1994) ; Wilson : Edwin A. Weinstein, *Woodrow Wilson : A Medical and Psychological Biography* (Princeton : Princeton Univ. Press, 1981).

CHAPITRE 6 : AU-DELÀ DE L'INNÉ ET DE L'ACQUIS

1. Robert Plomin, J. C. De Fries, and G. E. McClearn, *Behavioral Genetics : A Primer* (New York : W. H. Freeman, 1990), 314.

2. Judy Dunn and Robert Plomin, *Separate Lives : Why Siblings Are So Different* (New York : Basic Books, 1990), 38.

3. Plomin *et al., Behavioral Genetics,* 370.

4. Dunn and Plomin, *Separate Lives,* 16.

5. *Ibid.,* 159.

6. *Ibid.,* 49, 50.

7. Plomin et al., *Behavioral Genetics,* 371.

8. Robert Plomin, « Environment and Genes », *American Psychologist* 44(2), (1989) : 105-111.

9. Jerome Kagan, *Galen's Prophecy : Temperament in Human Nature* (New York : Basic Books, 1994).

10. Paul Radin, *Monotheism Among Primitive Peoples* (Basel : Ethnographic Museum, Bollingen Foundation, Special Pubi. 4, 1954). Sur les caractéristiques psychologiques du monothéisme, voir James Hillman, « Archetypal Psychology : Monotheistic or Polytheistic ? » in *Spring 1971 : An Annual of Archetypal Psychology and Jungian Thought* (Zurich : Spring Publications, 1971), 193-230.

11. Cesare Lombroso, *The Man of Genius* (London : Walter Scott, 1891).

12. Plomin *et al., Behavioral Genetics,* 334.

13. Richard J. Herrnstein and Charles Murray, *The Bell Curve : Intelligence and Class Structure in American Life* (New York : Free Press, 1994), 108.

14. Plomin et al., *Behavioral Genetics,* 366.

15. *Ibid.,* 334.

16. *Ibid.,* 365.

17. Herrnstein and Murray, 105.

18. Plomin et al., *Behavioral Genetics,* 35.

19. Bard Lindeman, *The Twins who Found Each Other* (New York : William Morrow, 1969).

20. D. T. Lykken, M. McGue, A. Tellegen, and T. J. Bouchard, « Emergenesis : Genetic Traits That May Not Run In Families », *American Psychologist* 47(12) (December 1992) : 1565-1566.

21. *Ibid.,* 1575.

22. Dunn and Plomin, *Separate Lives* ; 146, 147.

23. *Ibid.,* 148-149.

24. Niels G. Waller and Phillip K. Shaver, « The Importance of Nongenetic Influences on Romantic Love Styles : A Twin-Family Study », *Psychological Science* 5(5) (1994) : 268-274.

25. Helen E. Fisher, *Anatomy of Love : The Natural History of Monogamy, Adultery, and Divorce* (New York : W. W. Norton, 1992), 45.

26. Emma Jung, *Animus and Anima* (Dallas : Spring Publications, 1979).

27. John R. Haule, *Divine Madness : Archetypes of Romantic Love* (Boston : Shambhala, 1990) ; Jan Bauer, *Inpossible Love – Or why the Heart Must Go Wrong* (Dallas : Spring Publications, 1993).

28. Plato, *Phaedrus* ; trans. R. Hackforth, in *Plato : The Collected Dialogues* ; Edith Hamilton and Huntington Cairns, eds., Bollingen Series 71 (New York : Pantheon, 1963), 51lb.

29. Fisher, *Anatomy of Love,* 273.

30. Ellen Berscheid and Elaine Hatfield Walster, *Interpersonal Attraction* (Menlo Park, NJ. : Addison-Wesley, 1983), 153.

31. Lawrence Wright, « Double Mystery », *The New Yorker* (August 7, 1995) : 52.

32. Nathaniel Branden, « A Vision of Romantic Love, » in *The Psychology of Love,* Robert J. Sternberg and Michael L. Barnes, eds. (New Haven : Yale Univ. Press, 1988), 224.

33. Susan S. Hendrick and Clyde Hendrick, *Romantic Love* (Newbury Park, Calif : Sage Publications, 1992), 23.

34. Wright, « Double Mystery », 58.

35. José Ortega y Gasset, *On Love : Aspects of a Single Theme* (London : Victor Gallancz, 1959).

36. Joseph Gantner, « L'Immagine del Cuor » in *Eranos-Yearbook*, 35-1966 (Zurich : Rhein Verlag, 1967), 287ff.

37. Zoltan Kovecses, « A Linguist's Quest for Love, » *Journal of Social and Personal Relationships* 8(1) (1991) : 77-97.

38. Ricardo C. Ainslie, *The Psychology of Twinship* (Lincoln : Univ. of Nebraska Press, 1985), 133-141.

39. Plomin, « Environment and Genes, » 110.

40. David Reiss, Robert Plomin, and E. Mavis Hetheringron, « Genetics and Psychiatry : An Unheralded Window on the Environment », *American Journal of Psychiatry* 148(3) (1991) : 283-291.

41. Plomin, « Environment and Genes », 110.

42. T. S. Eliot, « The Dry Salvages », in *Four Quartets* (London : Faber and Faber, 1944).

CHAPITRE 7 : LITTÉRATURE DE GARE ET FANTASMAGORIES

1. E. T. Bell, *Men of Mathematics* (New York : Simon and Schuster, 1937), 341-342.

2. D. W Forrest, *Francis Galton : The Life and Work of a Victorian Genius* (London : Paul Elek, 1974), 6.

3. Peter Kurth, *American Cassandra : The Life of Dorothy Thompson* (Boston : Little, Brown, 1990), 24.

4. Edith Cobb, *The Ecology of Imagination in Childhood* (Dallas : Spring Publications, 1993).

5. Albert Goldman, *The Lives of John Lennon : A Biography* (New York : William Morrow, 1988), 56.

6. Les anecdotes à propos des grands écrivains et de leurs habitudes de lecture se trouvent dans les ouvrages suivants. Porter : George Eells, *The Life That Late He Led : A Biography of Cole Porter* (London : W. H. Allen, 1967) ;

F. L. Wright : Meryle Secrest, *Frank Lloyd Wright* (New York : Alfred A. Knopf, 1992) ; Barrie : Janet Dunbar, *F. M. Barrie : The Man Behind the Image* (Newton Abbot, England : Readers Union, 1971) ; R. Wright : Margaret Walker, Richard Wright : *Daemonic Genius* (New York : Amistad, 1988) ; Ellis : Vincent Brome, *Havelock Ellis : Philosopher of Sex* (London : Routledge and Kegan Paul, 1979).

7. Sir Edmund Hillary, *Nothing Venture, Nothing Win* (New York : Coward, McCann and Geoghegan, 1975), 22.

8. Kate Meyers, « Tarantino's Shop Class », *Entertainment Weekly* (October 14,1994) : 35

9. Eells, *The Life That Late He Led,* 17.

10. Richard Holmes, *Coleridge-Early Visions* (London : Hodder and Stoughton, 1989), 6.

11. Laurence Leamer, *As Time Goes By : The Life of Ingrid Bergman* (London : Hamish Hamilton, 1986), 7.

12. Samuel Abt, *LeMond* (New York : Random House, 1990), 18.

13. Howard Reich, *Van Cliburn : A Biography* (Nashville : Thomas Nelson, 1993), 7.

14. Daniel J. Levinson, *The Seasons of a Man's Life* (New York : Alfred A. Knopf 1978), 97-101.

15. David McCullough, *Truman* (New York : Simon and Schuster, 1992), 837-838.

16. Mikal Gilmore, « Family Album », *Granta 37* (Autumn 1991) : 15.

17. Bob Mullan, *Mad to Be Normal : Conversations with R. D. Laing* (London : Free Associations Books, 1995), 93-95.

18. Toutes les citations à propos de la famille sont tirées de Anne Roiphe, *An American Family,* Ron Goulart, ed. (New York : Warner, 1973), 22-25.

19. Mary Watkins, *Invisible Guests : The Development of Imaginal Dialogues* (Hillsdale, N.J. : Analytic Press, 1986).

CHAPITRE 8 : LE DÉGUISEMENT

1. Jean-Claude Baker and Chris Chase, *Josephine : The Hungry Heart* (New York : Random House, 1993), 12. Traduction française : Jean-Claude Baker et Chris Chase, *Joséphine : une vie mise à nu,* éd. A contrario, 1995.

2. Timothy Wilson-Smith, *Delacroix - A Life* (London : Constable, 1992), 21.

3. Maurice Zolotow, *Shooting Star : A Biography of John Wayne* (New York : Simon and Schuster, 1974), 37.

4. Robert A. Caro, « Lyndon Johnson and the Roots of Power », in *Extraordinary Lives : The Art and Craft of American Biography* (Boston : Houghton Mifflin, 1988), 218.

5. Tad Szulc, *Fidel : A Critical Portrait* (New York : Williaim Morrow 1986), 112. Traduction française : Tad Szulc, *Castro : trente ans de pouvoir absolu,* Payot, 1987.

6. John Raynond, *Simenon in Court* (New York : Harcourt, Brace and World, 1968), 35.

7. Victor Seroff, *The Real Isadora* (New York : Dial Press, 1971), 14.

8. Leonard Bernstein : cité dans Joan Peyser, *Leonard Bernstein* (London : Bantam, 1987), 12.

9. Robert Lacey, *Ford : The Men and the Machine* (Boston : Little, Brown, 1986), 10.

10. Henry Kissinger : cité par Walter Isaacson, *Kissinger : A Biography* (New York : Simon and Schuster 1992), 26-27.

11. Michael Holroyd, « Literary and Historical Biography », in *New Directions in Biography* A. M. Friedson, ed. (Manoa : Univ. of Hawaii Press, 1981).

12. Leon Edel, *Writing Lives-Principia Biographica* (New York : W. W Norton, 1984), 20-21.

13. Carolyn G. Heilbrun, *Writing a Woman's Life* (New York : W. W Norton, 1988), 14.

14. Isaacson, *Kissinger,* 26.

15. Seroff, *The Real Isadora,* 14, 50.

16. American Psychiatric Association Staff, *Diagnostic and Statistical Manual of Mental Disorders,* 3d ed., vol. 3 (Washington, D.C. : American Psychiatric Press, 1987), 301.51.

17. Ake Hultkrantz, *Conceptions of the Soul Among North American Indians* (Stockholm : Statens Etnografiska Museum, 1953).

18. *The World Almanac and Book of Facts* (New York : Pharos Books, 1991).

19. Evelyn Fox Keller and W H. Freeman, *A Feeling for the Organism : The Life and Work of Barbara McClintock* (New York : W. H. Freeman, 1983), 20, 36.

20. Oliver Daniel, Stokowski : *A Counterpoint of View* (New York : Dodd, Mead, 1982), xxiv, xxv, xxiii, 10.

21. Abram Chasins, *Leopold Stokowski : A Profile* (New York : Hawthorn Books, 1979), 148-149.

22. Daniel, *Stokowoski,* 923.

23. Holroyd, « Literary and Historical Biography », 18.

24. William H. Epstein, *Recognizing Biography* (Philadelphia : Univ. of Pennsylvania Press, 1987), 6.

25. Hultkrantz, *Conceptions of the Soul,* 383,141.

CHAPITRE 9 : LE DESTIN

1. Plotinus, *Enneads* ; vol.3, trans. A. H. Armstrong, Loeb ed. (Cambridge, Mass. : Harvard Univ. Press, 1967), 4.5.

2. E. K. Dodds, *The Greeks and the Irrational* (Berkeley : Univ. of California Press, 1951), 6.

3. *Ibid.,* 23.

4. B. C. Dietrich, *Death, Fate and the Gods : Development of a Religious Idea in Greek Popular Belief and in Homer* (London : Athlone Press, Univ. of

London, 1965), 340 ; see also William Chase Greene, *Moira : Fate, Good, and Evil in Greek Thought* (New York : Harper Torchbooks, 1963).

5. H. W. Parke, *The Oracles of Zeus : Dodona, Olympia, Ammon* (Oxford : Basil Blackwell, 1967).

6. Aristotle, *Physics II* trans. R. P Hardie and R. K. Gaye, in *The Works of Aristotle*, W. D. Ross, ed. (Oxford : Clarendon Press, 1930), 3.194b.

7. Ingmar Bergman, *The Magic Lantern : An Autobiography,* trans. Joan Tate (London : Hamish Hamilton, 1988). Traduction française de Carl Gustaf Bjurström et Lucie Albertini : Ingmar Bergman, *Laterna Magica,* Gallimard 1987, réédition 1991.

8. *Ibid.*

9. Bette Davis, *The Lonely Life : An Autobiography* (London : MacDonald, 1963), 23. Traduction française : Bette Davis avec Michael Herskowitz, *Ceci et cela,* éd. M. Lafon, 1988.

10. Pierre Franey, *A Chef's Tale : A Memoir of Food, France, and America* (New York : Alfred A. Knopf, 1994), 12.

II. Evan Jones, *Epicurean Delight : The Life and Times of James Beard* (New York : Alfred A. Knopf 1990), 4.

12. Victor Goertzel and Mildred G. Goertzel, *Cradles of Eminence* (Boston : Little, Brown 1962), 267.

13. Janet Dunbar, *J. M. Barrie : The Man Behind the Image* (Newton Abbot, England : Readers Union, 1971).

14. Thomas Kunkel, *Genius in Disguise : Harold Ross of The New Yorker* (New York : Random House, 1995), 326.

15. Stephen E. Ambrose, *Nixon : The Education of a Politician, 1913-1962* (New York : Simon and Schuster, 1987). 36-37.

16. Edmonde Charles-Roux, Chanel : *L'irrégulière ou Mon itinéraire.* Livre de poche 1976.

17. Francis MacDonald Comford, *Plato's Cosmology : The « Timaeus » of Plato Translated with a Runnning Comentary* (London : Routledge and Kegan Paul, 1948).

18. Heinz Schreckenberg, *Ananke* (Munich : C. H. Beck, 1964).

19. T. S. Eliot, « Burnt Norton », in *Four Quartets* (London : Faber and Faber, 1944).

20. Ruth Brandon, *The Life and Many Deaths of Harry Houdini* (New York : Random House, 1993), 11, 292.

CHAPITRE 10 : LA MAUVAISE GRAINE

1. Plotin, *Les Ennéades, 1-6,* éd. bilingue Belles Lettres, traduit du grec par Émile Bréhier, 1992.

2. Arthur Koestler, *The Ghost in the Machine* (New York : Viking Penguin, 1990), 384.

3. Robert G. Waite, *The Psychopathic God : Adolf Hitler* (New York : Basic Books, 1977), 412, 379.

4. James Hillman, *The Dream and the Underworld* (New York : Harper and Row ; 1979), 168-171.

5. Waite, *The Psychopathic God,* 14.

6. Ada Petrova and Peter Watson, *The Death of Hitler : The Full Story with New Evidence from Secret Russian Archives* (New York : W W Norton, 1995), 16.

7. Hermann Rauschning, *The Voice of Destruction* (New York : Putnam, 1940), 5.

8. Waite, *The Psychopathic God,* 26-27.

9. Petrova and Watson, *The Death of Hitler* ; 9-13.

10. Edgar Herzog, *Psyche and Death : Death-Demons in Folklore, Myths and Modern Dreams* (Dallas : Spring Publications, 1983), 46-54.

11. Waite, *The Psychopathic God,* 237 ff.

12. Werner Maser, *Hitler : Legend, Myth and Reality,* trans. Peter and Betty Ross (New York : Harper and Row, 1973), 198.

13. Waite, *The Psychopathic God,* 44-45.

14. *Ibid.,* 13, 201, 14.

15. *Ibid.,* 7, 114, 92-95.

16. Joachim Fest, *Hitler,* trans. Clara Winston (New York : Harcourt Brace and Company, 1974), 4.

17. Rauschning, *The Voice of Destruction,* 257-258.

18. Charles Bracelen Flood, *Hitler : The Path to Power* (Boston : Houghton Mifflin, 1989), 25.

19. Waite, *The Psychopathic God,* 202.

20. John Toland, *Adolf Hitler* (New York : Doubleday ; 1976), 170.

21. Waite, *The Psychopathic God,* 176, 155.

22. Rauschning, *The Voice of Destruction,* 256.

23. Alice Miller, *For Your Own Good : Hidden Cruelty in Childrearing and the Roots of Violence* (New York : Farrar, Straus and Giroux, 1983). Traduction française : Alice Miller, *C'est pour ton bien : racines de la violence dans l'éducation de l'enfant,* Aubier-Montagine, 1984.

24. Joel Norris, *Serial Killers : The Causes of a Growing Menace* (New York : Doubleday, 1988), 157-158.

25. Gitta Sereny, *The Case of Mary Bell* (New York : McGraw-Hill, 1973), xv. Traduction française : Gitta Sereny, *Meurtrière à onze ans : le cas de Mary Bell,* Denoël, 1993.

26. *Ibid.,* 74,197.

27. *Ibid.,* 195, 130.

28. Miller, *For Your Own Good,* 132, 161.

29. Lonnie H. Athens, *The Creation of Dangerous Violent Criminals* (Urbana : Univ. of Illinois Press, 1992).

30. Cesare Lombroso, *The Man of Genius* (London : Walter Scott, 1891) ; Richard von Krafft-Ebing, *Psychopathia Sexuals : A Medico-Forensic Study* (New York : Pioneer Publications, 1946).

31. John Kobler, *Capone : The Life and World of Al Capone* (New York : Putnam, 1971), 27-28.

32. James Q. Wilson and Richard J. Herrnstein, *Crime and Human Nature* (New York : Simon and Schuster 1985).

33. Adolf Guggenbühl-Craig, *The Emptied Soul : The Psycopath in Everyone's Life* (Woodstock, Conn. : Spring Publications, 1996).

34. Jack Katz, *Seductions of Crime : Moral and Sensual Attractions of Doing Evil* (New York : Basic Books, 1988), 315.

35. Sereny, *The Case of Mary Bell,* 66, 41.

36. Katz, *Seductions of Crime,* 289 f, 301.

37. Brian Masters, *Killing for Company : The Story of a Man Addicted to Murder* (New York : Random House, 1993). 238.

38. Miller, *For Your Own Good,* 225.

39. Lionel Dahmer, *A Father's Story* (New York : Avon, 1995), ix, 175, 204,190.

40. Robert Cullen, *The Killer Department : The Eight-Year Hunt for the Most Savage Killer of Modern Times* (New York : Pantheon, 1993), 209, 194-203. Traduction française : Robert Cullen, *L'Ogre de Rostov,* Press Pocket, 1996.

41. Quotes re Hitler as a child are drawn from Toland, *Adolf Hitler,* 12, 22, and Waite, *The Psychopathic God,* 147.

42. Plotinus, *Euneads* ; vol. 6, 9.11.

43. Gerald Astor, *The « Last » Nazi : The Life and Times of Dr Joseph Mengele* (New York : Donald I. Fine, 1983).

44. Mikal Gilmore, « Family Album », *Granta* 37 (Autumn 1991) 11-52.

45. Katz, *Seductions of Crime,* 301.

46. M. Scott Peck, *People of the Lie : The Hope for Healing Human Evil* (New York : Simon and Schuster, 1983), 261-263.

47. Peter K. Breggin and Ginger K. Breggin, *The War Against Children : The Government's Intrusion into Schools ; Families and Communities in Search of a Medical « Cure » for Violence* (New York : St. Martin's Press, 1994), 15.

48. Elaine Pagels, *The Origin of Satan* (New York : Random House, 1995).

CHAPITRE 11 : LA MÉDIOCRITÉ

1. George K. Marek, *Toscanini* (New York : Atheneum, 1973), 22.

2. William H. Epstein, *Recognizing Biography* (Philadelphia : Univ. of Pennsylvania Press, 19S7), 71-73.

3. Theodore Zeldin, *An Intimate History of Humanity* (New York : Harper-Collins, 1995). En français : Theodore Zeldin, *Les Françaises et l'Histoire intime de l'humanité,* Fayard, 1994.

4. Les traductions d'Héraclite proviennent des sources suivantes : M. Marcovich, *Heraclitus : Editio Maior* (Merida, Venezuela : Los Andes Univ., 1967) ; G. S. Kirk and J. E. Raven, *The Presocratic Philosophers : A Critical History with a Selection of Texts* (Cambridge, England : Cambridge Univ. Press, 1957) ; Philip Wheelwright, *Heraclitus* (New York : Atheneum, 1968) ;

W. K. C. Guthrie, *A History of Greek Philosophy*, vol. ambridge, England : Cambridge Univ. Press, 1962) ; Werner Jaeger, *Paideia : The Ideals of Greek Culture* vol. rans. Gilbert Highet (Oxford : Oxford Univ. Press, 1965) ; John Burnet, *Early Greek Philosophy* (London : Adam and Charles Black, 1948) ; *rakleitos and Diogeties* ; trans. Guy Davenport (San Francisco : Grey Fox Press, 1979) ; Kathleen Freeman, *Ancilla to the Pre-Socratic Philosophers : AComplete Translation of the Fragments in Diels, Fragmente der Vorsokratier* (Oxford : Blackwell, 1948) ; Albert Cook, « Heraclitus and the Conditions of Utterance », Arion 2(4) (n.d.).

5. Thomas L. Pangle, *The Laws of Plato* (New York : Basic Books, 1980), 792e.

6. Thomas Dewey, cité par Richard Norton Smith, *Thomas E. Dewey and His Times* (New York : Simon and Schuster, 1982) ; Billy Graham, cité par Marshall Frady, *Billy Graham : A Parable of American Righteousness* (Boston : Little, Brown, 1979) ; Oliver North, cité par Ben Bradlee, *Jr, Guts and Glory : The Rise and Fall of Oliver North* (New York : Donald I. Fine, 1988).

ÉPILOGUE :
REMARQUE DE MÉTHODOLOGIE

1. Alexander Porteous, *Forest Folklore, Mythology, and Romance* (London : George Allen and Unwin, I 928) ; Dr. Aigremont, *Volkserotik und Pflanzenwelt* (Halle, Germany : Gebr. Tessinger, n.d.) ; Angelo de Gubernatis, *La Mythologie des plantes,* vol. 2 (Paris : C. Reinwald, 1878), 68-69.

2. H. W Parke, *The Oracles of Zeus : Dodona, Olympia, Ammon* (Oxford : Basil Blackwell, 1967), 265-273.

3. Robert Graves, *The White Goddess : A Historical Grammar of Poetic Myth* (London ; Faber and Faber, 1948), 386. Traduction française : Robert Graves, *Les Mythes celtes : la déesse blanche,* éd. du Rocher, 1989.

4. Sur les arbres qui parlent, voir Michael Perlman, *The Power of Trees : The Reforesting of the Soul* (Dallas : Spring Publications, 1994) ; sur le rapport entre langage et paysage, David Abram, *The Spell of the Sensuous : Perception and Language in a More-than-Human World* (New York : Pantheon, 1996).

5. Jacob Grimm, *Teutonic Mythology,* 4th ed., trans. James S. Stallybrass (London : George Bell, 1882-1888).

6. Les traductions sont tirées de sourcees suivantes : Julius Pokorny, *Indogermanisches etymologisches Wörterbuch* (Bern : Francke Verlag, 1959) ; Pierre Chantraine, *Dictionnaire étymologique de Ia langue grecque* (Paris : Klincksieck, 1968) ; Henry George Liddell and Robert Scott, *A Greek-English Lexikon,* 7th ed. (Oxford : Clarendon Press, 1890) ; *Oxford Latin Dictionary,* R. G. W. Glare, ed. (Oxford : Clarendon Press, 1982) ; *The New Oxford English Dictionary,* corrected ed., Leslie Brown, ed. (Oxford : Clarendon Press, 1993).

7. James Hillman, ed., *Puer Papers* (Dallas : Spring Publications, 1980).

8. Jane Chance Nitzsche, *The Genius Figure in Antiquity and the Middle Ages* (New York : Columbia Univ. Press, 1975), 7-12.

TABLE

Achevé d'imprimer sur les presses
d'Imprimerie Quebecor L'Éclaireur
Beauceville